기초조형 **Communicating**

기초조형 Communicating

2012년 7월 10일 초판 발행 O 2020년 9월 15일 3쇄 발행 O **지은이** 문찬, 김미자, 김선영, 박혜경, 이지희, 정혜욱
펴낸이 안미르 O **주간** 문지숙 O **편집** 신혜정, 정은주, 강지은 O **디자인** 신혜정 O **표지디자인** TEXT O **커뮤니케이션** 김나영
영업관리 한창숙 O **인쇄** 스크린그래픽 O **펴낸곳** (주)안그라픽스 우413-756 경기도 파주시 문발동 파주출판도시 회동길 125-15
전화 031.955.7766(편집) 031.955.7755(고객서비스) O **팩스** 031.955.7744 O **이메일** agdesign@ag.co.kr O **웹사이트** www.agbook.co.kr
등록번호 제2-236(1975.7.7)

이 책의 국립중앙도서관 출판시도서목록(CIP)은 e-CIP홈페이지(http://www.nl.go.kr/ecip)와
국가자료공동목록시스템(http://www.nl.go.kr/kolisnet)에서 이용하실 수 있습니다.
CIP제어번호: CIP2012002581

ISBN 978.89.7059.635.8 (13630)

형상 + 사유 시리즈 3

기초조형 **Communicating**

문찬, 김미자, 김선영, 박혜경, 이지희, 정혜욱 지음

안그라픽스

학회장의 글

사단법인 한국기초조형학회가 기초조형 시리즈의 세 번째이자
마지막 단행본『기초조형 Communicating』을 출간하게 되었습니다.
2010년에 첫 번째『기초조형 Thinking』, 2011년에 두 번째『기초조형
Producing』이 출간되어 좋은 평을 받고 있습니다. 타이완의
한 조형 서적 전문 출판사(DrMaster Press)가 이 책들의 중국어 번역서
출판 계약을 제안했으며, 이어서 중국의 출판사(중국전자공업출판사)도
같은 제안을 했습니다. 국내 디자인, 미술, 조형 관련 전문 서적이
출간되자마자 곧 외국에서 번역 출판을 하고 싶다는 제안을
받는 것은 흔하지 않은 사례입니다. 이러한 국내외 호평에 힘입어
세 번째 조형 서적까지 완성하게 되었음을 기쁘게 생각합니다.
이는 한국기초조형학회 설립 12년이 지난 현재까지 학회를
물심양면으로 지원해 주신 많은 회원 여러분의 힘이라고 생각합니다.
한국기초조형학회는 지속적인 기초조형 연구의 필요성을 느끼는
조형 교육자와 연구자들을 위해서, 그리고 조형 발전을 위한 교감과
소통 차원에서 조형 관련 도서 발간의 필요성을 느끼게 되었고
이를 수행하기에 이르렀습니다.

『기초조형 Communicating』은 디자이너와 사용자 간의 소통을
중점적으로 다루는 내용으로 구성되었습니다. 모든 조형물, 특히
디자인은 커뮤니케이션이라고 하는 소통의 개념이 원활해야 가치가
발생합니다. 이 책은 교육 현장에서 오랜 기간 수업을 진행해 온
대학교수 여섯 명이 그들의 다양한 경험을 담아 앞으로 디자인을
수행할 학생들이 이해하고 있어야 할 내용을 소개합니다. 이 책의

공동 집필자인 김미자 교수는 시각정보 디자인을, 정혜욱 교수는
시각정보 디자인과 영상 커뮤니케이션을 전공했습니다. 시각 디자인은
커뮤니케이션이 매우 중요한 분야이므로 두 전공자가 각기 종합적 개념
소개와 의미 부여의 방법으로 나누어 집필했습니다. 이지희 교수는
미디어아트와 기초조형을 연결하는 내용을 담았습니다. 미디어아트는
조형 분야에서 범위를 확대하고 있기에 소홀히 할 수 없는 부분입니다.
공간 디자인을 전공한 박혜경 교수와 김선영 교수는 공간조형
안에서의 메시지와 같은 조형언어와 도시 환경에서의 커뮤니케이션
요소들을 차례로 다루었습니다. 또한 문찬 교수는 제품 디자인을
논리적 커뮤니케이션과 감성적 커뮤니케이션으로 구분해 집필했습니다.
이 책의 내용 가운데 많은 부분에서 대학생들이 직접 제작한 디자인을
사례로 제시합니다. 따라서 대학에서 교육을 담당하는 교수들과
교육을 받는 학생들에게 도움이 되는 책이 되리라 확신합니다.

끝으로 주옥같은 『기초조형』 시리즈 세 권의 집필을 위해 연구하고
힘써 주신 총괄 연구자 문찬 교수와 모든 집필진에게 진심으로
감사의 말씀을 전합니다. 특히 출판을 아낌없이 지원해 주신
안그라픽스 김옥철 사장님과 출판팀에게 깊은 감사의 마음을 전합니다.
한국기초조형학회는 앞으로 학술 연구와 교육, 그리고 우리나라의
조형 분야 발전을 위해 더욱 노력하겠다는 약속을 드립니다.

(사)한국기초조형학회 전 회장 박억철

1 커뮤니케이션과 기초조형

2 시각 이미지 읽기: 감각과 이성의 조화

3 미디어아트와 소통

4 공간조형의 메시지

5 도시 환경과 공간 커뮤니케이션

6 제품 디자인과 커뮤니케이션

커뮤니케이션과 기초조형

커뮤니케이션이란 '나눈다, 전달한다'는 뜻이다. 사회적 존재인 인간은 어떠한 방식으로든 의미를 전달하고 표현하고자 노력해 왔다. 즉 인간은 커뮤니케이션 없이는 단 하루도 사회적 존재로서 살아갈 수 없는 것이다. 의미를 전달하는 방법에는 말이나 문자, 그림, 표정, 몸짓이 있다. 또한 말투나 눈빛에서도 그 사람의 속마음을 느낄 수 있다.

커뮤니케이션은 어떤 내용이 한 장소에서 다른 장소로 전달되는 것이다. 여기에서의 내용은 주로 '메시지'를 뜻하며 '아이디어'나 '의미'라고도 칭한다. 커뮤니케이션이 이렇게 한 장소에서 다른 장소나 공간으로 메시지를 '전달' 또는 '운반'하는 것이라면, 디자인은 이것을 전달하는 '매개체' 또는 '방식'이다. 메시지를 보내는 측을 '송신자', 받는 측을 '수신자'라고 하면, 커뮤니케이션은 송신자로부터 수신자에게 메시지가 전달되는 과정으로 이해할 수 있다.

커뮤니케이션의 발달 과정

커뮤니케이션의 간략한 역사를 살펴보면 예술, 디자인과 대중의 지각에 대해 시각 커뮤니케이션의 정의가 어떻게 발달되었는지 이해할 수 있다. 20세기 초 예술가와 디자이너의 개념이 분리되기 시작하면서 커뮤니케이션은 변화를 계속해 왔으며, 현대의 문화 발전에 따라 커뮤니케이션 방법은 더욱 다양해지고 중요해지고 있다.

벽화

초창기 인간들은 음성을 통해 상대방에게 의사를 전달했다. 그러나 몸짓이나 음성언어를 통한 의사소통은 기록되거나 멀리 전파되기 어렵다. 이야기는 암송으로 구전되었는데, 이 과정에서 전달자의 상상력과 감정이 더해져 주관적으로 변질되기도 했다. 기록에 의한 시각 커뮤니케이션의 기원은 선사 시대의 동굴벽화이다. 이는 정보를 그림으로 기록하는 단계로, 그림을 통해 문자의 기호화 과정을 엿볼 수 있다. 벽화에는 동물, 인물, 기하학 문양, 그림문자 등이 그려져 있으며, 당시의 생활상을 기록한 메시지가 담겨 있다. 벽화에서 발견할 수 있는 기호문자나 상형문자에서도 이러한 기록이 확인된다.

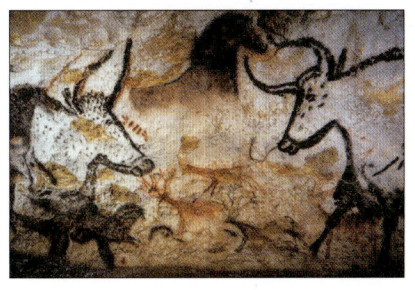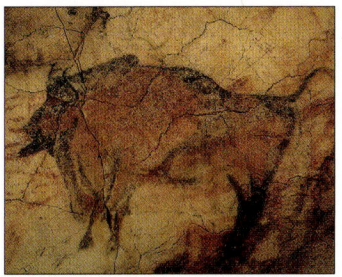

그림 1. 프랑스 라스코 동굴벽화(왼쪽)와 스페인 알타미라 동굴벽화

그림문자

기원전 4000년경에 이르러 그림에서 문자가 발생하게 되었다. 그림문자는 더 기호화되고 상징적으로 체계화된 커뮤니케이션의 시작을 암시한다. 시간과 역사에 대한 개념을 인지하고 문자의 탄생에 의한 객관적인 기록이 본격적으로 시작되었다.

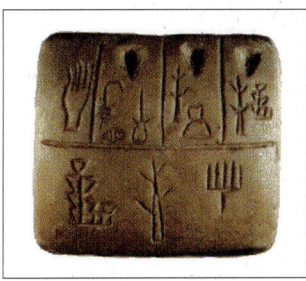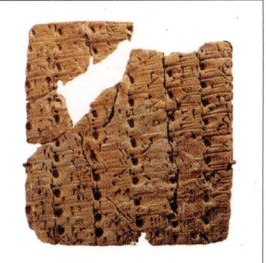

그림 2. 메소포타미아 남부 지역에서 발견된 점토판

1400년대 인쇄술의 발명으로 출판에 의한 인쇄 커뮤니케이션이 본격적으로 발전하게 되었다. 기계 및 기술 문명이 발달하면서 산업도시가 형성되고 정부 수립과 정규 교육 제도 운영이 이루어졌다. 이후 공중파를 이용한 전파 커뮤니케이션으로 영상 매체가 본격적으로 발달하기 시작했다. 현대에는 전자 통신과 컴퓨터를 기반으로 다양한 최첨단 뉴미디어를 이용한 커뮤니케이션이 발달하면서 전자 커뮤니케이션 시기를 맞이했다.

    오늘날 우리가 아는 시각 커뮤니케이션 디자인의 본질적 개념은 1920년대에 시작되었다고 할 수 있다. 1950년대에 철학과 사회학,

언어와 마케팅의 새로운 발전에 따라 디자이너의 목적이 예술적
창의성에서 효과적인 커뮤니케이션으로 점차 바뀌어 갔다.
기술 발달을 바탕으로 한 현재에는 정보와 대중 사이의 관계에 대한
커뮤니케이션의 개념에 관심이 집중되고 있다.

커뮤니케이션의 기능

커뮤니케이션의 첫 번째 기능은 정보 전달이다. 기업 심벌이나 로고,
간판, 포스터, 광고, 패키지 등 시각 커뮤니케이션 또는 그래픽 디자인
활동에서 지식이나 정보를 알리는 것은 가장 중요한 기능이다. 정보는
이곳이 상점인지 아닌지, 어떤 상품이 존재하는지, 장점이 무엇인지
알려 준다. 또 지도나 표지 등으로 도시·교통 체계를 제공하기도 한다.

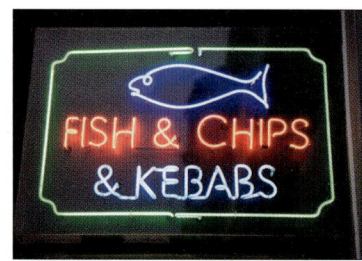
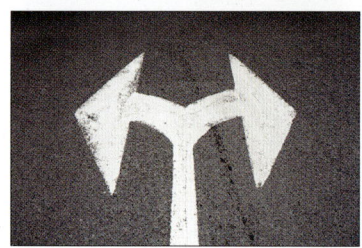
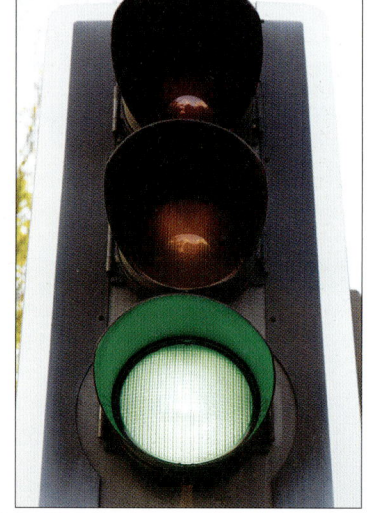

그림 3. 간판이나 사인의 정보 전달 기능

커뮤니케이션의 두 번째 기능은 설득이다. 정보를 전달하면서
수사학적으로 설명하고 설득하는 것이다. 커뮤니케이션의 역할은
상대방을 설득하거나 확신시킴으로써 그 사람의 생각이나 행동에
어떤 식으로든 영향을 미치거나 변화시키는 데 있다.

커뮤니케이션의 유형

커뮤니케이션의 유형은 기준에 따라 여러 가지로 나눌 수 있다.

목적

목적에 따라 정보 커뮤니케이션, 교육 커뮤니케이션, 오락 커뮤니케이션, 설득 커뮤니케이션 등으로 나눈다.

설득을 위한 커뮤니케이션에는 우리가 TV를 비롯한 여러 매체를 통해 접하는 상업 광고가 있다. 그리고 기업이 추구하는 광고와는 다르게 대중을 위한 행사나 서비스, 시설 등 사회적 필요에 의한 비영리 광고나 홍보가 있다. 일반적으로 이러한 광고는 정부나 특정 단체의 기부에 의해 이루어진다. 커뮤니케이션 방법이나 의도는 대중에게 무언가 따르거나 채택하기를 바란다는 측면에서 기업 광고와 유사하다.

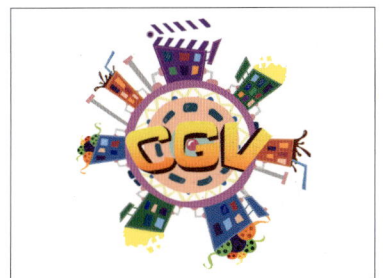

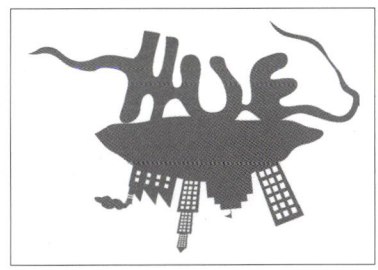

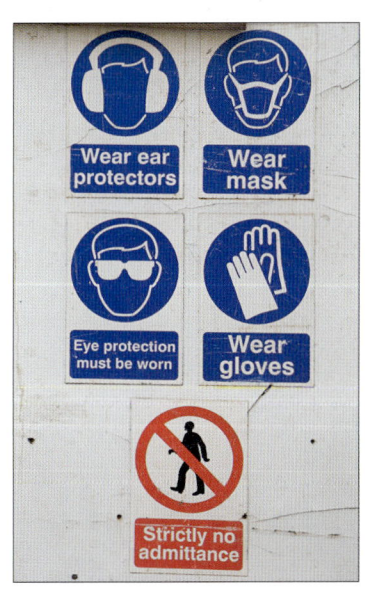

그림 4. 상업적 커뮤니케이션(왼쪽)과 비상업적 커뮤니케이션

교육을 위한 커뮤니케이션은 정보와 설득이라는 두 가지 측면을 충족해야 한다. 동일한 교육 목적이라 하더라도 커뮤니케이션의 구체적인 방법은 다양하게 바뀐다. 예를 들면 커뮤니케이션의 대상이 어린이인지, 성인 또는 특정 전문가 집단인지에 따라 달라진다. 특정 상품은 대상 소비자가 누구냐에 따라 전달 내용이나 매체 선택, 표현 방법이 다양하게 변화한다.

서식을 위한 커뮤니케이션도 가능하다. 이는 정보 제공이나 설득, 교육 등의 특정 목적과 관계없이 어떤 조직이나 체제를 유지하기 위한 것이다. 예를 들면 서식이나 조직도, 회사 내부 서류, 우표, 행사나 교통수단을 위한 티켓 등이 있다. 서식을 위한 디자인은 사용자에 의해 채워지고 완성될 정보에 대해 질문이나 항목이 적절한 구조를 이루어야 한다. 목적에 따라 가격, 시간, 장소, 규정 등 다른 사용자들을 위해 적절한 요소의 구성이 필요하다.

커뮤니케이션의 유형은 책, 타이포그래피, 포스터 등 매체나 형식에 따라 다양하다. 잡지, 사인 시스템, CI(Corporation Identity, 기업 이미지 통합) 등 경우에 따라 디자인의 요소나 시스템이 다르게 적용된다. 기업의 이미지를 나타내는 마크나 로고는 기업의 핵심 가치나 이념을 반영한다. 마크는 경영자의 개인적 취향이나 미적 감각을 나타내는 것이 아니라 기업이 나아갈 방향, 신념을 나타내는 얼굴이다. 단지 디자인이 좋고 나쁨에 따라 선택하는 것이 아니라 사람들이 그 기업에 대해 어떤 느낌이나 이미지를 갖는지를 판단하고 마크나 로고를 선정해야 한다.

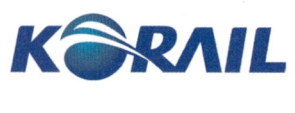
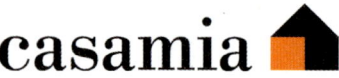
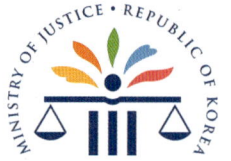
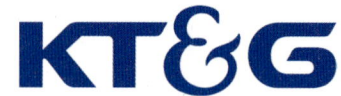

그림 5. 기업이나 단체의 CI 디자인

커뮤니케이션 적용 기술이나 방법에 대한 가이드라인은 각 정보의
카테고리별 가능성과 필요성을 바탕으로 달라진다. 따라서 디자인의
목적이나 존재 가치, 이념에 따른 콘셉트를 명확히 이해하고 시각화하는
것이 디자이너의 역할이다.

기호

언어적 기호의 사용 유무에 따라 언어적 커뮤니케이션과 비언어적
커뮤니케이션으로 나눌 수 있다. 언어적 커뮤니케이션에는 문자
또는 구두 등이, 비언어적 커뮤니케이션에는 그림, 그래픽, 사진, 표정,
몸짓이나 촉각 등이 해당된다.

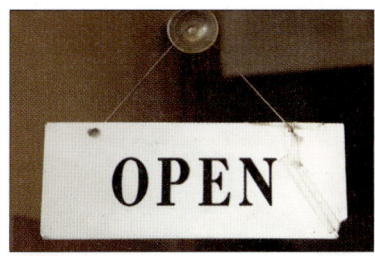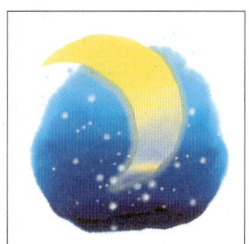
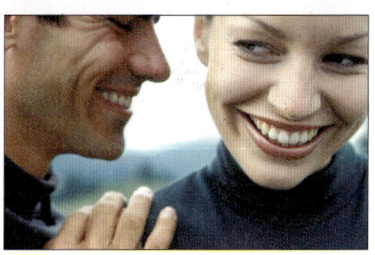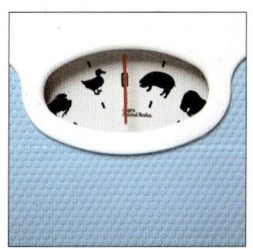

그림 6. 언어적 커뮤니케이션(왼쪽)과 비언어적 커뮤니케이션

매체

사용되는 매체를 기준으로 커뮤니케이션을 분류하면 크게 매스
커뮤니케이션과 직접적인 접촉에 의한 대인 커뮤니케이션으로 나눌 수
있다. 매스 커뮤니케이션은 신문이나 잡지 등의 인쇄 매체와 라디오나
TV 등의 전파 매체와 같은 대중 매체를 통한 커뮤니케이션이다.
커뮤니케이션 속도가 빠르고 많은 수용자에게 동시에 전달할 수 있기
때문에 양적으로 영향력이 있으며, 수용자의 선별적인 접촉이 가능하다.

대인 커뮤니케이션은 페이스 투 페이스(face to face)에 의한 대화나 서신, 연설 등의 대인적 매체를 통한 소수의 사람들 간의 커뮤니케이션으로, 전달자와 피전달자의 관계가 직접적이고 친밀도가 높다. 주로 비형식적이며 메시지의 흐름이 쌍방적이다.

이 밖에 전화, 비디오, 폐회로 TV 등 다양한 매체를 사용하는 특수 커뮤니케이션이 있다.

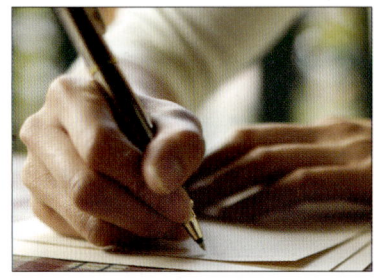
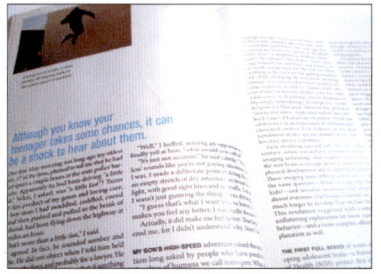
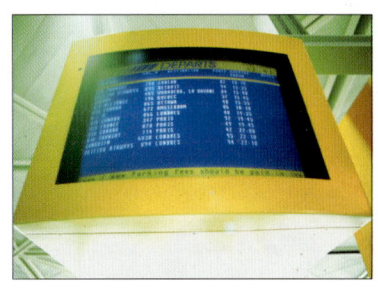
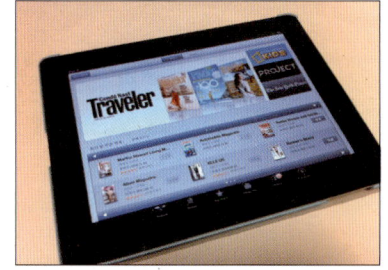

그림 7. 커뮤니케이션의 다양한 매체 형식

상황

두 사람 간의 커뮤니케이션, 소규모 집단 내의 소집단 커뮤니케이션, 조직 내 여러 구성원 간의 조직 커뮤니케이션, 문화가 서로 다른 사람들 사이의 문화 간 커뮤니케이션, 국가 간의 국제 커뮤니케이션 등이 있다.

정보 흐름

메시지나 정보의 유통 방향에 따라 일방적 또는 쌍방적 커뮤니케이션으로 나눌 수 있으며, 그것이 횡적이냐 종적이냐에 따라 수평적 또는 수직적 커뮤니케이션으로 분류할 수 있다.

최근 매스 커뮤니케이션은 소셜네트워크를 통해 대량성, 일방성에 머무르지 않고 1단계로 일부 소비자인 오피니언 리더에게 수용되어 개인적인 여과, 변형, 강조, 반론의 부가 등의 흐름으로 이루어진다. 그런 다음 2단계로 다른 많은 소비자에게 전달되는 대면집단(face to face group)의 과정을 거친다. 이와 같은 커뮤니케이션 유형은 명확히 분리되지 않고 중복될 수도 있으며, 새로운 필요성에 따라 생겨나거나 결합되기도 한다. 사회화 과정인 커뮤니케이션은 그 역할이나 형태도 사회의 변화에 따라 점차 적응, 발전되어 간다.

커뮤니케이션의 기호 과정

정보(information)는 송신자(sender)를 통해 신호(signal) 과정을 거쳐 수신자(receiver), 수용자(recipient)에게 전달된다. 이 과정에서 여러 가지 방해 요소들이 영향을 준다.

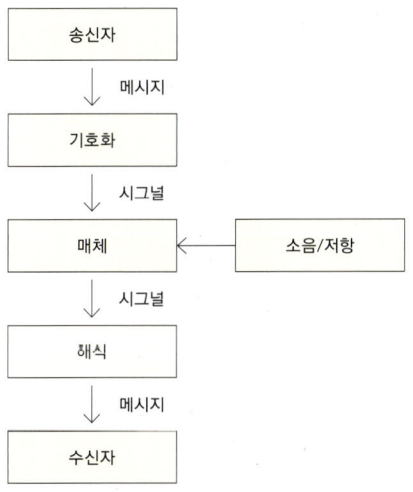

그림 8. 커뮤니케이션 기호 과정

기호학 측면에서는 송신자와 수신자의 문화적 요인이 영향을 미친다. 의미나 메시지는 수신자의 문화적 신념과 가치에 따라 다르게 받아들여진다. 즉 수신자의 신념과 가치에 따라 동일한 내용이라도 다르게 해석될 수 있다.

서양의 10대 헤비메탈 팬들이 헤비메탈 마니아 전문 잡지의
활자체나 색상, 레이아웃에서 느끼는 감정은 다른 지역의 헤비메탈
팬들이 느끼는 감정과 크게 다르지 않다. K-pop을 즐기는 마니아 또한
동서양을 막론하고 공통의 감정과 열정을 느끼는 데 차이가 없다.
동일한 신념을 갖는 집단의 사람들은 서로 다른 지역적 또는 문화적
배경의 차이를 떠나서 동일한 가치와 믿음을 갖는다는 공통점이 있다.

커뮤니케이션의 형태

커뮤니케이션 형태는 설명적, 추상적, 상징적 표현 방식으로 전달된다.

설명적 표현 방식

설명적 전달은 대상에 대한 관찰과 사실적 표현에 의한 방식이다.
대상에 대한 과장이나 변형, 생략, 강조 없이 있는 그대로의 사실적
표현을 바탕으로 한다. 형태를 재현해 묘사하는 방식으로서 의학이나
과학 서적, 백과사전과 같이 정보를 시각적으로 정확하게 전달하는 데
사용된다.

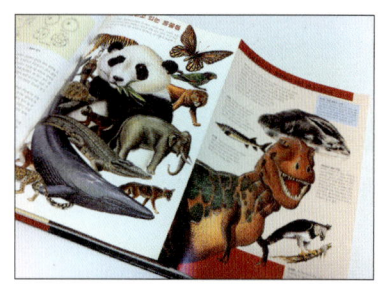
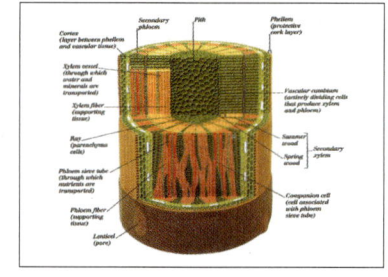

그림 9. 설명적 표현 방식의 『웅진학습백과사전』(왼쪽)과 『Ultimate Visual Dictionary』

추상적 표현 방식

대상에 대한 이해를 바탕으로, 강조하거나 전달하고자 하는 부분에
대한 과장이나 간략화, 생략, 변형 등에 의해 전달하는 방식이다.
사물이나 동물, 사람과 같이 눈에 보이는 대상을 추상적으로

표현하기도 하지만 눈에 보이지 않는 개념이나 아이디어를 묘사할 수도 있다. 작가의 의도가 강하게 반영되어 보는 사람에 따라 메시지나 의미가 다르게 전달되기도 하며 무한한 상상력을 유발할 수 있다.

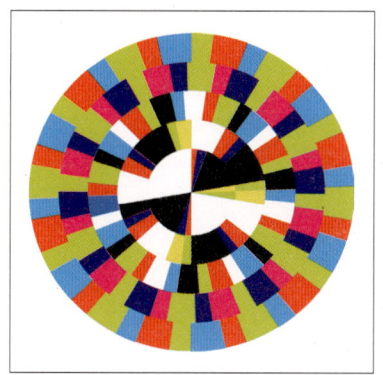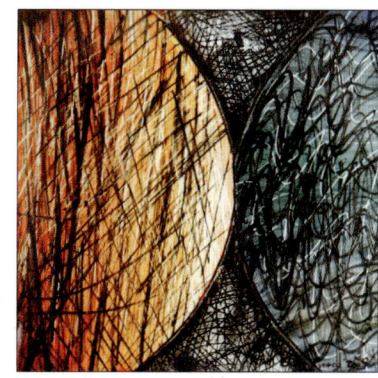

그림 10. 추상적 표현 방식

상징적 표현 방식

내용이 복잡하거나 지나치게 많은 정보들을 효과적으로 전달하기 위해 이를 명확하고 간략하게 상징적으로 표현한다. 사물이나 개념을 구체적인 방법으로 커뮤니케이션하기 위해 더욱 단순하고 쉽게 이해할 수 있는 기호나 다이어그램, 픽토그램 등으로 상징적 표현을 할 수 있다. 상징적 표현은 대중의 인식 속에 이미 인지된 공통적, 함축적 의미를 담기 때문에 교육과 경험을 필요로 한다. 과학이나 수학, 음악 등의 학문 영역에서 다양한 기호를 통한 의미 전달에도 유용하게 활용된다.

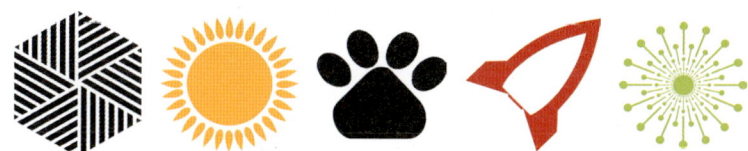

그림 11. 상징적 표현 방식

시각 커뮤니케이션

시각 커뮤니케이션이란 이미지를 통해 메시지를 전달하는 과정과
이미지를 읽고 지각하는 과정이다. 전달하고자 하는 메시지, 즉 정보를
어떻게 효과적으로 전달할 수 있는지가 중요 쟁점이 된다.
동일한 정보를 전달하더라도 이에 대한 지각과 해석은 개인별로
차이가 있다. 사용자마다 나이, 성별, 교육 경험은 물론 사는 곳의
지역적 특성이나 문화적 환경에 따라 경험이나 가치, 신념이
서로 다르기 때문에 정보를 받아들이고 이미지를 지각하는 데
개인별 다양성이 존재한다.

기호와 의미 전달

기호란 어떠한 뜻을 나타내기 위해 쓰는 문자나 부호, 상징, 심벌
등을 말한다. 인류 간의 소통을 위한 커뮤니케이션의 필요성은
문자 이외에도 그림이나 심벌, 기호 같은 다양한 비문자의 사용을
확대시켰다. 언어나 민족의 경계선을 넘는 수학이나 과학,
예술 등의 기호는 명료하고 절대적인 소통을 가능하게 함으로써
인류의 커뮤니케이션과 발전에 기여했다.

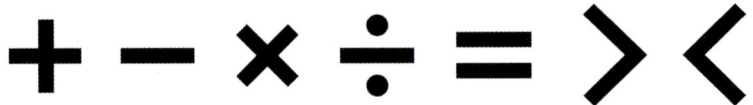

그림 12. 수학 기호

그래픽 언어, 즉 의미가 기호화되는 그림 언어 방식에는 대표적으로
도상, 지표, 상징이 있다. 경고나 금지된 구역에 빨간색을 사용하는
것은 오래된 관습과 관련이 있다. 픽토그램이 기호학적 기능을
수행하는 것도 관습에 의한 습관적 인식이 작용하는 것이다.

도상

도상은 기표(signifier)와 기의(signified) 사이에 닮은 점이 있는 것이다.
초상화나 신분증 사진도 도상이라 볼 수 있다. 지도나 다이어그램 역시
도상으로서 실제 모습과 어느 정도 연관성이 있어야 한다. 픽토그램은
그림을 가능한 한 단순하게 표현해 위험을 알리거나 안내하는 역할을
한다. 화장실이나 비상구 표시와 같이 누구나 직감적으로 이미지를
알 수 있어야 하고, 한번 보면 기억에 남는 것이 좋다. 픽토그램은
한눈에 알아보기 쉬워야 하며, 형태에 의한 이미지의 특징이나 색채의
성질을 이해하고 적절히 활용해야 한다. 상징적인 픽토그램이나 사인은
문자나 긴 설명을 대신해 사용하는 커뮤니케이션 수단이기 때문에
그 의미를 간결하게 응축해 상징화하는 것이 중요하다. 이처럼
추상적이고 은유적인 것을 시각화하기 위해서는 디자이너의 통찰력과
감각이 요구된다.

그림 13. 픽토그램

지표

지표는 기표와 기의 사이에 인과 관계나 실제적 연관성이 있는 것이다.
차에 탄 운전자의 머리카락이 휘날린다면 차가 달리고 있기 때문이다.
눈 위의 발자국은 누군가 지나갔다는 것을, 흙 위에 남겨진 타이어
자국은 자동차가 지나갔다는 것을 알려 준다. 이처럼 지표는 우리의
생각과 추론을 요구하기 때문에 도상이나 상징에 비해 사람의
기호학적 해석 능력에 의존한다.

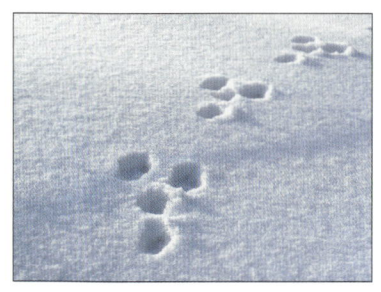 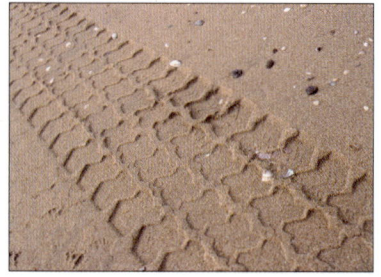

그림 14. 지표로서의 자국들

상징

사물이나 관념, 추상적 사상을 구체적인 사물로 나타내는 기호나
그림, 표시, 물건 등을 말한다. '평화'라는 추상적 관념을 '비둘기'라는
구체적 사물로 나타내듯이, 민들레씨와 종이비행기는 희망을,
흰색 천은 항복을, 나비는 부활을 상징한다. 이처럼 상징은 한 집단
내에서 사용자들이 특정한 의미를 갖는 기호로서 사용하기로 동의한
것을 전제로 한다.

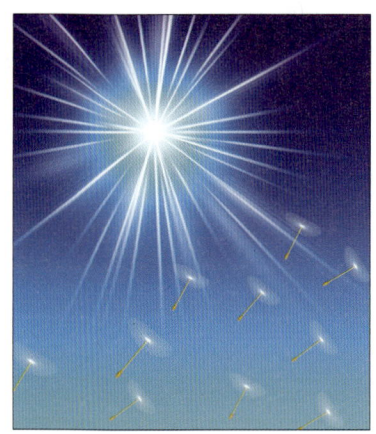 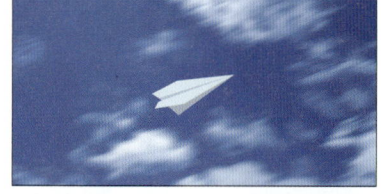 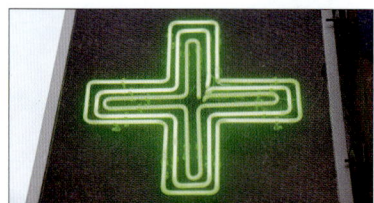

그림 15. 상징적 의미 기호

이처럼 도상, 지표, 상징은 때로는 명확히 구분되지 않거나 도상과 상징,
지표와 상징, 도상과 지표가 결합해 동시에 적용되기도 한다.
하나의 그래픽 디자인에 세 가지가 복합적으로 적용될 수도 있다.
교통 표지판에서 붉은색 삼각형 테두리는 경고를 상징하며 가운데 모양은 도상과 상징의 결합이다. 길가의 표지판은 지표로써 앞에 네거리가 있다든지 도로 공사 중이라는 경고 메시지를 전해 주기도 한다. 오늘날 사회에서 교통 신호와 사인 표시는 도로를 이용하거나 길을 찾는 사람들에게 신호 체계의 명료성과 편리성을 주는 필수적·기능적 요소로서 의미가 있다.

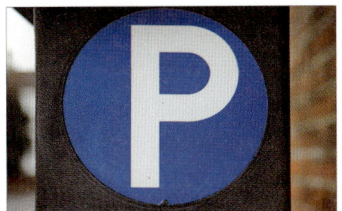

그림 16. 교통표지판

디자인 분야에서 마크나 심벌의 상징성이 강조되는 영역은 기업이나 브랜드의 상징인 CI나 BI(Brand Identity)가 있다. 기업이나 브랜드의 차별화되고 독자적인 이미지를 확보하기 위한 존재가 심벌이나 로고이다. 시장 경제가 활성화된 산업화 사회에서는 수요나 공급의 증가에 따른 기업의 경쟁력 확보가 중요하다. 이에 따라 제품의 브랜드 차별화와 기업 인지도 확보를 위한 심벌 디자인의 가치가 중시된다.

그림 17. 상징성을 강조하는 심벌 디자인

사인과 코드

메시지나 의미는 기호나 문화적 규칙에 따라 전달되고 해석된다.
신호등의 빨간불은 정지를 의미한다. 이것은 수용자가 임의로
해석하거나 변경할 수 없다. 이러한 메시지나 의미는 처음부터
존재했던 것이 아니라 커뮤니케이션 과정에서 형성된 것이다.
취급 주의나 접근 금지와 같이 문화적·사회적으로 약속된 신호나
특정 문화에서 성별 역할에 따른 아이소타입(isotype) 등은 전 세계
누구나 이미 인식하는 것이 아니라 사용자들이 그 의미를 배우고
익혀야 한다. 즉 시각 커뮤니케이션은 메시지 자체가 아니라
개념을 전달하는 언어와 같다.

아이소타입 역시 도상, 지표, 상징이 복합적으로 표현된다.
화장실의 여자 표시는 실제 여자의 특성을 대표하는 '도상'으로
표현된다. 공항이나 기차역에서 이러한 표시를 본다면 누구나 여자
화장실이 어디에 있는지 알 수 있다. 또한 여자 화장실임을 '상징'적으로
표시하는 것이기도 하다. 이는 학습에 의해 배운 결과이지 '치마 입은
사람만 들어갈 수 있다.'라는 기호는 아니다.

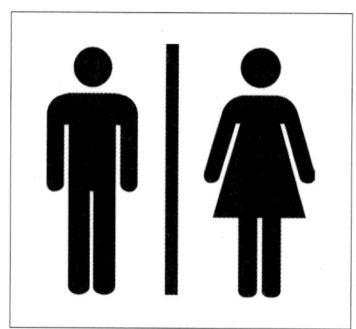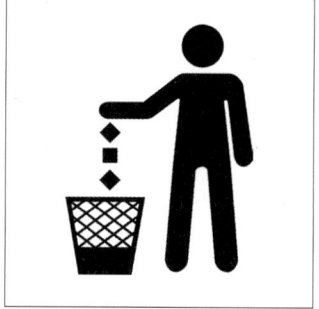

그림 18. 아이소타입

인간은 듣거나 봄으로써 기호를 이해하게 된다. 기호의 이해는 '전달'
과정을 거치는데, 이때 전달자의 의도와 100퍼센트 동일하게 전달되는
것은 아니며 수용자의 경험이나 사상, 이해가 반영되어 자의적인
이해가 결합된다.

의미와 해석

의미란 형태가 전달하는 메시지를 말한다. 형태가 직접 표현하고
설명하는 측면에서의 의미와 암시하고 함축하는 상징적 측면에서의
의미가 있다.

　　의미를 해석하는 과정은 수용자의 경험이나 문화와 디자이너의
의도가 결합해 구성되기 때문에 문화와 환경의 영향을 많이 받는다.

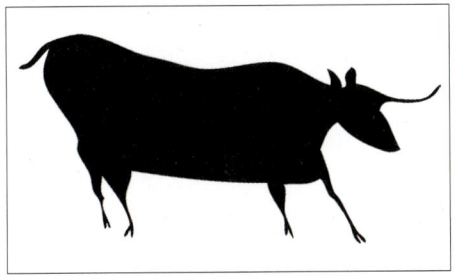 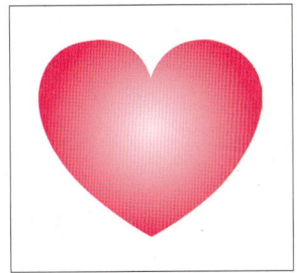

그림 19. 형태의 설명적인 의미인 소(왼쪽)와 암시의 상징적인 의미인 사랑

'소'라는 의미의 그림을 살펴보자. 이것을 보고 사랑스러운 동물이라고
생각하는 사람도 있고, 소를 몰고 농사짓던 기억을 떠올리는 사람도
있으며, 가족처럼 애정을 갖는 사람도 있을 것이다. 스테이크가 먹고
싶다고 생각할 수도 있으며, 소가죽 가방을 떠올린다든지 한번
타 보고 싶다고 생각할 수도 있다. 또 문화에 따라 소를 신성한 존재로
여기기도 하고 수익으로 생각하기도 한다. 이처럼 사람마다 동일한
의미에 대한 해석이 매우 다양하게 나타난다.

　　철수가 영희에게 하트 모양의 빨간 상자에 초콜릿을 담아
선물했다고 하자. 선물의 내용물이 초콜릿이 아닌 사탕이거나
액세서리거나 상관없이 하트 상자가 의미하는 바는 명확하다. 하트는
사랑을 상징적으로 암시한다. 물론 여기서도 의미의 해석 과정에
개인적 차이가 존재할 수는 있다.

이와 같이 커뮤니케이션 과정에서 의미를 완성시키는 데 수용자가
기여하는 바가 크다면 그래픽 메시지 자체는 불완전하다는 것을
알 수 있다. 의미는 어느 한 사람이 단지 받아들이는 것뿐 아니라

해석을 통해 완성할 때까지 불명확한 상태로 남는다. 사람들은
메시지와 여러 가지 생각을 복합해 발전시키면서 인식과 감성적 반응을
통합한 해석을 만들어 낸다.

　모든 커뮤니케이션 과정은 지각적이고 감성적이며 의미와 해석,
즉 인식하는 과정과 밀접하게 연관된다. 다음 사진은 단단하게 묶인
매듭이다. 어떤 해석이 가능한지 생각해 보자.

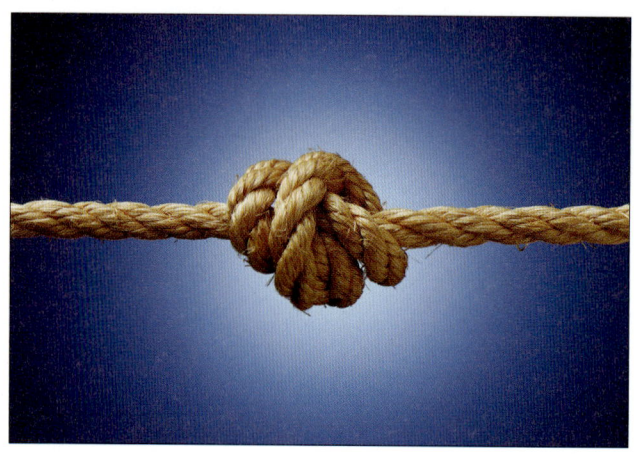

- 　풀기 어려운 매듭처럼 보인다.
- 　밧줄이 튼튼해 사람의 생명을 구할 수 있을 것 같다.
- 　인간관계에서의 매듭은 풀어야 한다.
- 　운동회 때 줄다리기가 생각난다.

이 사진이 여기서 실제로 무엇을 암시하는지에 대한 정답은 없다.
이는 사진이나 그림 이외에 글자도 마찬가지이다. 물론 글자 스타일이나
글의 내용에 따라 해석이 좌우될 수 있다. 표적이 되는 독자들의
인식적 측면과 문화적 측면을 이해하려는 노력이 필요하다. 메시지를
가공하는 과정에서 이미지와 텍스트 두 가지 모두 수용자들의
일반적 반응을 미리 시험함으로써 시행착오를 줄일 수 있다.

이미지의 도식화

메시지를 전달하기 위해 어떤 그래픽 언어나 이미지로 표현하는 것이
적절한지는 목적과 경우에 따라 다르다. 기차나 비행기 시간표를
나타내기 위해서는 이미지보다 숫자로 이루어진 도표가 적절할 것이다.
지하철이나 버스 노선을 표시할 경우에는 실제 지형이나 거리를
그대로 표현하기보다 되도록 간략히 도식화해 단순하고 명확하게
그래픽화해야 할 것이다. 대상에 따라 적절한 이미지 표상의 양식은
각각 다르게 나타난다.

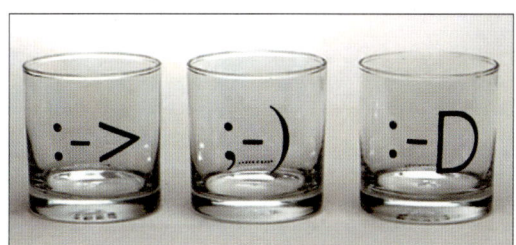
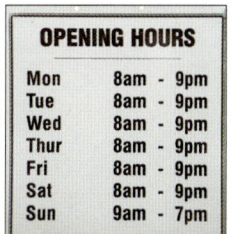

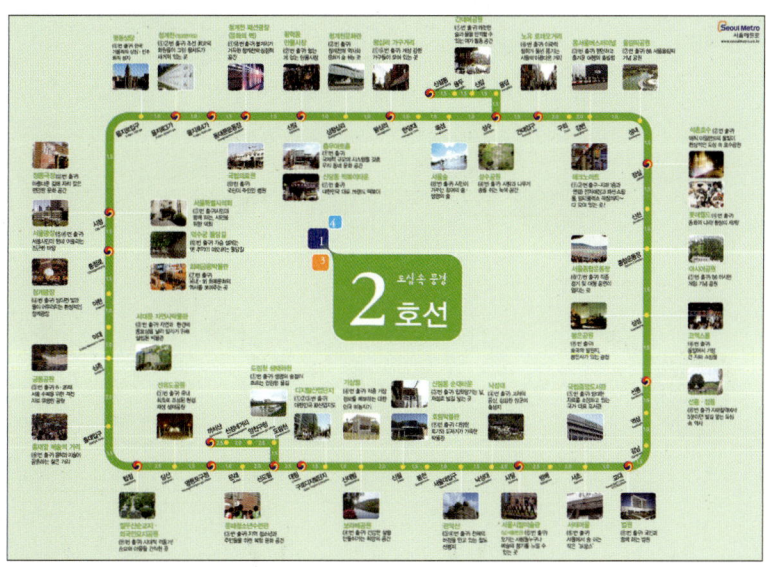

그림 20. 다양한 도식화 표현

사물의 도식화

주위에서 쉽게 접할 수 있는 생물이나 도구 등의 사물을
선택해 그래픽으로 도식화한다. 본래의 형태를 흩뜨리지
않으면서 다양한 요소를 사용해 간략히 도식화한다.
사물의 형상을 도식화하는 작업은 심벌, 로고를 비롯한
다양한 그래픽 작업에 필요한 감각의 발전을 위한
기초 작업의 하나이다. 디자인에서 필요한 부분과
생략해야 할 부분을 이해하는 데 그리고 형태 요소를
이해하고 분석하는 데 도움이 된다. 드로잉이나
일러스트레이션과 관련된 영역에의 접근을 확대시킨다.

- 주방용품 가운데 하나를 선택한다.
- 실물을 다양한 각도에서 관찰하고 이해한다.
- 재료가 무엇인지, 본질적인 형상이
  무엇인지 생각해 본다.
- 쉽게 인식되도록 한다.
- 형태를 단순화하되, 지나치게
  단순화되지 않도록 한다.
- 점, 선, 면, 알파벳 등을 그래픽 요소로
  활용할 수 있다.
- 사물의 원형을 최대한 유지한다.

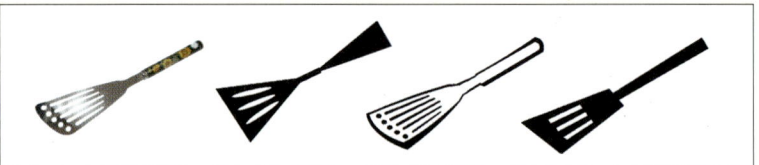

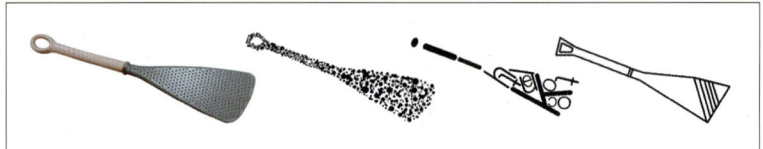

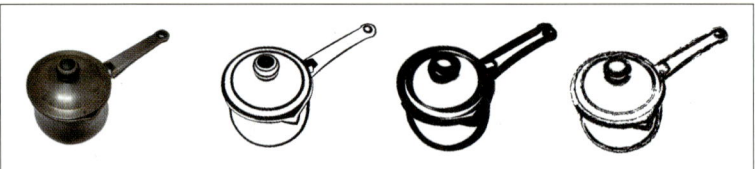

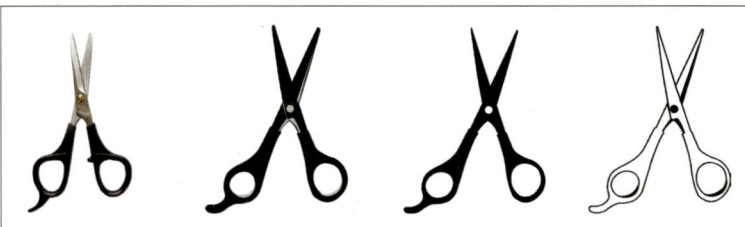

그림 21. 주변 사물의 도식화

알파벳 그림

알파벳 단어를 이미지 표현 요소로 사용해 그 단어의
이미지를 나타낸다. 동물이나 식물, 사물 등을 의미하는
단어 가운데 하나를 선택한다. 그 단어를 구성하는
알파벳을 이용해 의미하는 본질적 개념이 시각적으로
형상화되도록 배치한다.

- 단어의 의미와 전체적 특징을 파악한다.
- 형태와 부분의 조형적 특징을 생각한다.
- 단어의 이미지를 고려해 이에 따른 적절한
  활자체를 선택한다.
- 알파벳 요소를 분해하거나 해체하지 않고 사용한다.

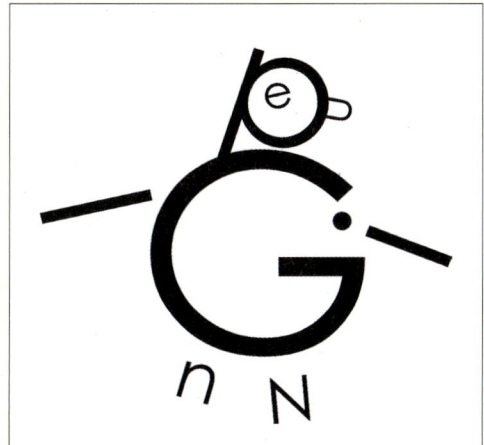
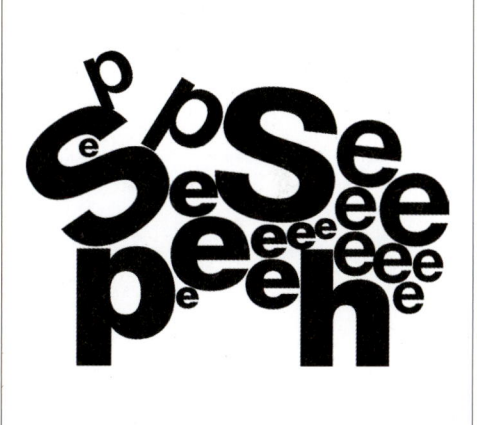
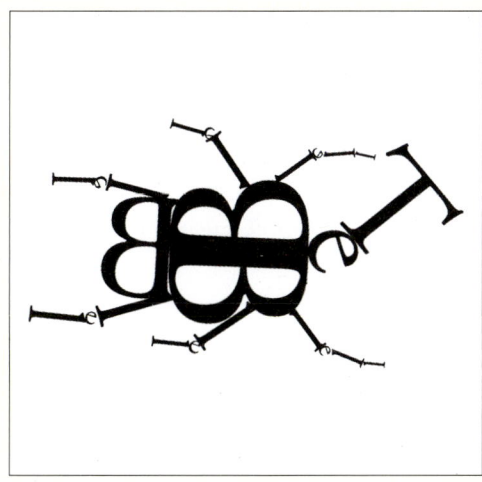
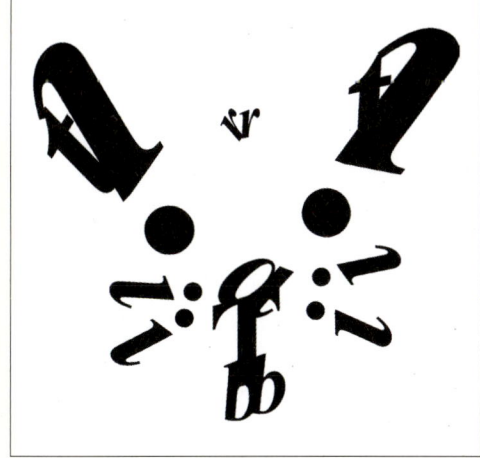

그림 22. 단어의 이미지 그림: penguin, sheep, beetle, rabbit

알파벳 아이콘

영문 알파벳을 그래픽 요소로 사용해 다양한 이미지의
아이콘을 만든다. 사람의 앞모습 또는 옆모습의 형상을
표현하거나 다양한 동물의 모습을 도식화할 수도 있다.
기쁘거나 슬프거나 놀라는 표정 등의 이미지 해석이
가능하다. 되도록 단순하게 특징을 잡아 표현한다.

- 표현하고자 하는 이미지를 설정한다.
- 다양한 스케치로 이미지를 시각화한다.
- 시각화한 아이콘에 어울리는 알파벳을
  찾아 배치한다.
- 알파벳의 크기나 굵기 조절에 따라
  다양한 느낌을 표현할 수 있다.

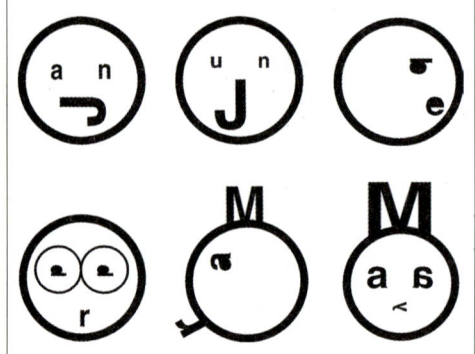
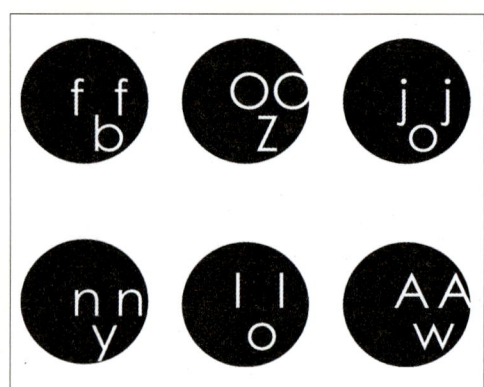

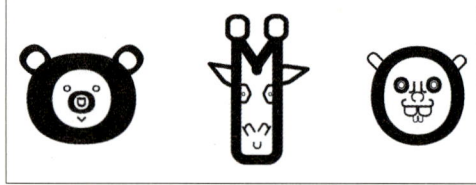

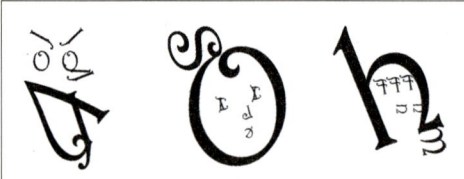

그림 23. 알파벳 아이콘

커뮤니케이션 디자인의 목적

커뮤니케이션의 기능은 정보를 전달해 무언가를 알리고
사람들을 설득하고 가르치고 권유하고 행동하게 하는 데 있다.
커뮤니케이션에서 중요한 것은 과정 자체보다는 이에 따르는
사람들의 인식, 받아들이는 자세, 행동에 영향을 준다는 점이다.
디자인은 보기 좋고 유용하며 의미 있는 것을 추구한다. 커뮤니케이션
디자인의 목적은 커뮤니케이션에 따르는 사람들의 인지, 지각, 행동에
영향을 미치기 위해 보기 좋고 효과적인 디자인을 찾는 것이다.

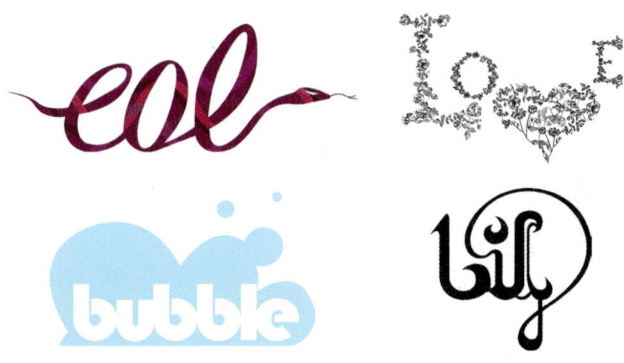

그림 24. 브랜드 네임의 이미지화

커뮤니케이션 디자인에서 창의성은 디자이너가 하고 싶은 대로
하는 것 혹은 개인적 취향의 표현이라고 할 수는 없다. 어떤 문제에
대한 유연한 사고력, 복합적 관점을 고려한 분석력이 요구된다.
디자인의 목적과 의도, 대중에 대한 폭넓은 범위의 가능성을 찾는
과정에 의미가 있다. 디자이너의 창의성과 독창성은 극본에서 창조된
다양한 인물에게 생명을 불어넣어 여러 관객에게 전달하는 배우의
창의성과 유사하다고 할 수 있다.

　　따라서 커뮤니케이션에서 시각 요소나 구성, 색채 등의 기본적
요인 이외에 메시지와 수용자 간의 관계에 대해 연구할 필요가 있다.
인간과 관련된 복합적 요소들, 즉 언어, 경험, 연령, 지식, 교육, 기억,
스타일, 취향, 기대, 욕망, 지각이나 사회적·문화적·감성적 요인들에
대한 이해가 요구된다.

이미지 문자

문자는 의미를 전달한다. 단어를 읽으면 그에 대한
의미가 연상된다. 전달되는 의미와 이미지를 결합해
문자에 반영한다. 연상되는 이미지를 시각적으로 해석해
활자체에 그래픽을 결합함으로써 이미지를 더 강하게
표현한다.

- 단어를 선정한다.
- 단어의 의미를 표현할 수 있는
  시각적 특징을 추출한다.
- 시선을 끌 수 있는 흥미로운 이미지가 되도록 한다.
- 의미와 결합되는 의성어 측면을 고려할 수 있다.
- 이미지에 어울리는 적절한 색채를 사용한다.

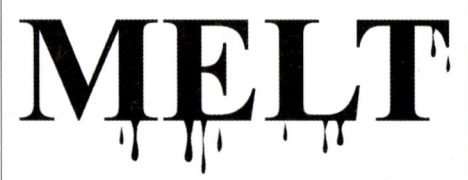

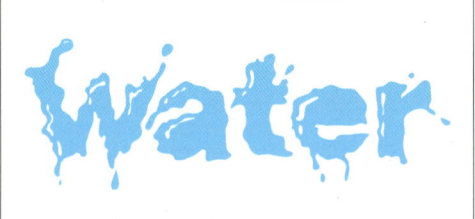

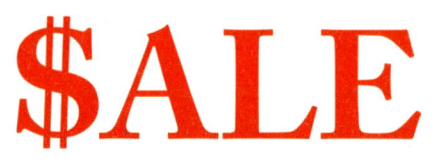

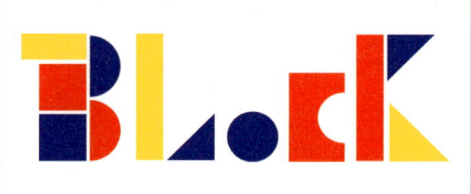

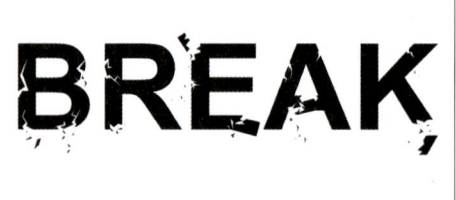

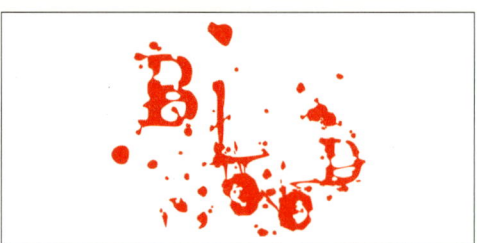

그림 25. 이미지가 결합된 단어

텍스트 이미지

하나의 단락이나 문장을 선택하고 그 느낌을 반영해
글자에 적용한다. 글자의 크기나 굵기, 글자 사이나
글줄 사이를 변화시켜 이미지를 담는다. 별도의 그림이나
장식적인 그래픽 요소는 사용하지 않고 글자 자체의
변형에 의해 이미지가 표현되도록 한다.

- 문장은 시나 명언 등에서 선택하거나 직접 쓸 수도 있다.
- 내용을 소리 내어 여러 번 읽어 본다.
- 단어나 문장에서 느껴지는 이미지를 시각화한다.
- 색은 검정색으로 한다.

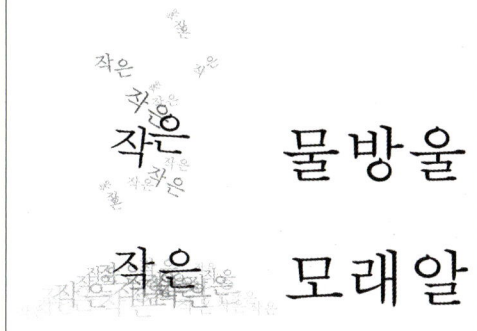

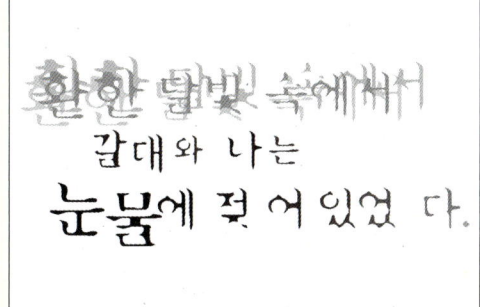

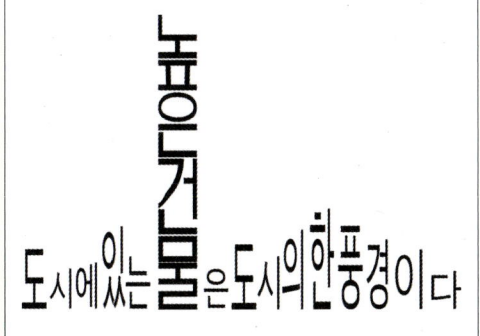

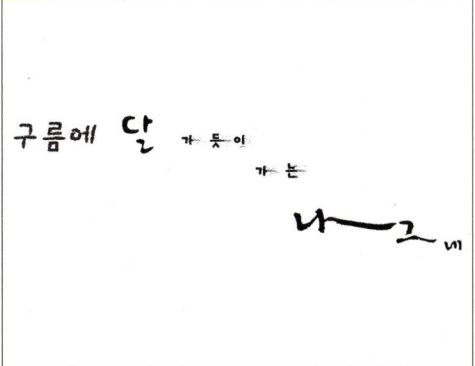

그림 26. 텍스트의 이미지화

시각언어와 커뮤니케이션

개념이나 메시지를 눈에 보이는 구체적인 것으로 표현하기 위해서는 커뮤니케이션 수단으로서의 언어를 사용할 수 있다. 동굴벽화나 암각화에 새겨진 그림들은 자기가 체험하거나 생각한 바를 누군가에게 전달하고자 했음이 분명하다. 인간의 시각, 청각, 후각, 촉각, 미각 등 비물질적 감각에 따른 체험은 물질적 매개체를 통해 형상화되고 시각화되었다.

모든 커뮤니케이션 디자인은 원천이 되는 자료와 디자이너의 해석, 매체, 형상, 콘텐츠와 여러 가지 상황들, 그리고 의미를 완성시키는 사람들과 관련된다. 시각언어에서 형태나 스타일은 언제나 커뮤니케이션을 하고 있으며 모든 커뮤니케이션은 그것을 둘러싼 다른 환경에 영향을 받는다.

이미지를 시각언어로 표현하려면 첫째, 객관적이고 보편적인 방식으로 기술해야 한다. 물리적 실체의 정체성에 대한 이해는 시각적 재현에 도움이 된다. 둘째, 특정한 이미지를 구체적으로 밝히기 위한 관련 지식이 있어야 한다. 해당 지역의 관습이나 문화에 대해 학습한 지식과 수용자에 대한 폭넓은 이해를 바탕으로 해야 한다.

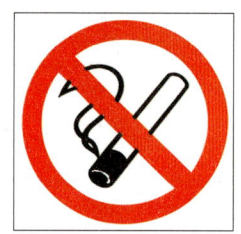 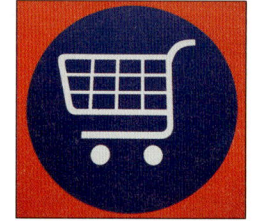 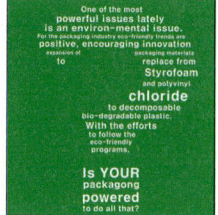

그림 27. 시각언어의 보편성

시각 커뮤니케이션을 위해서는 지식과 상상력이 결합되어야 한다. 지금까지 축적해 온 경험과 지식의 결합을 바탕으로 상상력과 유추에 따른 문제 방법을 제시할 수 있다. 상상력은 창의력에 자극을 줄 수 있지만 이것 자체로는 문제에 대한 해결책을 제시하지 못한다. 그러나 독서나 경험, 지식을 이리저리 결합하면 논리적이면서 창의적인 시각 이미지를 만드는 데 도움이 된다.

기초조형 Communicating 과제

자화상

한글이나 영문 알파벳을 사용해 자화상을 그린다.
자화상을 그리거나 색칠하는 표현 요소로 타이포그래피
캐릭터를 사용한다. 얼굴의 생김새와 특징을 파악하고
자신만의 개성이 잘 표현될 수 있도록 한다. 글자 요소를
통해 이미지 인식이 가능하도록 한다.

- 한글, 영문, 숫자를 사용할 수 있다.
- 글자, 단어, 문장을 사용할 수 있다.
- 글자를 변형하거나 해체하지 않는다.
- 자신의 이미지를 인식할 수 있어야 한다.
- 색은 검정으로 한정한다.

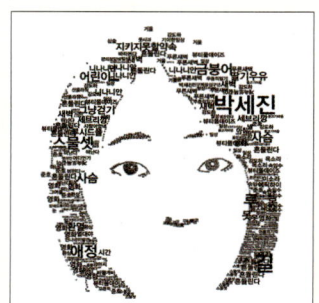 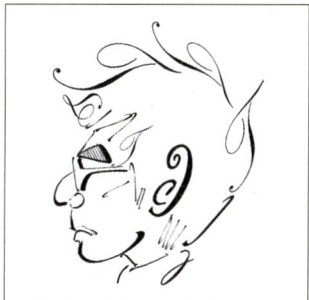 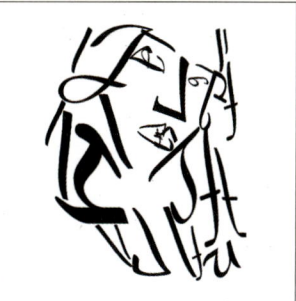

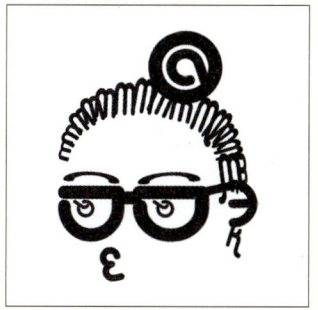 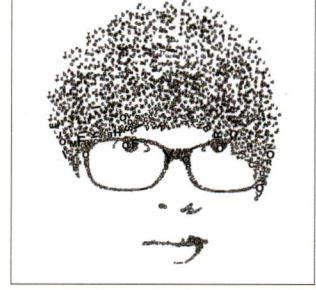 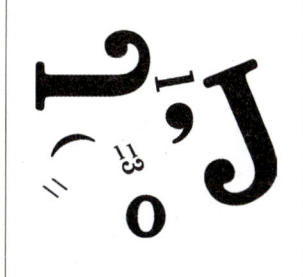

그림 28. 알파벳을 이용한 자화상

이미지와 텍스트

시각 커뮤니케이션에서 가장 중요한 요소인 글자와
그림을 결합해 이미지를 시각화한다. 다음과 같이
파도치는 바다의 이미지가 주어졌을 때, 텍스트는 기존의
시(poem) 가운데 하나를 선택한다. 주어진 이미지를
가지고 시라는 형식의 텍스트를 어떻게 시각화할
것인지가 중요한 의미를 갖는다.

- 주어진 이미지를 바탕으로 시각화한다.
- 텍스트는 각자 좋아하거나 연상되는 시를
  자유롭게 선택한다.
- 시의 내용은 주어진 이미지와 관계없어도 되며
  단지 시각적 요소로 활용한다.
- 시의 제목, 작가, 내용을 포함하도록 한다.
- 색은 검정색 이외에 두 가지 이내로 사용할 수 있다.

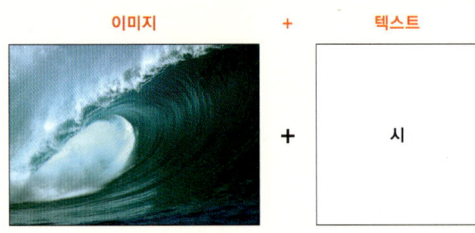

이미지 + 텍스트

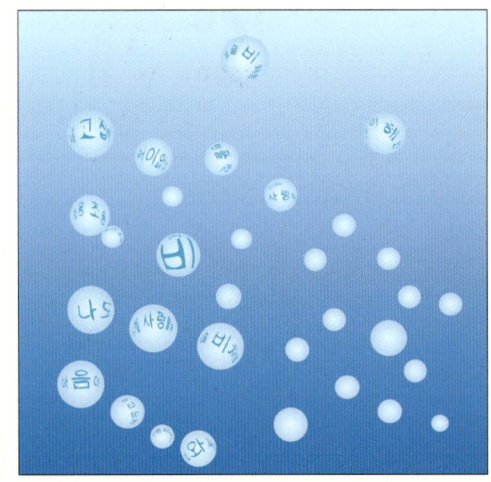

이해인의 〈보슬비처럼〉

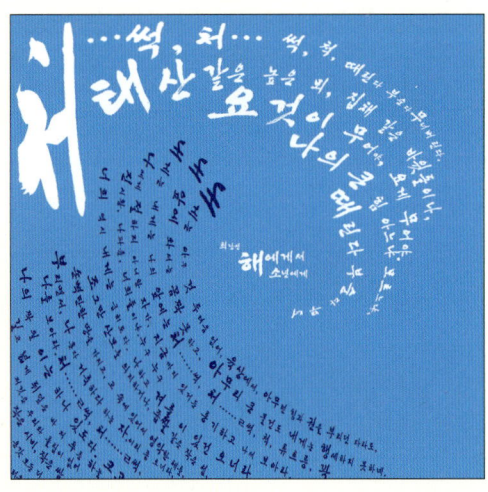

최남선의 〈해에게서 소년에게〉

그림 29. 이미지와 텍스트를 이용한 작품

이미지와 이미지

이미지는 텍스트보다 더 직설적이고 명확하게 인식되도록 한다. 하나의 이미지를 다른 이미지에 결합하고 투영시켜 새로운 이미지를 만들어 낸다. 다음과 같이 지구본 이미지가 주어졌을 때, 이와 결합할 또 다른 이미지는 기하학 도형 혹은 주위 사물의 구체적인 이미지 가운데 선택한다.

- 주어진 이미지가 명확하게 인식되어야 한다.
- 선택한 또 하나의 이미지 역시 명확히 인식되어야 한다.
- 이미지 표현에 따르는 배경이나 그래픽 효과는 자유롭게 할 수 있다.
- 색채는 자유롭게 적용한다.

이미지   +   이미지

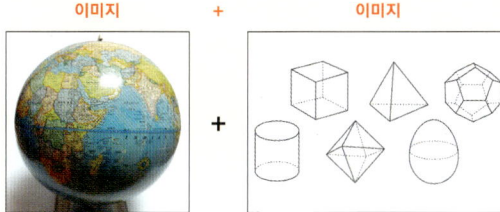

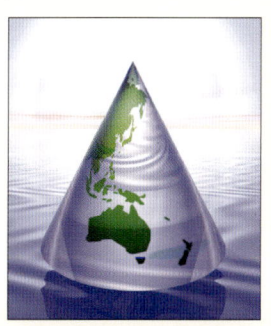
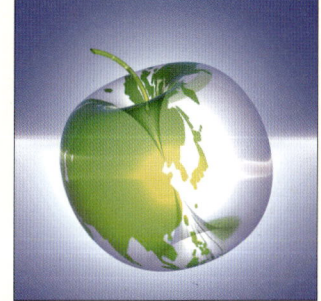
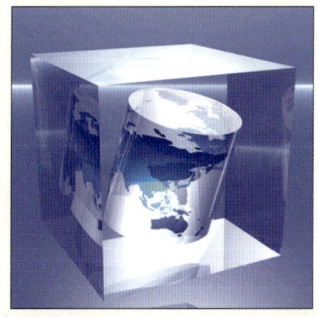
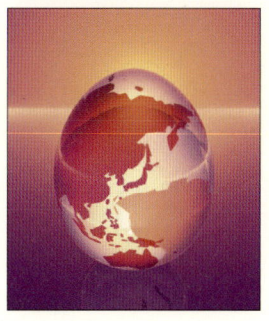
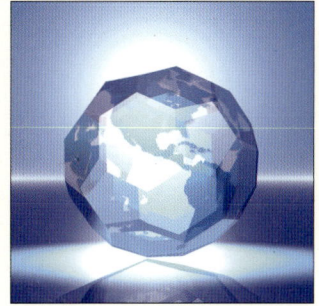
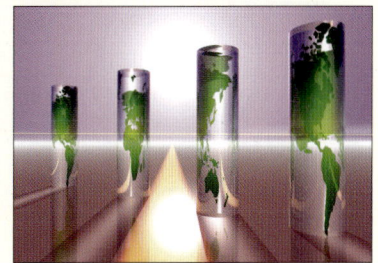

그림 30. 이미지와 이미지의 결합

커뮤니케이션 요소와 원리

모든 형태를 이루는 시각 조형 요소는 점, 선, 면, 입체로 구성된다.
점은 선을 만들고 선은 면을 만들며 면은 다시 하나의 입체 형상을
만든다. 이러한 기본 요소들은 배열과 변화, 결합 등의 과정을 거쳐
구체적인 시각적 구조를 만들고, 형식미를 추구하는 다양한
조형 활동을 가능하게 한다.

점

원칙적으로 넓이나 크기를 갖지 않고 위치만 갖는 형식 요소로
규정된다. 존재하는 것 중에서 가장 단순하고, 주위 개체의 크기에
비해 시각적으로 매우 작다. 작은 점이 점차 커져 큰 점이 되지만
일정한 크기 이상이 되면 점이 아닌 면으로 인식된다. 머물러 있는
하나의 점은 표정이나 특징이 거의 없으며 주위의 다른 점들과의
거리, 간격, 위치 등의 어울림에 따라 시각적인 느낌을 표현할 수 있다.
점이 일정한 규칙을 갖고 배열되는 과정을 거쳐 선으로 또는 면으로
보이기도 한다.

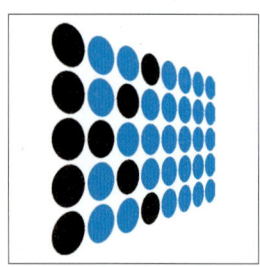 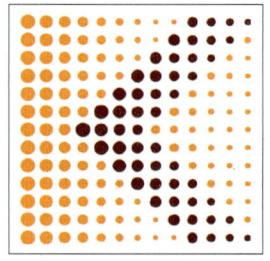

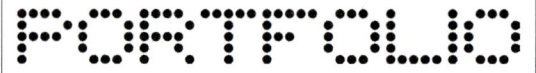

그림 31. 점에 의한 표현

선

두 개의 점을 연결하며 길이의 특성이 있다. 선은 폭을 갖지 않으며

점 다음으로 가장 단순한 형식 요소이다. 점과 점을 바라볼 때 눈에 보이지 않는 상상의 선이 그려지기도 한다.

선은 가늘고 방향성을 제시하며 면을 구획하고 조직화하는 역할을 한다. 길이가 길고 짧은 선이 있으며 직선과 곡선, 꺾인 선, 교차하는 선, 접하는 선 등이 있다.

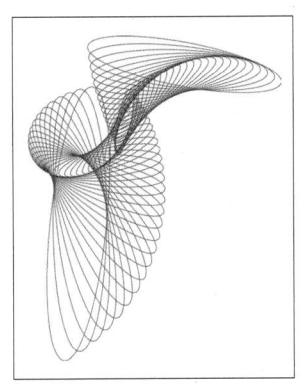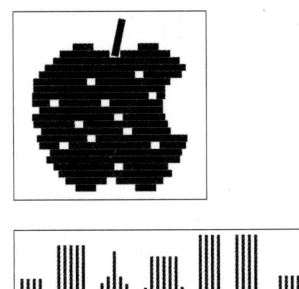

그림 32. 선에 의한 표현

직선은 방향성을 가진다. 수평과 수직선은 조용하고 사선은 불안정하고 동요가 있다. 선이 늘어나고 꺾이고 곡선으로 구부러짐에 따라 구성 형식의 변화 가능성을 가진다.

선의 폭이 넓어질수록 선의 특성이 사라지면서 마침내 면이 된다. 선은 굵기나 움직임을 변화시키거나 질감을 더해 예리하고 딱딱한 느낌, 부드럽게 흐르는 느낌, 거칠고 강렬한 느낌과 같이 다양한 표정을 나타낼 수 있다.

면

점이나 선이 일정한 한계보다 커지거나 두꺼워지면 면이 만들어진다. 반대로 면의 넓이가 줄어들면 점이나 선이 된다. 면은 선을 옆으로 밀어 놓을 때 또는 점이나 선 자체를 늘어놓을 때도 만들어진다. 선을 휘어서 만든 윤곽에 의해 만들어지기도 하며 선이 부분적으로 닫히거나 전혀 닫히지 않는 등의 모든 형식이 면으로 인식될 수도 있다. 면에 형과 색이 더해짐에 따라 조형 표현이 더욱 다양해진다.

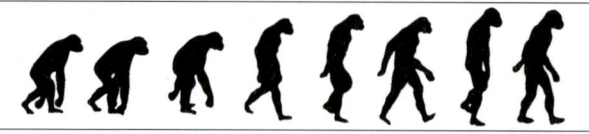

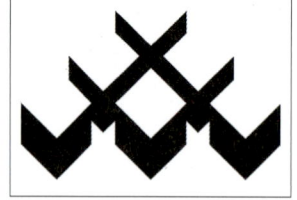
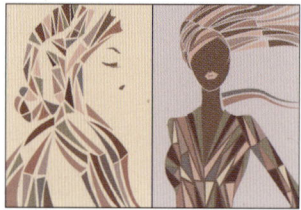

그림 33. 면에 의한 표현

면을 채우는 소재의 특징에 의해서도 면의 시각적 표현이 달라진다.
광택이 있는지 없는지, 표면이 거친지 매끄러운지, 금속이나 목재, 유리
등 어떤 질감을 표면에 적용했는지에 따라 면의 표정이 변한다. 또한
안도감, 긴장감, 불안감 등의 감정을 유도할 수도 있다.

입체

점, 선, 면보다 명백하고 많은 특성이 있다. 입체는 기본적으로 부피감과
중량에 의해 느낌이 더욱 강해진다. 점이나 실, 바늘은 입체라고 느끼기
어렵다. 그러나 점차 굵기나 두께를 주면 입체의 본질적인 특징을 갖게
된다. 원을 기본 형식으로 구, 원기둥, 원뿔 등이, 삼각형을 기본 형식으로
세모기둥, 원뿔, 네모뿔 등이, 사각형을 기본 형식으로 육면체, 원기둥,
삼각기둥 등의 입체가 형성된다. 이와 같은 입체들을 다시 결합하거나
절단, 변형함에 따라 더욱 다양한 입체 형식이 가능해진다. 결합뿐만
아니라 일부 형태를 삭제하거나 음의 공간을 결합할 수도 있다.

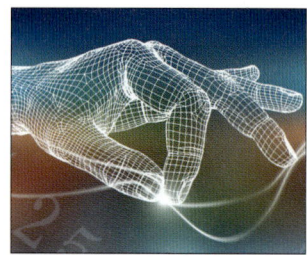
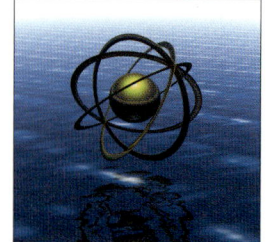

그림 34. 입체감에 의한 표현

시각 요소

개념이 시각적으로 표현될 때 우리가 지각할 수 있는 요소는 형태,
크기, 색채, 질감 등이 있다. 이러한 시각 요소들은 디자인 적용에서
매우 중요한 의미를 갖는다. 시각언어를 잘 다루기 위해서는
점, 선, 면의 형태를 이루는 요소와 크기, 색채, 질감, 공간 등의
시각 요소에 대한 이해와 분석 능력이 필요하다.

형과 형태

2차원에서 나타나는 모양을 형(shape)이라 하고 3차원에서는
형태(form)라고 한다. 그러나 일반적으로 2차원과 3차원 모두 형이라는
용어를 사용하기도 한다. 평면의 형은 선의 변화에 따라, 입체의 형은
면의 이동에 따라 형성된다. 형태에는 사실적인 형태, 기능에 따르는
형태, 기호화된 형태가 있다.

　조형 예술에서 형태는 기하학적 형태와 유기적 형태의 두 가지로
나눌 수 있다. 기하학적 형태는 컴퍼스나 자를 이용해 그린 원, 삼각형,
정사각형 등의 도형과 같이 규칙과 명료함이 있는 것으로 조합된다.
모양, 크기, 위치 배열에 따라 강한 질서를 가지며 단순하고 명쾌한
조형적 감정을 일으킨다.

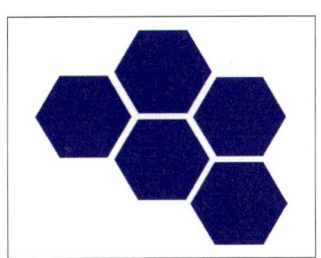
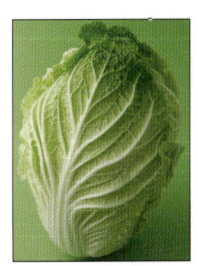
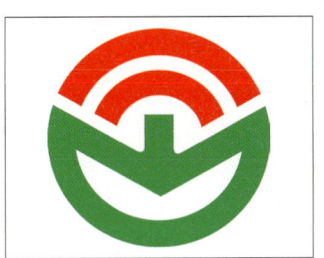
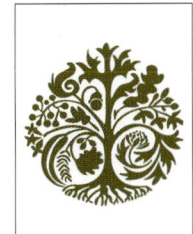

그림 35. 기하학적 형태(왼쪽)와 유기적 형태

유기적 형태는 생물체처럼 전체를 이루는 각 구성 부분이 밀접하게 관련을 가지는 표현 형식이다. 손으로 자연스럽게 그린 듯한 강물의 흐름이나 식물의 줄기와 잎을 이루는 자연스러운 곡선에서 합리적이고 기능적인 유기체의 형태 질서를 찾아볼 수 있다. 자연계의 힘과 생물체의 필연적인 경제 법칙에 의한 형태로서 유동적이며 시각적인 즐거움과 규칙을 만들어 낸다.

크기

크기는 어떤 개체가 얼마나 큰지 작은지를 뜻한다. 크기의 기준은 주변의 대립하는 사물의 크기에 견주어 상대적으로 인식된다. 사물을 위에서 내려다보고 아래에서 올려다보는 시점에 따라서도 크기가 달라 보인다. 색채에 따라 달라 보이기도 하는데, 밝은색이나 난색 계열은 실제보다 크게 보인다.

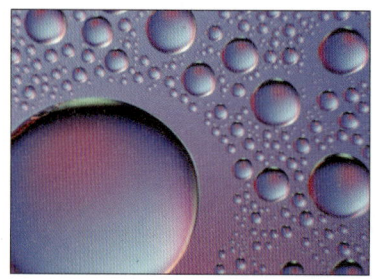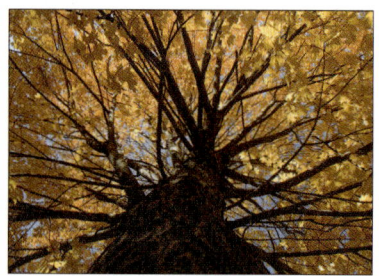

그림 36. 크기의 상대성(왼쪽)과 시점에 따른 크기 변화

그림 37을 보면 앉아 있는 남자가 여자보다 엄청나게 크지만 거인이라고 느껴지지는 않는다. 그저 평범한 키의 남자와 여자로 보인다. 멀리 있는 선인장이 손톱만큼 작게 보인다 해도 실제로 손톱만 할 것으로 생각하는 사람은 없다. 아마 앞에 있는 거대한 선인장과 비슷한 크기로 생각할 것이다. 인간의 시각은 항상성[1]에 의해 사람의 키나 자동차, 그 밖에 경험한 사물의 크기를 추측해 자동으로 파악한다. 풍경화를 그리거나 원근법, 투시도를 그릴 때 크기의 항상성은 반드시 고려해야 할 중요한 요소 가운데 하나이다.

1 —
항상성: 주어지는 정보가 다르더라도 사물 본래의 크기나 색, 무게 등의 특징이 항상 동일하게 인지되는 것을 말한다. 석양에 바닷물이 붉게 물들어도 실제 바닷물은 여전히 푸르다고 생각하며, 멀리 있는 전봇대 또한 눈앞의 전봇대와 동일한 크기로 인식한다.

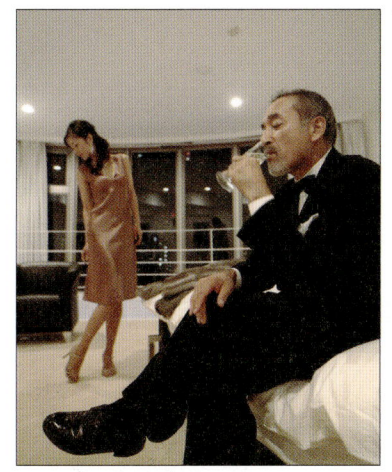 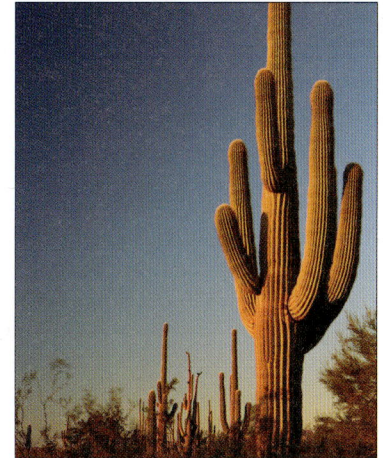

그림 37. 크기의 항상성

색채

색은 사물이나 대상을 구별하게 하고 성격을 부여한다. 원색이나
무채색, 채도가 높거나 낮은 색, 명도가 높거나 낮은 색 등 색조의
변용이 무한히 가능하다. 일반적으로 빨간색은 열정이나 태양을,
파란색은 차가움과 바다를 상징한다. 이러한 색에 대한 느낌과
감정은 하루아침에 형성된 것이 아니며 경험을 바탕으로 형성되는
체험적·보편적 이미지라고 할 수 있다. 한편 특정 집단의 전통이나
문화에 따라 색채에 대한 이미지나 선호도에 차이가 있을 수도 있다.

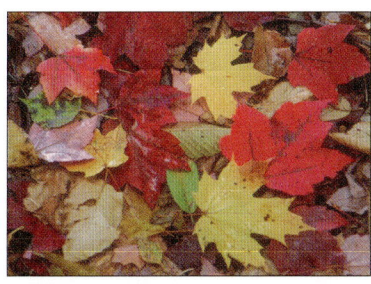 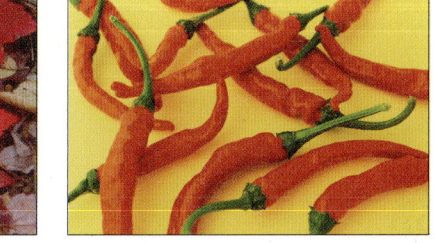

그림 38. 색채 이미지

위험이나 경고 표지에 사용되는 빨간색이나 노란색은 강렬하고 가시성이 높다. 빨간색은 태양, 불, 피 등을 상징하며 자극이 강렬해 심리적으로 정열, 흥분을 표현하는 데 사용된다. 노란색과 검은색의 대비는 명시성과 가독성이 가장 높아 교통 표지판에 많이 사용되며 어린이 시설이나 통학 차량에도 적용된다.

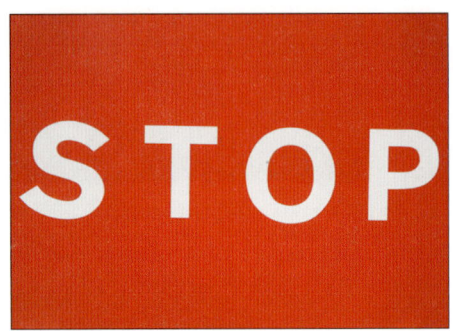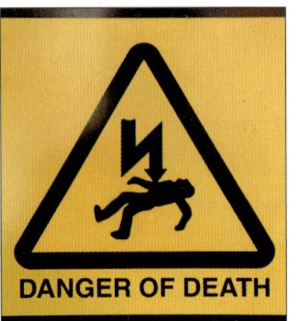

그림 39. 색의 상징성과 명시성

색은 주위의 색에 따라 진출과 후퇴, 팽창과 수축의 성질을 보이기도 한다.[2] 검은색 바탕 위의 흰색 점은 흰색 바탕 위의 검은색 점보다 커 보인다. 체격이 큰 사람이 흰색 옷을 입으면 더 커 보이며 검은색 옷을 입으면 상대적으로 작아 보인다. 체형이 빈약한 사람이 노란색 같은 팽창색의 옷을 입으면 커 보이는 반면, 눈에 띄어 과장되게 보일 수도 있다. 좁은 공간에는 파란색 벽지보다 노란색 벽지를 바르면 넓어 보인다. 이와 같이 색의 특성과 대비에 의한 심리 효과를 이해하는 것은 커뮤니케이션을 위한 시각언어의 활용에서 매우 중요하다.

2 —
진출색: 빨간색은 진출색이며 팽창색이다. 신호등이나 앞차의 브레이크등은 실제 거리보다 더 가깝게 느껴진다.
후퇴색: 파란색은 후퇴색이며 수축색이다. 동일한 크기라도 파란색은 빨간색보다 멀고 작게 보인다.
팽창색: 명도가 높은 색이나 빨간색, 주홍색, 노란색 등의 난색은 외부로 확산하려는 성질을 지녀 실제 크기보다 감각적으로 더 크게 보인다.
수축색: 초록색, 파란색, 검정색 등은 물체가 실제보다 작게 보여 수축색이라고 한다.

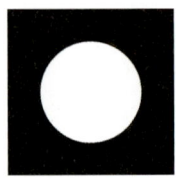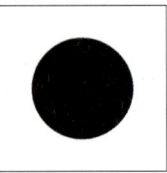

그림 40. 팽창색과 수축색

질감

질감은 어떤 것을 만질 때 느껴지는 감각으로 형태의 표면 성격을
결정짓고 특징을 더욱 강화한다. 표면이 거친지 부드러운지,
울퉁불퉁한지 매끈한지의 질감 표현은 시각 표현을 풍부하고
깊이 있게 해 준다. 질감이라고 하면 직접 만지는 느낌의 '촉각적
질감'을 먼저 연상하지만, 이전에 경험했던 유사한 촉각적 경험을
바탕으로 사진이나 그림을 통해 시각적으로 느껴지는 '시각적 질감'도
커뮤니케이션에서 의미 있는 중요한 요소이다.

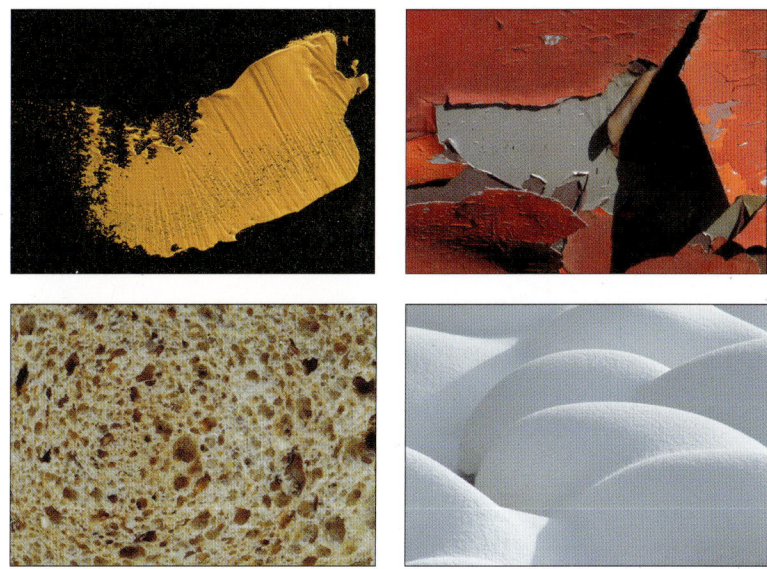

그림 41. 시각적·촉각적 질감

시각적 상호작용

형태는 무수히 많은 방법으로 상호 결합할 수 있으며 그 결과 다양한
시각 효과를 만든다. 따라서 디자인에서 이와 같은 상호작용에 대한
탐구가 필요하다. 조형 요소를 어디에 어떻게 배치하고 다른 요소들과
어떻게 관계 지을 것인지에 따라 원하는 방향으로 사람들의 시선을
유도하거나 균형감 혹은 긴장감을 줄 수 있다.

위치

하나의 조형 요소가 차지하는 자리나 역할을 말한다. 다른 조형
요소와의 관계에 의한 위치 변화에 따라 집중과 긴장감, 활동감을
나타낼 수 있다. 위치는 시선을 유도하고 시각적 흐름을 만들어 낸다.

방향

방향은 어떤 조형 요소가 향하거나 나아가는 쪽을 말한다. 외곽선이나
주위 다른 형태들에 의해 방향이 결정된다. 움직임의 진행을 보여
주거나 암시할 수 있다.

　　　좌우 수평 방향은 균형 잡힌 안정감을, 수직 방향은 운동성과
긴장감을 준다. 사선은 불안정한 느낌을 줄 수 있지만 긴장감과 율동감,
역동적 느낌을 주기도 한다.

공간

공간[3]은 아무것도 없는 비어 있는 곳이다. 점, 선, 면과 입체 형태들은
가공적인 깊이를 암시하며 양(positive)의 공간이나 음(negative)의 공간을
형성한다.

3 —
공간의 분류:
양의 공간과 음의 공간
2차원 공간과 3차원 공간
내부 공간과 외부 공간
빈 공간과 채워진 공간

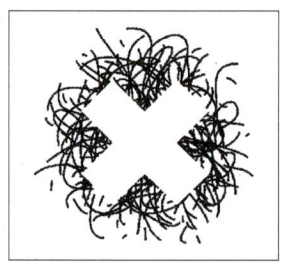

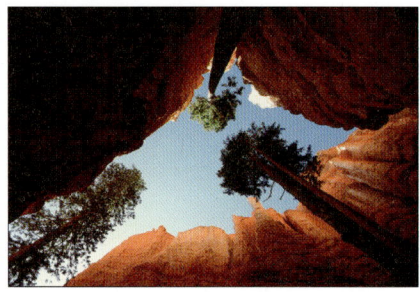
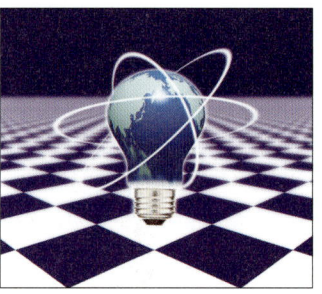

그림 42. 2차원 공간과 3차원 공간

중량

경험적이고 심리적인 것으로서 무게감을 나타낸다. 가벼움이나 무거움, 안정감이나 불안정감과도 관련이 있다. 시각 요소를 배치할 때 촘촘하게 밀도를 높이면 무거워 보인다. 무거워 보이는 색과 가벼워 보이는 색도 있다. 연두색이나 노란색은 가벼워 보이지만 검은색이나 청록색은 무거워 보인다. 레이아웃에서 아랫부분을 무겁게 하면 안정감이 있고 반대로 윗부분이 무거우면 긴장감과 불안감을 준다.

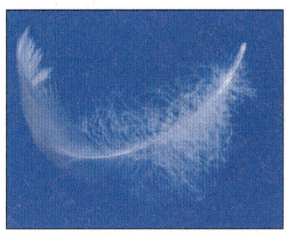 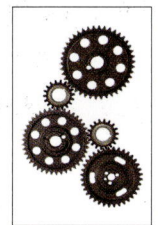 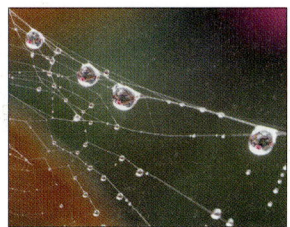

그림 43. 재질과 밀도에 따른 중량감

운동

움직임을 의미하며 일련의 반복으로 역동적인 느낌과 리듬감을 준다. 시선의 흐름을 유도하고 활동적인 이미지를 만들 수 있다. 그러데이션이나 점 또는 선의 간격 조절, 방향과 속도 표현에 의해서도 운동감을 나타낼 수 있다.

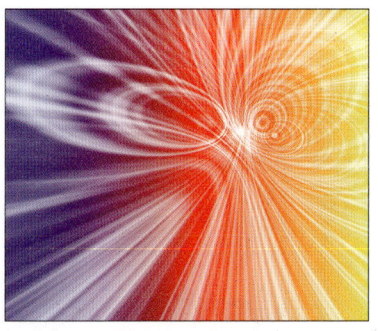 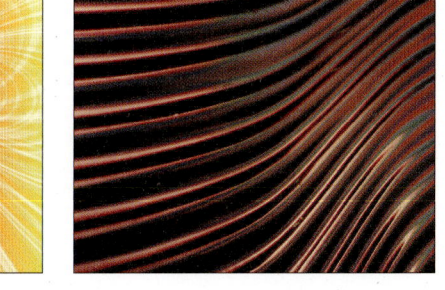

그림 44. 움직임에 의한 리듬감

반복

디자인에서 동일 형태나 효과를 2회 이상 사용하는 것을 반복이라
한다. 서로 다른 크기나 색채를 사용할 수도 있다. 혹은 질감이나 방향,
위치, 공간, 중량감 등의 시각적 상관 요소를 반복할 수도 있다. 반복은
디자인에서 단순한 방법이면서 공간의 변화와 질서감을 줄 수 있고
지나치면 단조로움을 준다.

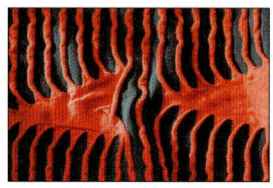

그림 45. 요소의 반복에 의한 조형 효과

대칭

형태나 면적, 무게, 구조 등의 균형을 이루기 위해 중심축을 중심으로
양쪽을 같게 배치한다. 좌우 또는 상하 화면 구성에서 시각적 특성이
같은 비중을 차지한다. 거울에 비추듯이 동일한 구조로 균형 잡히면
질서감과 안정감이 생긴다. 이와 반대로 비대칭의 이미지는 무질서하고
혼란한 분위기를 만들지만 긴장감과 시각적 흥미를 준다. 비대칭에
따른 불균형적 효과는 시각적 변화와 다채로움을 주는 데 기여한다.

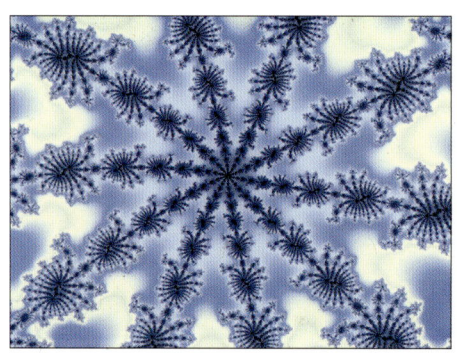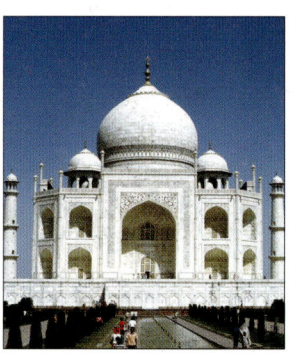

그림 46. 대칭에 의한 균형감

대비

어떤 요소의 특징을 강조하기 위해 그와 상반되는 요소를 나란히 배치하는 관계이다. 흑과 백, 빨간색과 파란색, 밤과 낮, 직선과 곡선 등 형태나 색채, 톤을 비교해 차이가 명백히 드러나도록 한다. 질감이나 소재, 색채, 크기, 형태, 면적, 또는 시간이나 공간, 의미를 대비시킬 수 있다.

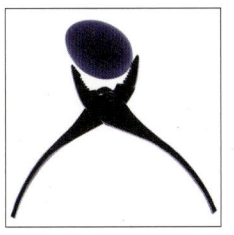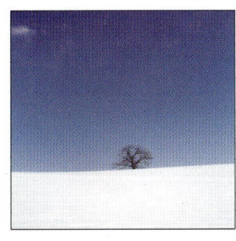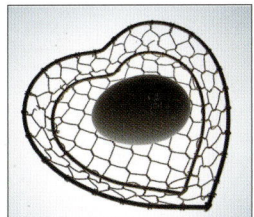

그림 47. 대비에 의한 시각적 흥미

원근

깊이는 위에서 아래까지 또는 겉에서 속까지의 거리를 말하며, 멀고 가까운 원근감과 관계가 있다. 멀리 있는 물체일수록 점점 작아지게 표현하는 기법이나 가까운 곳은 선명하고 먼 곳은 흐리게 하는 명암 효과를 통해 표현된다. 여러 개의 요소를 겹쳐서 깊이감을 줄 수도 있다. 원근법에 따라 일부분을 과장하거나 크기를 강조, 축소하는 등의 다양한 원근 표현으로 평면의 그림에서 3차원의 세계를 창조한다.

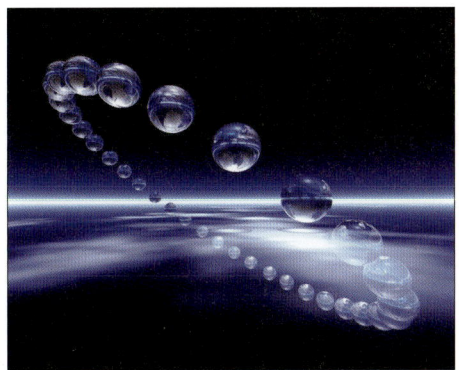

그림 48. 원근에 의한 깊이감

조화

디자인 요소나 부분들이 서로 분리되거나 배척하지 않는 배치를 통해 통일된 전체로서 감각적 효과를 준다. 모양이나 크기, 형태, 색채에 일관성이 있는 조화는 유사성과 통일된 일치성을 느끼게 한다. 그러나 이러한 요소들이 지나치게 유사하거나 동일하면 조화롭기보다 단조롭고 지루한 느낌이 들 수도 있다. 반대로 디자인 요소들의 차이가 현저할 때는 통일과 조화보다 대비의 느낌이 강해진다.

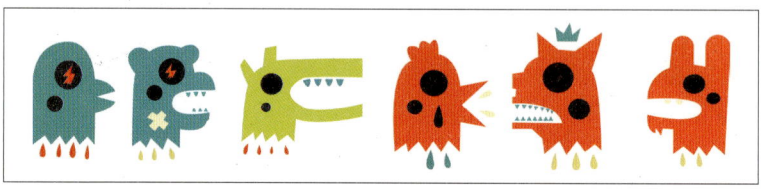

색채와 형식의 통일에 의한 조화

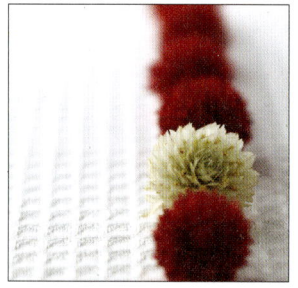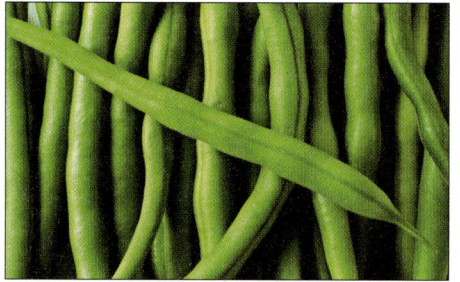

통일과 변화에 의한 조화

그림 49. 조화

조형 원리

통일

여러 가지 요소들이 일정한 규칙을 갖고 일관성, 단일성을 통해 전체가 조화를 이루는 것이다. 통일성을 이루는 방법은 형태, 색채, 재료, 질감 등에서 일관성, 유사성을 주고 지나친 다양성을 피하는 것이 좋다. 방향, 각도 등을 연속적으로 변화시키거나 반복해 통일성을 줄 수 있다. 통일성이 부족하면 전체가 혼란하고 무질서하며 통일이 지나치면 단조롭고 지루하다.

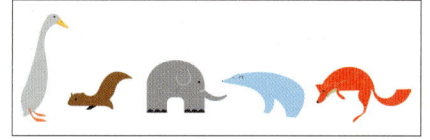
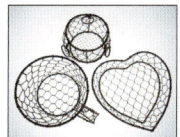

형식의 통일

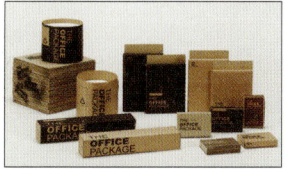
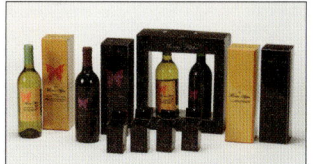

브랜드의 통일성에 의한 패키지 디자인

그림 50. 통일

강조

표현에 변화를 주거나 불규칙하게 만들어 보는 사람의 관심을 끌고 주의를 집중시킨다. 크기, 색채, 방향 등의 대비를 강하게 하거나 배치에 변화를 준다.

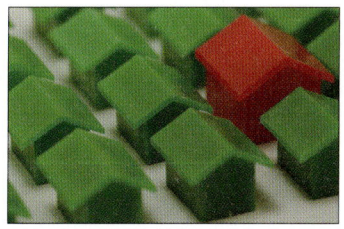

그림 51. 변화와 대비에 의한 강조

균형

무게가 동등하게 분배된 상태를 말한다. 어느 한 쪽으로 기울거나 치우치지 않은 균형 상태는 시각적 무게감이 비슷해 안정적인 느낌이 든다. 긴장감이나 운동감이 없고 시각적인 고요함과 평온함이 있으나 지루함을 느낄 수도 있다. 시각적인 균형은 크기에 반드시 비례하지는 않는다. 작지만 무거운 느낌이 들 수도 있고, 크더라도 솜사탕처럼 가벼운 느낌이 들 수도 있다. 크기가 달라도 색채나 질감, 표현 기법에 따라 무게감, 균형감의 조절이 가능하다.

비례

비례는 기준에 대비해 측정한 크기를 말한다. 건축물이나 회화 작품에서 황금비[4]가 보기 좋은 비례의 상징으로 활용되는 경우가 있다. 하지만 황금비는 과학적인 근거에 의한 절대적인 비례가 아니며 사람들이 기분 좋게 느낄 수 있는 조화로운 비례에 대한 다양한 가능성이 존재한다. 조화와 균형을 이루는 비례감은 시대에 따라 변하기도 한다.

4 —

황금비: 자연에 존재하는 많은 것들에 보기 좋고 조화로운 비례가 있다. 황금비는 전체를 두 개로 분할하는 비가 1:1.618을 이룬다. 과거의 미술품 가운데는 황금비가 미의 규범으로 작용한 것들이 많다.

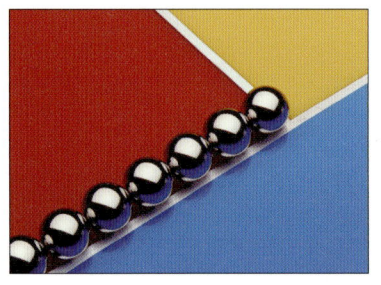
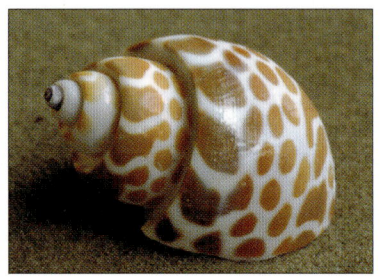

그림 52. 조화와 균형을 이루는 비례

율동

움직임을 바탕으로 일정한 질서와 통일감을 나타낸다. 리듬은 반복에 의해 규칙성을 가지면서 분위기를 조성하고 흥미를 유발시키며 시선을 유도한다.

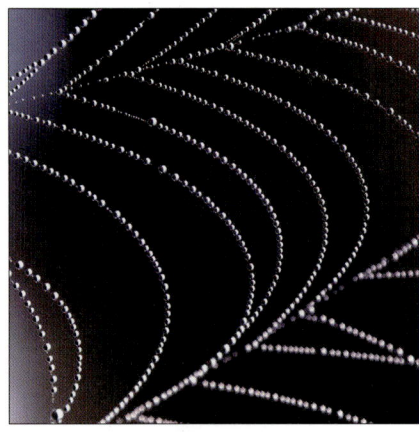
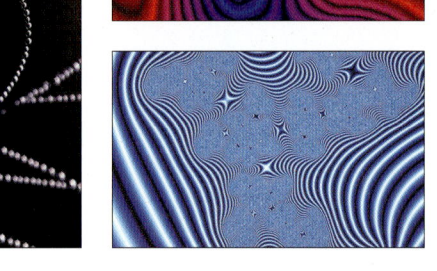

그림 53. 질서와 반복에 의한 율동

지각과 심리

커뮤니케이션 과정에서 하나의 의미를 표현하고 전달하고자 할 때, 수용자가 이것을 어떻게 지각하고 인식하는가를 이해하는 것은 매우 중요하다. 여러 가지 지각 이론 가운데 게슈탈트(Gestalt) 이론은 예술과 디자인 분야에서 의미 있는 원리 가운데 하나로 유용하게 활용된다.

인지의 특성

— 시선의 흐름

사람들이 디자인을 볼 때 느끼거나 생각하는 것은 실제와 다를 수 있다. 사람의 뇌가 가진 특성이나 인지의 성향을 이해하는 것은 효과적인 커뮤니케이션을 위해 중요하다.

대부분의 경우 사람은 왼쪽을 먼저 본다. 인쇄물이나 종이에 여러 가지 그림이나 정보가 있을 경우, 일반적으로 제일 먼저 왼쪽 위를 보고 그다음은 오른쪽 위, 왼쪽 아래, 오른쪽 아래와 같이 Z형으로 시선이 움직인다. 디자인을 할 때 요소를 어디에 배치하느냐에 따라서 수용자가 인식하는 느낌이 달라진다.

— 형태의 인식

형태와 배경에서 경우에 따라 형태 또는 배경이 먼저 눈에 띈다. 일반적으로 차가운 색보다는 따뜻한 색이, 어두운색보다는 밝은색이, 면적이 큰 것보다는 작은 것이 형태로 인식되기 쉽다. 불안정하고 긴장감이 있는 것보다 안정감이 있고 정리된 것이 형태로 인식되는 경향이 있다. 형태로 인식되기 쉬운 유형은 다음과 같다.

· 밝은색
· 따뜻한 색
· 면적이 작은 것
· 아래에 있는 것
· 수평이나 수직으로 놓인 것
· 대칭인 것
· 폭이 일정한 것

다음의 글자를 읽어 보자.

빨강　파랑　초록　빨강　파랑　초록

글자를 읽는 데 어려움이 없을 것이다. 마찬가지로 다음 색을
말해 보자.

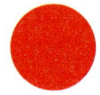

쉽게 색을 말할 수 있을 것이다. 이번에는 다음 글자를 읽어 보자.

파랑　초록　빨강　파랑　초록　빨강

위에서와는 다르게 읽는 속도가 떨어진다. 눈으로 읽히는 단어가
보이는 색과 달라서 순간적으로 판단하는 데 어려움을 겪게 되기
때문이다. 이와 같이 인지 속도나 색의 의미, 무의식적 판단력을
고려하지 않고 디자인을 하면 사용자를 위험이나 혼란에
빠뜨릴 수 있다.

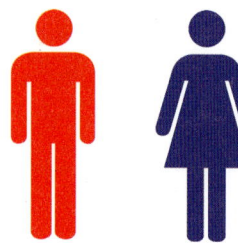  

형태와 색의 이미지

사람들이 형태 자체를 볼 때 느끼는 이미지가 있다. 사각형은
안정감이나 신뢰감을 준다. 힘차고 강인한 이미지를 주기 때문에
기업의 CI와 제품 디자인에 많이 사용된다. 원형은 이와 반대로
부드러움을 느끼게 한다. 자연에서 연상되는 곡선이 사용되기 때문에
친숙하고 유연한 이미지를 준다. 동그란 바퀴나 돌고 도는 회귀성,
끝없이 영원불멸한 이미지를 함축한다. 삼각형은 움직이고 새로운
느낌을 준다. 아래가 넓고 위로 갈수록 좁아지기 때문에 안정과 진취적
이미지를 동시에 느끼게 한다. 반면 역삼각형은 불안정하고 인위적이며
동적인 긴장감을 준다.

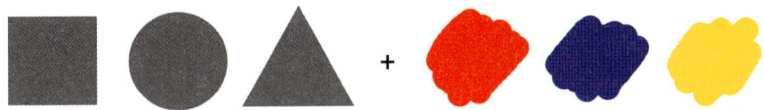

색에도 이미지가 있다. 사각형, 삼각형, 원형의 기본 도형에 빨간색,
파란색, 노란색과 같은 색을 더하면 형태의 이미지와 색채의 이미지가
결합해 다양한 이미지를 만들어 낸다. 빨간색 원형은 태양을, 파란색
원형은 지구 이미지를 상징하기도 한다. 기업의 심벌이나 로고
디자인을 할 때 어떤 이미지를 창조할 것인지에 따라 형태와 색의
조합이 달라진다.

게슈탈트 이론[5]

5 —
게슈탈트 심리학은
스위스 심리학자 막스
베르트하이머(Max
Wertheimer)에 의해
1900년대 초 시작되었다.
지각심리학 가운데 가장 널리
알려진 이론으로서, 인간의
지각은 부분을 의미 있는
전체의 하나로 인식한다는 것이
핵심이다. 단순하고 규칙적이고
자연스러운 형이나 형태로
지각되는 원리를 설명한다.

어떤 지각에서라도 두 가지 본질적인 구성 요소를 발견할 수 있다.
바로 의미를 찾는 것과 자극에 대한 의미를 구성하는 것이다. 이것은
근접성, 유사성, 폐쇄성과 같은 기본 원칙을 통해 요소들을 결합하고
분리하는, 분리와 통합에 대한 원리에 기초한다.

　　게슈탈트 이론에서 의미 있는 것은 이와 같은 지각의 양상이
때로는 좀 더 이성적이고 합리적일 수 있고 때로는 좀 더 감성적이거나
즉각적이라는 것이다. 이러한 특성에 따라 감성이나 긴장감, 두려움,
피로나 지루함을 낳기도 한다.

— 유사성(similarity)

색, 크기, 질감 등 어떤 성격이나 개성이 같거나 비슷한 것끼리
하나의 그룹으로 보는 경향이 있다.

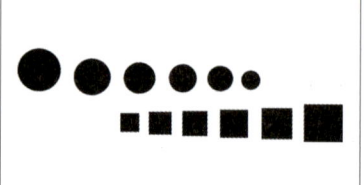 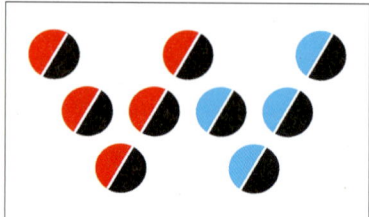

— 근접성(proximity)

가까운 것끼리 서로 연관시켜 멀리 있는 것들과 분리하고 시각적으로
집단화함으로써 그룹으로 보는 경향이 있다.

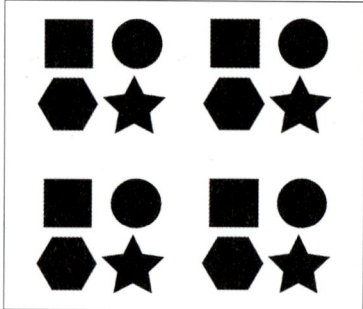 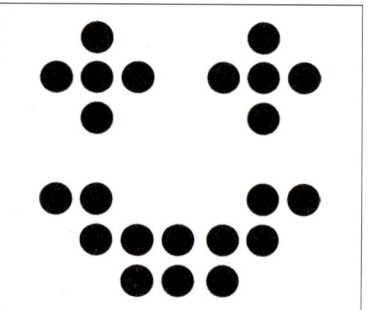

— 폐쇄성(closure)

불완전한 형이나 벌어진 도형 요소들을 완전한 형이나 그룹으로
지각하려는 경향이 있다. 선이 끊어진 부분의 차이를 무시하고
불완전한 정보를 결합해 익숙한 형태나 이미지로 인식한다.

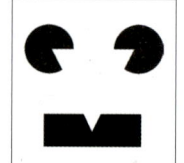 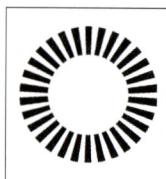 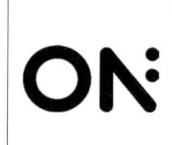 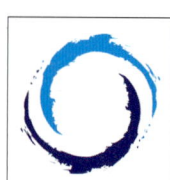

— 공동 운명의 법칙(common fate)

배열이나 성격이 같은 것끼리 서로 집단화해 인식되는 성질이다.

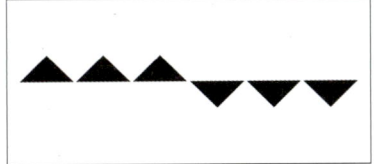 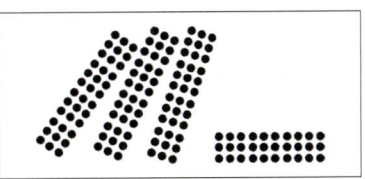

— 단순성(symmetry / pragnanz)

좋은 형태의 법칙이라고도 한다. 가능하면 대칭, 규칙에 따라 단순한
방향으로 이미지나 형태를 인식한다. 아래 두 번째 그림은 두 개의
분리된 반달 모양 이미지로 보기보다는 하나의 동그란 원의 형태로
인식한다.

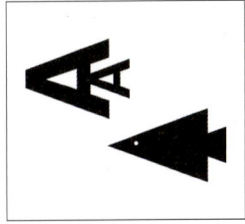 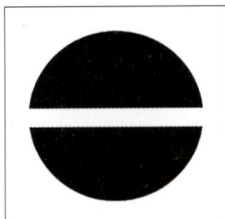 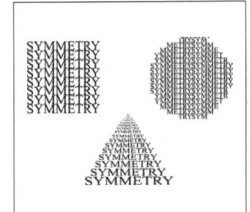

— 연속성(continuity)

어떤 선이나 형태, 물체의 형상이 부분적으로 끊어져 있어도 원래의
예측되는 형상이나 방향에 따라 자연스럽고 부드럽게 연속된 것으로
보이는 성질이다.

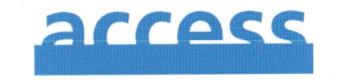 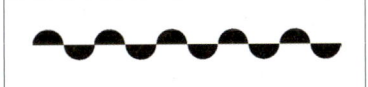

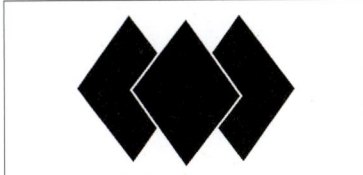 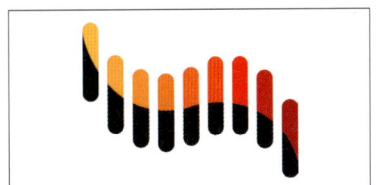

정보와 커뮤니케이션

정보란 여러 가지 가공되지 않은 데이터를 모아 조직하고 의미와
가치를 부여하는 '가공된 데이터' 또는 '조직된 데이터'라고 할 수 있다.
동일한 데이터라 할지라도 어디에 어떻게 사용할 것인지에 따라 다양한
형식으로 정보화된다.

정보 디자인은 정보를 눈에 보이는 형태로 만들어 사람들에게
쉽게 이해시키는 것이 목적이기 때문에 정보를 전달할 때에 어떻게
하면 주어진 정보를 효과적으로 전달할 수 있는지가 중요하다. 반대로
어떻게 하면 시각적 오류를 피할 것인지도 중요한 의미를 가진다.

정보 디자인은 두 가지 단계로 구성된다. 첫째, 정보를 구성하고
조직하는 단계이다. 둘째, 이것의 시각화 계획 단계이다. 이러한 작업은
언어적·비언어적 형상의 정보들을 처리하고 조직하고 보여 주는
능력이 필요하다. 정보의 조직화에는 인식 과정과 구조에 대한
논리적인 이해력이 중요하다. 정보의 시각화 과정에서는 심벌과 글자,
단어, 문장과 문맥의 가독성에 대한 이해와 배경지식이 필요하다.
또한 이미지의 정보 수용력, 효과적으로 텍스트와 조합하는 방법에
대한 이해와 예리한 감각이 요구된다.

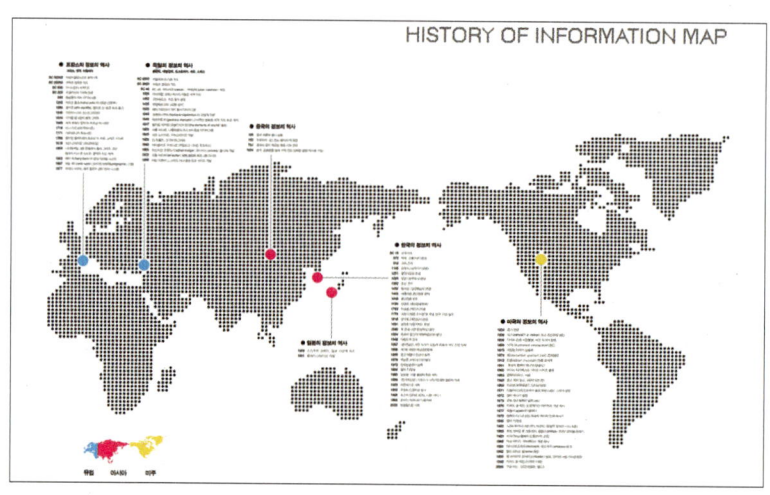

그림 54. 정보의 역사

시각적 탐색이나 예리함, 이해력이 정보 디자인의 중요한 관심사이다. 정보 디자이너는 인간의 지각과 인식의 양상에 대해 잘 알고 있어야 한다. 그렇지 않은 디자인은 사용자 측면에서 정보의 내용을 이해하는 데 어려움을 느끼게 된다. 때로는 디자이너의 능력에 따라 시각적으로는 극도로 단순하지만 이에 대한 이해가 명확하고 빠르게 전달되는 풍부한 정보를 효과적으로 제공하기도 한다.

그래프와 숫자

어느 숫자가 더 큰지 인식하기 위해서는 머릿속으로 계산하는 과정이 필요하지만 그래프 선의 길이는 즉각적이고 직관적으로 느껴지기 때문에 지각적 판단을 요구하지 않는다. 아라비아 숫자 표기법은 강하고 단순하지만 셈을 하는 방법을 배우고 연습하는 과정에서 숙달된다. 숫자가 커지거나 긴장하는 상태 또는 급박한 상태에서 사고를 요구하는 상황이 되면 표상을 즉각 인지하기는 더욱 어려워진다. 그러나 그래프는 얼핏 보거나 거꾸로 보더라도 순식간에 체험적으로 인식된다.

그래프와 숫자의 크기 비교하기

숫자와 그래프로 표시된 두 수를 비교해 보자. A는 숫자, B는 원그래프, C는 막대그래프이다.

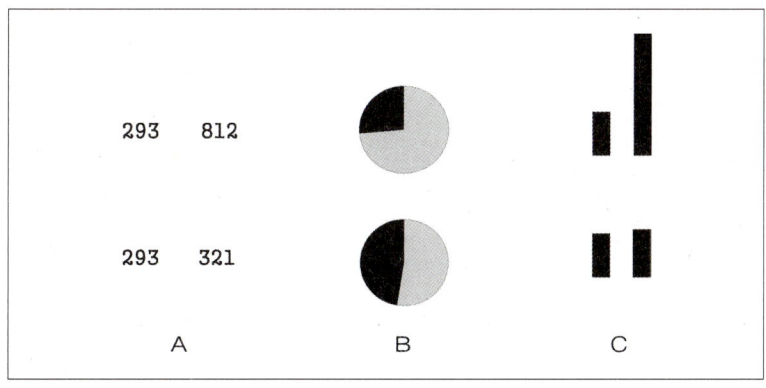

각각 두 수의 크기를 비교하는 데 차이가 있다. 숫자의 크기 비교는
집중해서 사고하는 과정이 필요하다. 특히 숫자가 점차 커지면 이를
비교하는 것이 더 쉽지 않다. 2930380489와 812123489 중 어느
쪽이 큰지 알려면 생각할 시간이 필요할 것이다. 원그래프는 두 수의
크기가 어느 쪽이 큰지를 확인하기 쉽다. 그러나 정확히 얼마나 큰지를
알려면 또는 두 자릿수가 아닌 5~6개의 자릿수를 비교하려면 더욱
혼란스러워질 것이다. 막대그래프의 비교는 쉽고 직관적이다. 선의
길이가 어느 쪽이 긴지를 단순히 비교하는 데 체험적 사고나 명확한
표시법은 필요하지 않다. 막대 여러 개를 동시에 비교한다고 해도
신속한 판단이 가능하다. 이처럼 단순 비교할 때는 그래픽 표기법이
숫자 표기보다 훨씬 더 편하다.

그래프 형식과 표상의 인식

서울과 런던의 인구밀도[6]를 비교해 보자. 이때 동일한 정보를 그래픽
표상으로 나타내는 데 어떤 방식을 적용했느냐에 따라 수용자가
정보의 내용을 명확히 인식할 수도 있고 그렇지 않을 수도 있다.
두 도시의 인구밀도를 원 표상, 원그래프, 막대그래프를 이용해
나타내고 비교해 보자. 첫째, 원의 넓이로 인구밀도를 비교해 본다.
이것은 신문이나 교과서의 지도에 흔히 사용되는 방식이다. 하지만
서울의 인구밀도가 런던보다 훨씬 높다고 생각되지만 얼마나 높은지는
정확히 말하기 쉽지 않다.

6 —
2009년 기준 1제곱킬로미터당
인구밀도(국토연구원):
서울 1만 7,219명,
런던 5,100명

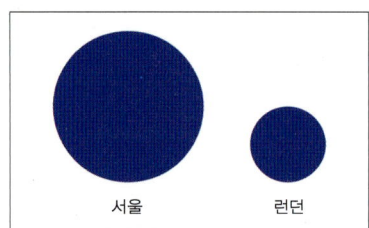

서울   런던

둘째, 같은 자료를 원그래프를 이용해 비교해 본다. 원의 크기에 의한 비교보다는 원그래프의 경우 서울의 인구밀도가 몇 배 더 높은지 짐작하기 쉬워 보인다.

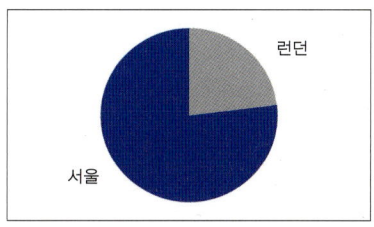

셋째, 동일한 정보를 인구에 비례하는 막대그래프를 사용해 비교해 보자. 인구밀도의 차이가 얼마나 되는지 추정해 보면 서울이 런던의 세 배 정도일 것이다. 수를 비교하는 데 면적의 크기보다는 직선의 길이에 대한 인식이 더 즉각적이고 명확하다는 것을 알 수 있다.

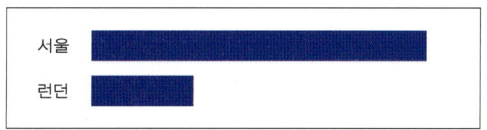

그러나 모든 정보를 전달하는 데 항상 막대그래프가 적절한 것은 아니다. 자료의 성질이나 정보의 사용 목적에 따라 이에 맞는 다양한 그래픽 표상이 필요하다.

그래프의 시각 효과

그래프는 수, 양, 크기, 비례에 대한 정확한 내용을 얼마나 쉽게 보여 주는지가 핵심이다. 자료를 조직하고 단어, 숫자, 그림을 이용해 정보를 어떻게 커뮤니케이션하느냐의 문제가 중요하다. 통계를 시각화하는 것은 특정 언어 범주를 떠나서 수학 기호와 같이 국제적인 소통이 가능해야 한다. 별도의 학습이나 교육을 받지 않더라도 보편적이고 직관적으로 인식할 수 있는 유니버설 디자인(universal design)[7]과 관련이 된다.

7 —
유니버설 디자인이란 모든 사람을 위한 디자인을 말한다. 사회적 약자를 배려한 복지 차원의 개념으로서 연령이나 성별, 장애 여부에 관계없이 누구나 쉽게 접근하고 다루며 사용하기에 불편함이 없도록 하는 데 의미가 있다.

다음은 동일한 정보에 대한 서로 다른 세 가지 시각 표현이다. 어떤 것이 정보를 쉽게 이해하는 데 도움이 되는지 비교해 보자.

시간＼색	흰색	검은색
처음	18	18
2분	18.5	19
4분	19	20
6분	19.5	21
8분	20	22

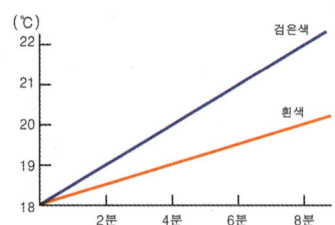

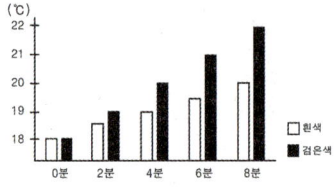

그림 55. 운동장에 흰색 천과 검은색 천을 덮은 뒤 온도 변화

정보를 가공하는 방법, 즉 시각화하는 방법에 따라 커뮤니케이션의 효과와 결과가 달라질 수 있다. 훌륭한 그래프나 도표 디자인을 위해서는 다음의 내용을 고려한다.

· 내용이나 통계, 디자인 측면에서 데이터를 흥미롭게 잘 디자인하는 것
· 복잡한 내용을 명료하고 정확하게 효과적으로 커뮤니케이션하는 것
· 최소한의 공간과 잉크를 사용해 경제적인 것
· 보는 사람이 짧은 시간에 많은 정보를 이해하도록 쉽게 하는 것
· 데이터에 대한 진실을 말하는 것

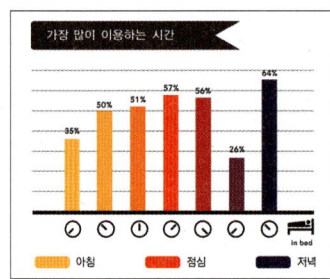

그림 56. 국내 스마트폰 이용 현황

그래프나 차트를 시각화할 때 되도록 최소한의 디자인 요소를
사용하면서 명확한 정보 전달이 되도록 한다. 정보의 본질을 잃지
않으면서 어디까지 생략하고 단순하게 표현 가능한지는 디자이너의
감각에 따라 좌우된다. 다음과 같은 가이드라인을 바탕으로
시각 요소들을 한 가지씩 지워 나가는 '버리기 연습'이 필요하다.

- 시각적 간결화
- 요소들의 생략
- 불필요한 것 버리기
- 정보의 명확성 유지

적절한 표상, 부적절한 표상

부적절한 표상은 정보를 정확히 알기 어렵게 하거나 모호하게
함으로써 우리를 혼란스럽게 만든다. 표상 형식이 잘못된 인식을
심어 주는 결과를 초래하기도 한다.

주차 금지를 알리는 다음의 표상들을 살펴보자. 첫 번째는 주인이
직접 페인트로 쓴 주차 금지를 알리는 손글씨, 두 번째는 '여기에
주차할 생각은 하지도 말라.'라고 경고하는 문구, 세 번째는 의미를
기호화해 경고나 위험을 암시하는 빨간색을 적용한 표지이다.
한눈에 의미를 명확히 전달하고자 하는 표상으로 어느 것이 적절한지
또는 왜 적절하지 않은지 생각해 보자.

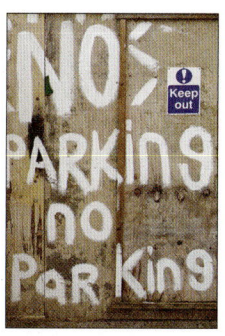
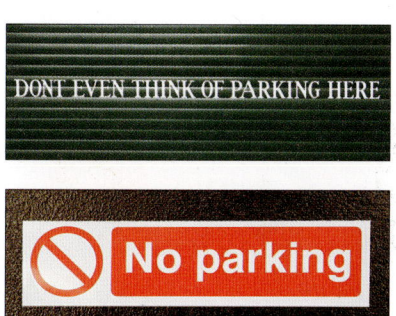

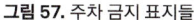

그림 57. 주차 금지 표지들

적절한 표상으로 이루어졌더라도 실제 생활에 적용하기에 적절히
제작, 설치되어 모든 사람이 인식하는 데 무리가 없어야 한다. 화살표는
간략하고 의미를 명확히 전달하는 훌륭한 표상이자 기호이다.
다음 사진에서 화살표가 과연 적절히 의미를 나타내는지 생각해 보자.
첫 번째 사진에서 화살표는 '하늘로 올라가라.'라는 의미일까, 아니면
'앞으로 직진하라.'라는 의미일까? 물론 직진하라는 의미이겠지만
상황에 따라서는 모호하게 느껴지기도 한다. 두 번째 사진에서 화살표
머리 부분의 모양이 도로의 기호로서 심미적 측면에서 적절한지
아닌지 생각해 보자. 화살표의 모양은 수없이 많으며 상황과 목적에
따라 적절한 화살표의 모양도 다를 수 있다. 이를 찾고 적용하는 일은
커뮤니케이션을 더욱 명확하게 하려는 디자이너의 역할과 관련된다.

 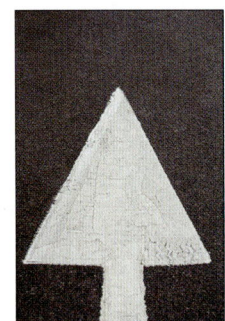

그림 58. 화살표 기호 적용

다음 그림은 교통 신호로 사용되는 '빨간색 좌회전 화살표'이다.
실제 시험 적용 과정에서 문제가 지적되기도 했던 신호등인데 적절한
표상인지 아닌지 생각해 보자.

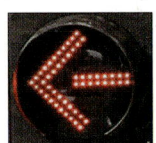 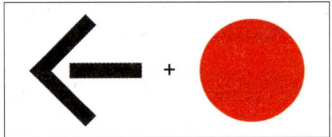

그림 59. 빨간색 좌회전 화살표

화살표는 기본적으로 지시하는 방향으로 가라는 의미이다.
국제표준화기구(ISO) 규정을 보면 빨간색 신호는 금지 또는 위험을
뜻한다. 그렇다면 빨간색의 좌회전 화살표 신호에는 가야 할까,
멈춰야 할까? 왼쪽이라는 방향 지시와 멈추라는 금지가 하나로
결합한 기호라고 할 수 있다. 차를 운전하면서 신호등을 보는 사람은
순간적으로 헷갈릴 수 있다. 사회적 규범이나 약속을 표시하는 기호의
경우, 인간의 상식에 바탕을 둔 적절한 기호학적 표상의 중요성이
더욱 커진다.

남산 찾아가기

정보를 시각화하는 데 적절한 표상이란 무엇일까? 무엇보다 '사실'에
기초한 '정확한' 정보 전달이 중요할 것이다. 그러나 이것이 항상
적절한지 생각해 보자.
    다음 지도를 보고 서울역에서 남산까지 가기 위한 정보를
찾아보자.

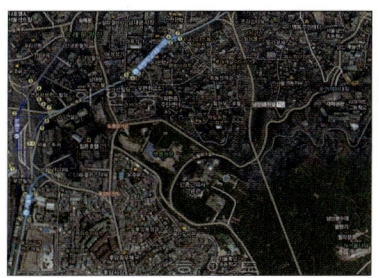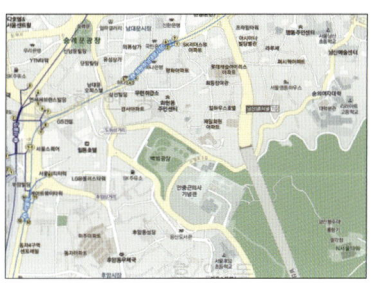

위의 왼쪽 지도는 실제 지도로 정확성 측면에서 매우 훌륭하다. 그러나
우리에게 필요한 정보는 서울역과 남산 사이에 있는 수많은 거리나
건물 또는 지형의 생김새가 아니다. 즉 왼쪽 지도와 같이 사실에
기초한 정확한 정보들이 여기서는 도움이 못 되고 오히려 방해가 될
수 있다. 오른쪽 지도는 도로와 주요 건물에 대한 주변 정보가 왼쪽
지도보다 단순하게 나타내고 있어 훨씬 이해하기 쉽다. 그러나 여전히
서울역에서 남산까지 가는 가장 경제적인 방법이 무엇인지 한눈에
전달되지는 않는다.

다음 지도는 필요한 핵심 정보인 서울역에서 남산까지 가는 길을
명확히 보여 주고 있다. 명확한 커뮤니케이션을 위해 주변 정보를
더욱 간략하게 할 수 있으며 경우에 따라 사실을 변형, 왜곡,
생략할 수도 있다.

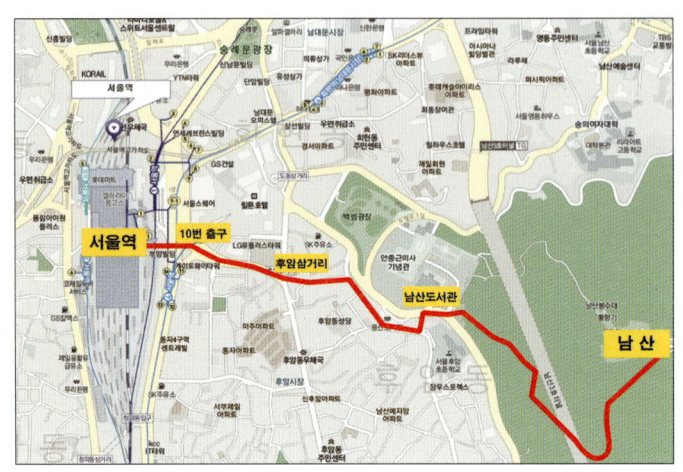

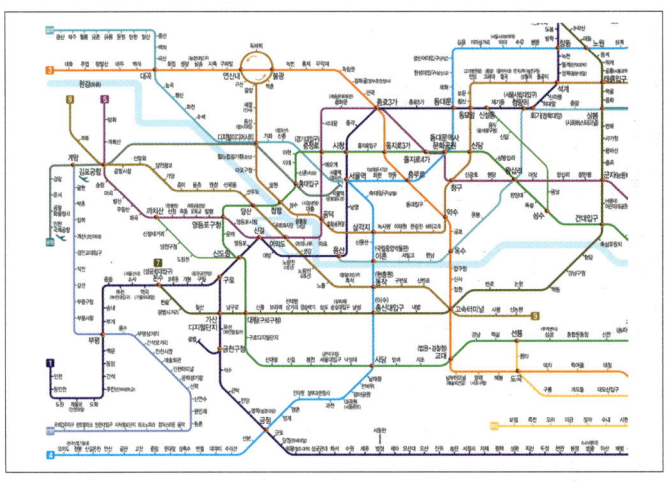

지하철 노선도는 수많은 노선 정보와 필요한 정보를 가능한 한 간략히
보여 주는 데 중점을 둔다. 커뮤니케이션의 목표에 따라서 실제 '사실'과
'정확성'은 불필요할 수 있다. 지하철 노선도와 같이 디자이너가
어떠한 정보를 시각적으로 어떻게 가공할 것인지가 매우 중요하다.

시각 커뮤니케이션 디자인 프로세스

커뮤니케이션 디자인 프로세스를 크게 나누면 첫째, 개념을 명확히 하고 둘째, 이에 따른 콘셉트를 도출하며 셋째, 이것을 효과적으로 시각 표현하는 과정을 거친다.

개념화

커뮤니케이션 디자인 프로세스에서 가장 중요한 단계가 개념화이다. 개념화는 주어진 과제나 프로젝트에 대한 문제 제기에서 시작한다. '왜'에 대한 답을 찾는 과정으로 문제의 핵심이 무엇인지를 정확히 파악해야 한다. 또한 불확실한 것이나 모호한 것을 명확히 한다. 개념화에는 다음과 같은 단계들이 포함된다.

· 문제 제기 및 정의 설정, 목적을 명확히 한다.
· 상품이나 대상, 경쟁사 등 모든 관련 정보를 수집한다.
· 수집된 정보를 분석, 해석, 조직한다.
· 디자인 측면에서 문제에 대한 정의를 재설정한다.

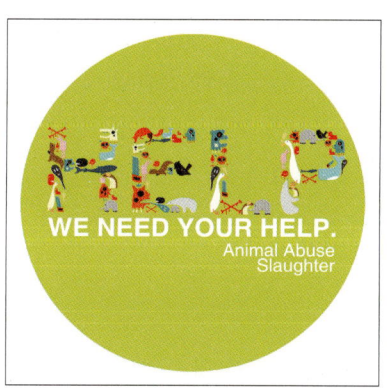
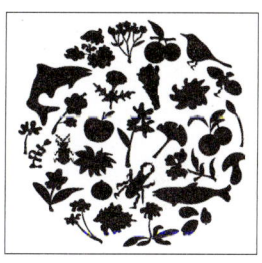
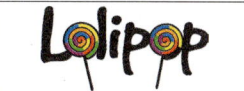

그림 60. 문제 설정에 따른 시각 표현

콘셉트 도출

아이디어 도출 단계로 의견이나 생각을 시각적으로 표현하기 위한 목표와 핵심이 무엇인지 명확히 한다. 명확하고 적절한 콘셉트는 핵심 개념을 제대로 잘 전달할 수 있도록 한다.

- 디자인을 통해 무엇을 얻을 것인지 목적을 설정한다.
- 수용자에게 미적·인지적 측면에서 어떻게 접근할 것인지 연구한다.
- 실전에 대비한 예비 실행 단계를 거친다.

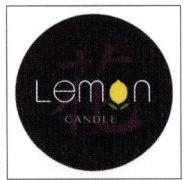
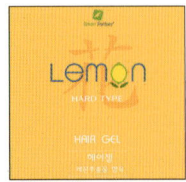
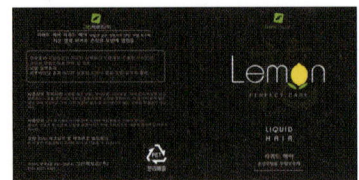

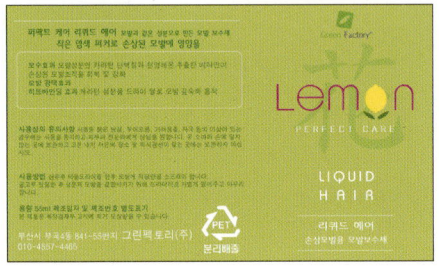

그림 61. 아이디어 도출과 실험

비주얼 전략

메시지를 전달하기 위한 효과적인 방법을 찾는 과정이다. 시각 기호와
정보 체계를 이해하고 커뮤니케이션을 위한 시각 표현 방법과 매체를
선정한다. 시각에 호소하는 방법에 대한 시지각의 원리나 형태 심리,
미학에 대한 이해가 필요하다. 사진, 영화, 도표 등의 시각언어를
적용할 수 있다. 섬세한 이미지, 활자, 레이아웃, 색상 등을 결정하고
구체적인 기획서를 작성한다.

- 커뮤니케이션 방법에 대한 정의를 설정한다. 수용자가 효과적으로
  인식할 수 있는 형태를 어떻게 만들지 결정한다. 시각화 과정에서 다양한
  시도가 가능하지만 커뮤니케이션 목적에 기능적으로 합당한 틀을
  확보해야 한다.
- 시각화하기 위한 명백한 가이드라인을 설정한다. 실제 디자인 제작
  방법에 대해 정의하고 기획서를 작성한다.
- 제기된 문제를 디자인 제작 과정에 접목한다.

- 형태와 내용, 재료와 매체 등 기술적 측면을 고려해 디자인을 발전시킨다.
- 디자인이 의도된 목적에 들어맞는지 비교한다.
- 비교 결과에 따라 디자인 내용을 수정해 나간다.

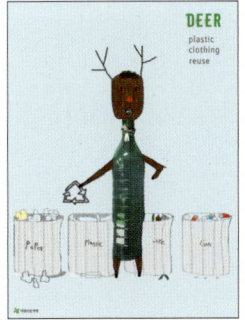 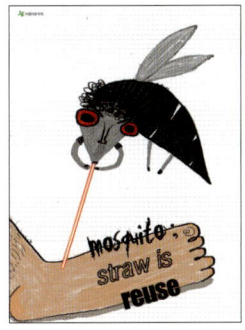 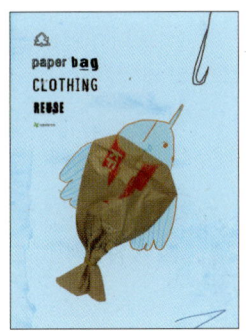

그림 62. 재활용 촉진 포스터

시각 커뮤니케이션 디자인 체크 리스트

- 시각언어와 의미가 적절한가.
- 주제와 시각 표현이 개념에 적합한가.
- 시각언어의 구조와 메시지가 전달될 사람들의 특성에 적합한가.
- 아이디어와 콘셉트 수준이 우수한가.
- 형태가 좋은가.
- 글자나 이미지의 가독성이 좋은가.
- 디자인 기교는 좋은가.
- 적용되는 매체가 적절한가.

그림 63. 형태와 표현의 간결성

모든 시각 요소와 레이아웃은 의미를 담고 있으며 그 의미는 전체
구성을 위한 부분으로 필요하다. 전체 구성은 통합과 분리 원칙에
기초를 두는데 이 원칙은 게슈탈트 이론의 유사성, 통합성, 근접성,
보기 좋은 형태 원리를 바탕으로 한다.

모든 시각언어는 형태와 의미가 연관된다. 언어의 의미는 해석의
과정이 요구된다. 모든 메시지는 어떠한 생각이나 행동을 일으키기
위해 만들어진다.

시각 커뮤니케이션 디자이너

'그래픽 디자이너'라는 호칭은 '그래픽 아티스트'보다는 디자인에
가까운 어감을 주지만, 효과적인 정보 전달 측면보다 여전히 그래픽
형상을 창조한다는 느낌이 강하다. '시각 커뮤니케이션 디자인'의
의미는 시각이라는 매체(medium)와 커뮤니케이션이라는 목적(objective),
디자인이라는 방법(method)의 세 가지 기본 요소를 모두 포함한다.

시각 커뮤니케이션 디자이너의 핵심 역할은 시각적인 아름다움에
있는 것은 아니다. 시각적 특징과 아름다움뿐만 아니라 커뮤니케이션의
기능적 측면에서의 특성도 잘 활용해야 한다. 기본적으로 정보를
이해하고 사용하기 쉬우며 흥미 있게 만드는 것과 관련된다. 또한
대중에게서 어떠한 반응을 유도할지도 생각해야 한다. 수용자의
흥미와 관심을 끄는 것 외에도 디자이너는 다음과 같은 문제들을
고려해야 한다.

첫째, 형식과 내용에 대해 명확히 이해한다. 글자, 숫자, 픽토그램,
다이어그램, 지도, 차트, 그래프, 사인, 심벌과 같은 그래픽 요소들에
대한 이해가 필요하다. 커뮤니케이션의 목적이나 수용자의 특성에 따라
효과적인 커뮤니케이션 방법이나 요소도 달라진다. 콘텐츠의 내용을
전달하는 데 다이어그램이 효과적일지 차트나 그래프가 효과적일지는
상황에 따라 유연하게 바뀔 수 있다.

다음 그림에서 전달하고자 하는 정보를 명확히 이해할 수 있는지
생각해 보자.

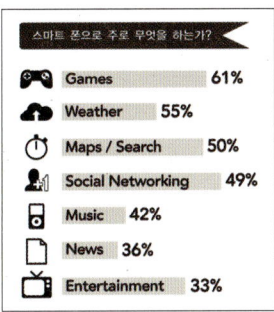

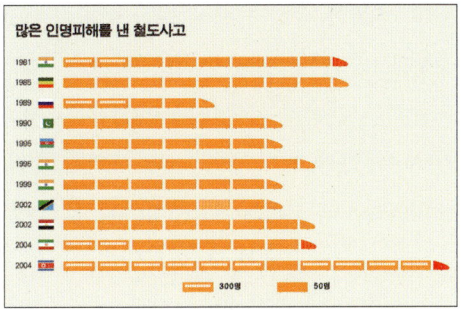

왼쪽 그림에서 스마트폰으로 주로 무엇을 하는지 막대그래프 수치가 잘
표현되는가? 막대의 길이가 수치의 크고 작음을 반영하고 있지는 않다.

오른쪽 그림에서 철도 사고에 의한 인명 피해가 나라별로 몇 명
정도인지 말할 수 있는가? 우선 각 나라의 국기를 명확히 알아야
한다는 점이 어렵다. 그래프 길이가 짧아도 실제 수치가 작은 것은
아니어서 단순한 막대 길이의 비교로 수치를 파악할 수 없다.

적절한 그래픽 표현 방식을 선택하려면 다양한 영역과 조직의
카테고리에 대한 정보의 복합적 이해가 요구된다. 학교나 열차,
비행기, 극장과 같은 공공장소를 생각해 보자. 학교의 행사 계획표나
시간표, 극장이나 콘서트, 비행기 티켓 등의 정보는 조직화되어야 한다.
극장이나 비행기 안에서 긴급 상황 발생 시 행동 지침이나 피난 정보는
물론 층별 안내도나 방향 및 위치 정보를 전할 지도나 픽토그램이
필요하다. 이 외에도 기관별 업무 진행을 위한 각종 서식이나
프로그램, 업무 분담이나 다양한 연중행사 계획 등에 이르기까지
시각 커뮤니케이션 디자인 역할이 필요한 곳은 수없이 많다.

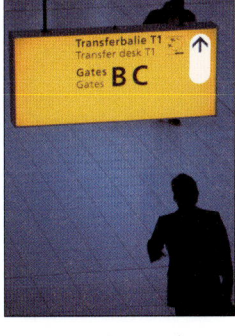
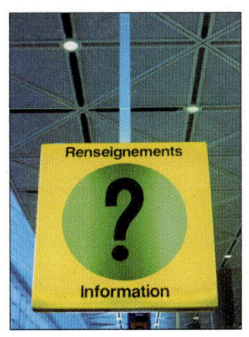
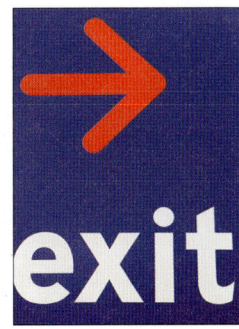

그림 64. 공공장소의 안내 사인

둘째, 문화와 사회 전반에 대한 인식이 필요하다. 디자인의 속성은
조형과 미적인 측면뿐 아니라 문화와 사회, 철학, 심리학에 이르기까지
포괄하는 분야가 다양하다. 특히 시각 커뮤니케이션 디자인은
커뮤니케이션, 역사, 교육, 심리사회학과 깊은 연관성을 가진다.
창의력을 바탕으로 하는 문학이나 음악, 철학, 수학과 같은 학문에
영향을 주고받기도 한다. 디자인은 이처럼 학제적인 학문으로서
다양한 분야에 관한 관심과 서로 다른 문화와 사회적 특성, 경제와
기술, 생태 환경에 대한 폭넓은 이해가 필요하다.

셋째, 읽기에 대한 꾸준한 노력이 필요하다. 출판물이나
간행물을 수시로 접하면서 디자인의 내용과 형식에 관한 관심을
고무시켜야 한다.

커뮤니케이션 디자인은 사회과학이자 예술이며 기술이기도 하다.
커뮤니케이션 디자인은 사람을 중심에 두기 때문에 효과적인
커뮤니케이션을 구성하는 데 철학, 사회, 인류학 등에 대한 이해가
중요한 역할을 한다. 또한 커뮤니케이션 디자인은 형태를 다루기
때문에 예술이기도 하고 산업적 측면에서 생산을 전제로 하기 때문에
기술이기도 하다. 따라서 사람과 장소에 대한 시각언어에 익숙하고
민감해야 한다.

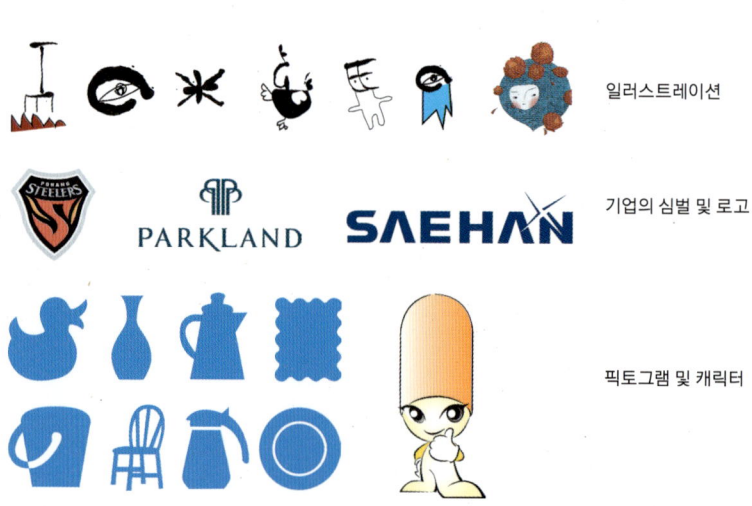

일러스트레이션

기업의 심벌 및 로고

픽토그램 및 캐릭터

그림 65. 시각 커뮤니케이션 디자인 사례

커뮤니케이션 디자인은 지적이며 감각적이고 실용적인 분야로서 분석력, 분별력, 유연한 사고, 사람과 사람 사이의 소통 기술, 판단력, 시각적 예민함, 문화, 첨단 기술에 이르는 광범위한 이해가 필요하다. 커뮤니케이션 디자이너가 고려해야 할 범주는 커뮤니케이션, 형태, 경제성, 기술, 매니지먼트의 다섯 가지로 나눌 수 있다.

첫째, 시각 커뮤니케이션 디자인의 존재 목적은 커뮤니케이션을 위한 것이다. 커뮤니케이션은 관련 영역의 모든 디자인 작업의 본질과 목표가 된다. 사회는 정보의 교환과 흐름을 통해 발전한다. 매스미디어와 도시 환경, 대중교통 등은 정보의 원천으로서 문화를 표현하고 만들어 가는 바탕이 된다.

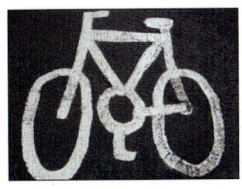 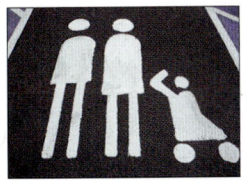 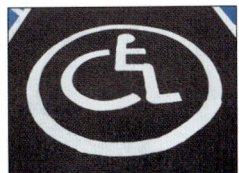

그림 66. 도로 위의 커뮤니케이션 표현

둘째, 정보나 메시지를 보기 좋고 이해하기 쉽게 전달하기 위해 시각 커뮤니케이션 디자이너가 가장 비중 있게 다루는 것이 모양이나 생김새와 같은 '형태' 부분이다. 선의 굵기나 길이, 면적 그리고 위치나 크기, 방향에 따라 형태의 느낌이 달라진다. 형태는 설명적, 추상적, 상징적으로 표현할 수 있고, 질감이나 명암과 같은 표현 특성에 따라서도 이미지와 느낌에 차이가 있기 때문에 전반적인 조형 요소에 대한 이론적, 경험적 이해가 필요하다. 특히 명도와 채도, 색의 대비와 활용 등, 색을 선택하고 사용하는 것은 효과적인 커뮤니케이션을 위해 가장 중요한 부분이다.

셋째, 시각 표현이나 매체의 선택에서 경제적이고 효율적인 방법을 선택하는 것이다. 매스미디어는 성별에 따른 역할을 설정하는 데 기여하는 바가 크다. 일반 뉴스 잡지에서 여성은 매우 다양한 역할로 표현된다. 여성 잡지에서는 패션이나 여성스러움이 강조되고 스포츠 잡지에서는 주로 남성을 위한 내용이 중심이 된다. 때로는 자동차 역시 남자다움의 가치를 대변한다. 그러나 지역적·문화적 차이에 따라 성별 역할과 특징은 다양한 미디어에 의해 서로 다른 방식으로 그려진다.

넷째, 시각 커뮤니케이션 디자인의 품질을 결정하는 것에는 컴퓨터 활용 능력을 비롯해 사진과 인쇄술, 종이 및 제작 공정에 대한 이해, 각종 미디어 활용 등의 몇 가지 기술이 연관된다. 콘셉트나 아이디어가 훌륭한 디자인이라도 인쇄 후 품질이 그다지 돋보이지 않게 마무리되는 예도 있으며, 반대로 내용이나 콘셉트가 좋지 않은 디자인이 그럴듯하게 완성되어 사용자에게 전달되기도 한다. 동일한 색이라도 적용되는 종이가 무엇이냐에 따라 다른 색으로 인쇄된다. 코팅된 종이인지 아닌지, 유광인지 아닌지에 따라 다른 느낌을 준다. 이처럼 여러 가지 기술적 능력에 따라 최종적인 디자인 품질이 결정된다.

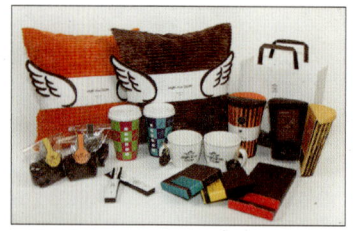
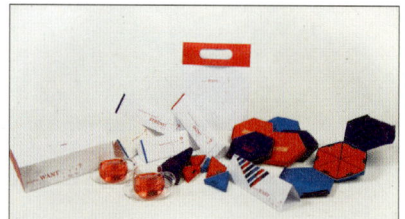
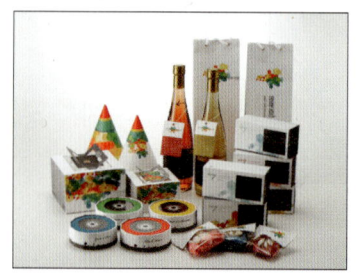

그림 67. 브랜드 패키지 디자인, 학생 작품

다섯째, 달성해야 할 목표와 일정, 예산 등 전체 직무를 관리하기 위해 계획하고 통제하는 기준, 즉 시간이나 비용 관리를 목적으로 한다. 비즈니스가 필요한 분야에서는 특히 중요하다. 디자이너의 진행 일정이나 활동 범위를 결정하고 실시하는 데 도움이 된다.

훌륭한 커뮤니케이션 디자인이 무엇인지 정리해 보면 다음과 같다.

- 내용이나 통계, 디자인 측면에서 데이터를 흥미롭게 디자인한다.
- 복잡한 내용을 명료하고 정확하게 효과적으로 커뮤니케이션한다.
- 데이터에 대한 진실을 말한다.

이와 같은 목적을 달성하기 위해 디자이너는 가장 경제적이고 효과적인 디자인, 즉 최소한의 공간과 잉크를 사용하면서도 보는 사람이 짧은 시간에 많은 정보를 이해하도록 하기 위한 끊임없는 노력이 필요하다.

시각 이미지 읽기: 감각과 이성의 조화

시각과 지각의 통합

시각 커뮤니케이션은 본능적인 감각에 기초한다. 정보 전달을 통한
상대방과의 소통을 커뮤니케이션이라고 할 때, 시각 커뮤니케이션은
음성언어 또는 문자언어와는 달리 인간의 기본적인 감각인 시각,
즉 보는 것에 우선적으로 의존하기 때문이다. 그러나 단순히 '본다'는
행위와는 달리 커뮤니케이션은 특정한 목적을 지향하는 행위라는
점에서 시각 커뮤니케이션은 직접적이면서도 본능적인 보는 행위
이외에 두뇌로 지각하고 공감하는 일련의 지적 행위가 더해져
완성되는 미디어라고 할 수 있다.

　　단순히 푸른 하늘을 올려다보는 것과 벽에 붙어 있는 포스터를
보고 정보를 얻는 것이 다르듯이, 시각 커뮤니케이션은 인간의 음성을
도구로 하는 음성 커뮤니케이션이나 문자를 매개로 하는 문자언어
커뮤니케이션처럼 커뮤니케이션의 수단인 시각 이미지를 이해해야
한다는 기본 전제를 지닌다. 다시 말해 시각 커뮤니케이션은 단순히
보는 행위만이 아닌 시각 이미지를 읽고 이해하는 사고의 능력이
더해질 때 완성된다. 즉 시각과 지각의 통합인 시지각 행위야말로
시각 커뮤니케이션을 정의하는 단어라고 할 수 있다. 이를 위해
'본다는 것'에 대한 이해가 필요하다. 본다는 것은 크게 두 가지로
구분할 수 있다. 첫째, 우리를 둘러싼 자연환경을 바라보는 것 혹은
특정한 목적을 지니지 않고 바라보는 행위와 같은 '수동적 보기(passive
reception)'이다. 둘째, 특정한 사물의 속성을 파악하기 위해 집중해서
보는 것 혹은 정보의 전달이나 수용을 위해 바라보는 '적극적
보기(active perception)'이다.

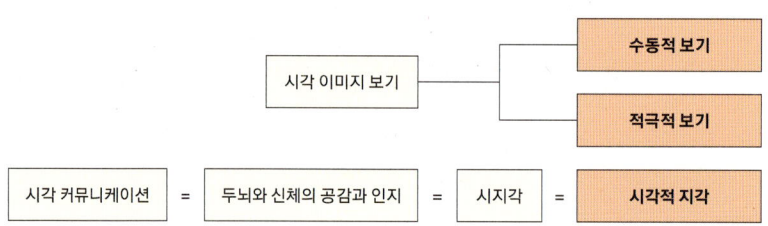

인간의 오감이 본능적으로 타고난 감각이듯이 우리가 무엇을 바라본다는 것은 지극히 자연스러우면서도 직접적인 행위이다. 시각 커뮤니케이션 역시 이러한 본능적으로 바라보는 수동적 보기에서 출발한다고 해도 과언이 아니다. 단, 커뮤니케이션을 전제로 하는 시각언어는 이해와 소통이라는 완성을 기대한다는 점에서 수동적 보기는 적극적 보기에 비해 단순하면서도 편한 행위라고 할 수 있다.

수동적 보기와는 달리 적극적 보기는 단순히 보는 시각 행위에 머무르지 않으며, 자기가 보는 사물이나 정보를 파악하고 이해하기 위한 사고의 과정을 포함한다. 두뇌가 인지하고 신체가 공감하는 총체적 인식의 과정을 거치는 것이다. 따라서 본다는 것이 단지 '시각적으로 바라봄'이라는 단순한 행위에 그치는 것이 아니라, 보고 이해하며 이에 대한 소통과 공감이 이루어지는 복합적인 행동 양식으로 발전할 때 이를 시각적으로 지각(visual perception)하는 시각 커뮤니케이션이라고 한다.

인간은 세상에 태어나 눈을 뜨면서부터 수동적 보기와 적극적 보기를 통한 시각 커뮤니케이션 과정을 거친다. 자신을 바라보는 엄마와 눈을 마주치는 것이 '본다'는 시각적 감각을 활용한 본능적이면서도 지극히 자연스러운 행동이라면, 이때 교환되는 엄마와 아기 사이의 감정 교감은 바로 시각 커뮤니케이션의 시작이다. '내가 전적으로 의지할 수 있는 엄마, 내가 조건 없이 사랑할 수 있는 아기'라는 인지의 발현은 단순한 시각 행위를 넘어서 완성되는 인지와 감성이 복합적으로 작용하는 지각 작용이다.

우리가 살아가는 사회문화적 환경에서 소통되는 시각 커뮤니케이션은 시각 이미지가 완성되는 과정에서 결부되는 사회적·문화적 혹은 정치적 환경에 대한 지식을 요구하는 경우가 허다하다. 동일한 색상이 특정 국가에서는 희망을 상징하지만 일부 국가에서는 금기시되는 것처럼 시각 이미지가 생산되는 환경이나 특정 민족의 사고방식에 대한 이해가 선행되어야 하는 경우를 수없이 찾아볼 수 있다. 더 나아가 커뮤니케이션이라는 단어가 포함하는 의미가 지극히 복잡다단하기 때문에 시각 커뮤니케이션을 이해하려면 무엇보다 시각 이미지를 바르게 읽고 이해하는 지식이 필요하다.

시각 이미지의 지각 요소

시각 이미지의 정보화

동일한 사물이더라도 이를 인식하고 충분한 이해 수준에 도달하는
시간은 개인이나 사회 혹은 국가에 따라 다르다. 시각 이미지가
자연의 대상물을 그대로 재현하는 단순한 그림이나 사진의 상태가
아닐 경우에는 더욱 그러하다. 이미지가 정보로 사용될 때에는
특정한 이미지 생산의 배경이 되는 맥락에 대한 이해와 지식이
필요하기 때문이다.

애플(Apple)사의 로고에서 스티브 잡스(Steve Jobs)나 매킨토시 혹은
아이폰 등의 제품을 쉽게 연상한다는 것은 사회문화적으로 애플사의
제품을 직간접으로 경험했음을 의미한다. 커뮤니케이션의 직접적
매개가 되는 시각 이미지(애플사의 로고)는 사회문화적 산물로서 일종의
상징 기호 역할을 담당하므로 최소한의 문화적 경험이 있어야 정확한
커뮤니케이션이 가능하다. 매킨토시나 아이폰 등의 제품을 접한 적이
없는 사람에게 애플사의 로고는 단지 한쪽 부분이 파인 의미 없는
사과 형태에 지나지 않는다.

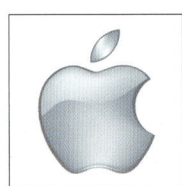

그림 1. 애플사의 로고

그렇다면 추상미술 작품은 어떠한가? 입체파 예술가 피카소의 작품을
보여 준 다음 그 작품에 대한 느낌이나 개인적인 소견을 묻는다면
그야말로 다양한 감상과 해석이 나올 것이다. 크게는 미술사에 대한
지식이 있거나 피카소라는 예술가에 대한 전문적인 사전 지식을
지니고 있는 경우와 그렇지 않은 경우로 구분할 수 있다. 역사적으로
입체파라는 사조가 어떻게 생겨났는지, 피카소가 그 작품을 통해

무엇을 표현하려고 했는지에 대한 이해야말로 예술 작품을 매개로 한 피카소와의 간접적 시각 커뮤니케이션 과정에 참여하게 하는 도구가 된다. 반면 미술사에 대한 지식이나 예술에 대한 경험이 전무한 경우 피카소의 작품은 작품이 탄생하게 된 배경이나 한 예술가의 내면세계와는 관계없이 단지 감상자가 바라보고 느끼는 그것이 곧 주관적인 시각 이미지 읽기의 과정이 된다. 개인적 경험이나 지식의 깊이에 따라 동일한 작품이 단순한 보기의 대상이 될 수도 있으며, 다른 한편 예술가와의 직접 혹은 간접 커뮤니케이션의 도구로 작용할 수도 있다.

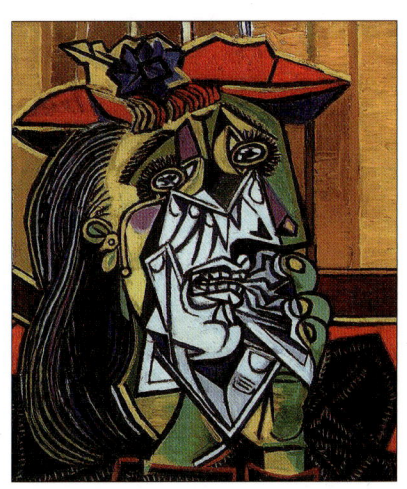

그림 2. 파블로 피카소의 〈통곡하는 여인(weeping woman)〉, 1937

위의 두 예를 통해 시각 이미지를 매개로 하는 시각 커뮤니케이션 과정에서 주목해야 할 중요한 요소를 발견할 수 있다.

시각 커뮤니케이션의 정보화 과정은 이미지를 보고 그 이미지를 수용하는 '습득' 단계와 이를 인식하기 위해 정보를 '저장'하는 단계를 거치며 그 정보를 자기화하는 '정보 변환' 단계로 이루어진다. 정보 변환 단계는 곧 애플사의 로고를 인식할 수 있는지 혹은 피카소의 추상미술 작품을 어떻게 해석하는지 등에 대한 '정보의 자기화' 과정이다. 이는 시각 이미지를 통해 전달되는 정보를 어떻게 이해하는지에 대한 개인적인 영역으로 시각 커뮤니케이션에서 가장 중요한 단계라고 할 수 있는, 시각 이미지를 어떻게 읽을 것인지에 대한 과정이다.

정보 변환 단계는 서로 다른 두 개의 방향성을 갖는다. 애플사의
로고를 정확하게 인지해야 커뮤니케이션이 올바르게 이루어진다면
그것은 '정보의 객관화'를 요구하는 경우이다. 즉 문화적 상징체를 읽고
그것이 내포하는 추상적인 개념을 구체화하는 작업인 것이다.

한편 개인의 주관적인 이해와 감상에 따라 추상미술에 나타난
시각 이미지를 자유롭게 읽는 것은 정보 변환 단계에 허용되는
개인의 '주관적 시각화'이다. 정확한 지시체나 상징 의미를 읽어야만
커뮤니케이션에 참여할 수 있는 것은 아니다. 오히려 시각 이미지를
주관적인 개념으로 추상화함으로써 의미의 확장을 경험할 수 있다.
추상미술 혹은 현대미술이 감상자들에게 정확한 관련 지식이나
경험을 요구하기보다는 주관적인 열린 해석의 장을 마련할 때,
이는 주관적 시각화를 담보하는 시각 커뮤니케이션의 과정이라고
정의할 수 있다.

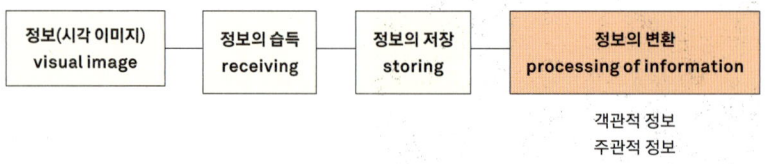

시각 이미지의 지각화

시각 정보의 흐름이 진행되는 과정에서 이미지의 종류에 따라
혹은 개인의 시각 이미지 지각 능력에 따라 각기 다른 감각 기관과
결부된다는 루돌프 아른하임(Rudolf Arnheim)의 이론에서도 확인할 수
있듯이, 이미지를 지각한다는 것은 시각 정보를 습득하는 것에 그치지
않고 이를 기억해 본인의 정보로 변환시킬 때 비로소 완성된다. 하나의
이미지가 단순한 보기에 의해 사라지는 것이 아니라 커뮤니케이션의
정보로 저장되어 사용되는 과정에는 크게 감각, 기억, 사고, 그리고
학습을 통한 지각의 과정이 결부되며 이미지의 종류 혹은 개인적
환경에 따라 각각 다른 지각의 과정을 거치게 된다. 즉 시각 이미지를

정보로 지각하는 것은 보는 행위를 넘어 인간의 다양한 경험과 감각의
총합으로 완성된다는 것을 알 수 있다.

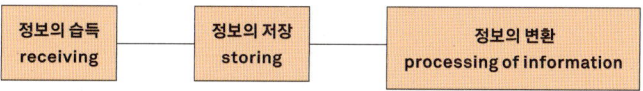

감각을 통한 지각 sensory perception
기억을 통한 지각 memory perception
사고를 통한 지각 thinking perception
학습을 통한 지각 learning perception

시각 이미지는 다면적인 특성을 지닌 생명력 있는 매개체이다.
시각 커뮤니케이션에서의 정보화 과정은 이미지를 바라보고 인지하는
과정에서 신체의 다른 감각들과 결합되어 반응함으로써 최종적인
지각을 완성한다. 이미지는 그 형태와 색을 통해 시각뿐만 아닌 청각과
촉각, 때로는 후각과 미각까지 자극하는 공감각적 요소이다.

　　레몬 이미지는 상큼하면서도 신맛을 느끼게 하는 미각과 함께
전달되며, 칸딘스키(Wassily Kandinsky)의 작품은 시각 예술 작품임에도
자유로운 이미지와 색상의 조화를 통해 청각적인 리듬감을 함께
느끼게 한다. 이는 시각 이미지가 지닌 총체적인 감각 때문이다.
이렇게 다양한 감각에 의해 다차원적으로 전달된 감각적인 이미지는
우리의 두뇌와 신체에 저장되고 기억되는 과정이 빠를 뿐 아니라
그 기억의 시간 역시 길어진다. 단순한 보기의 행위가 아닌 공감각적인
이해와 지각의 기반 위에서 이루어지는 커뮤니케이션이기 때문이다.

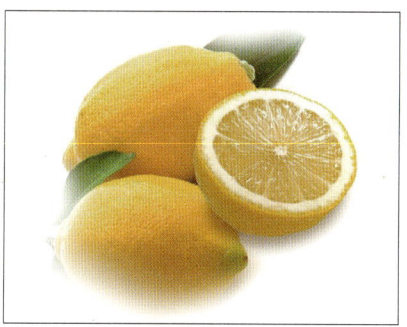

그림 3. 시각과 미각을 동시에 자극하는 이미지

이미지를 구성하는 요소로서의 색은 시각 이미지를 기억하고 학습하는 사고력을 증대하는 데 매우 효과적이다. 특히 색은 시각 이외의 복합적인 감각의 수용을 불러일으키는 존재로서 이미지를 유기적인 감각의 언어로 만드는 중요한 역할을 담당한다.

도로에 빨간색의 삼각형 표지판이 놓여 있을 때 우리는 즉각적으로 위험을 알리는 신호임을 알아차린다. 눈이 삼각형의 구조물을 보는 동시에 감각이 빨간색이라는 색상 정보를 통해 위험이라는 정보를 지각하는 것이다. 교통사고 경험이 있는 사람이라면 빨간색의 위험 표지판에 더욱 민감하다. 경험이 내재된 신체, 다시 말해 이미 교통사고를 비롯한 위험을 학습한 신체에 즉각적인 위험 신호를 보냄으로써 단지 시각적으로만이 아니라 신체가 빨간색의 위험 표시를 인지하고 빠르게 반응한다. 색은 이렇듯 감각 기관을 확장시킨다.

빨간색 이미지가 전달하는 또 다른 공감각적인 예로 상품 판매장의 시각화 전략을 들 수 있다. 전 세계적으로 유명한 햄버거 가게의 간판은 대부분 빨간색이다. 빨간색은 간판뿐 아니라 가게의 외벽과 내부 혹은 사용하는 물건들에 이르기까지 아낌없이 사용되어 시각적인 명시성을 높일 뿐 아니라 고객의 식욕을 자극하는 감각적인 매개체로 작용한다. 이 경우 색은 맛을 지닌다. 미각에 호소한다. 감각을 자극해 미각과 후각을 민감하게 하고 기억의 정보로 처리되어 우리의 신체가 자연스럽게 이를 학습하고 인지하도록 함으로써 시각 커뮤니케이션의 중요한 지각 요소로 작용한다.

시각 이미지를 지각한다는 것은 복합적인 감각을 사용해 느끼는 과정과 이를 논리적인 기억 및 사고를 통해 시각언어로 인지하는 것을 의미한다. 따라서 시각 이미지를 통해 인간의 감각과 이성이 조화롭게 통합될 때 시각 커뮤니케이션이 오류 없이 완성되었다고 할 수 있다.

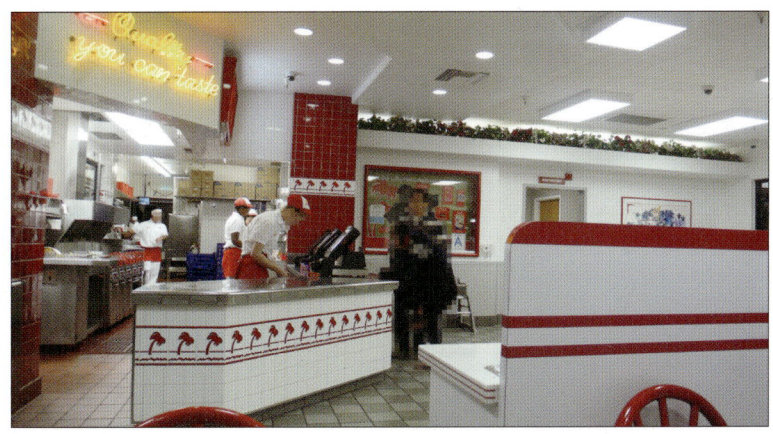

그림 4. 빨간색과 노란색만으로 구성된 미국의 인앤드아웃(In & Out) 햄버거 가게 내부

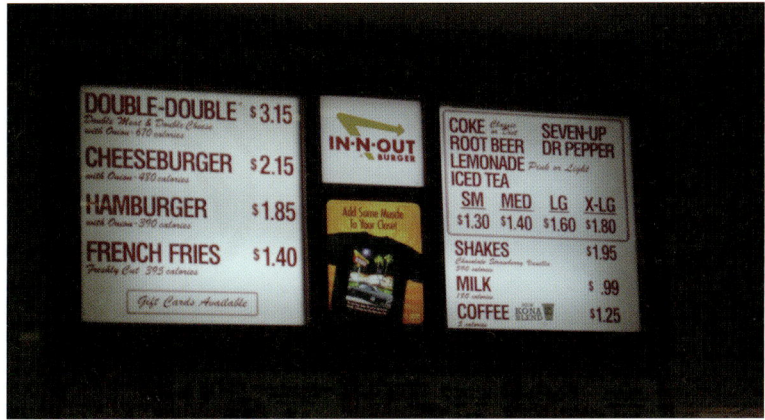

그림 5. 빨간색으로 제작된 메뉴판 글자

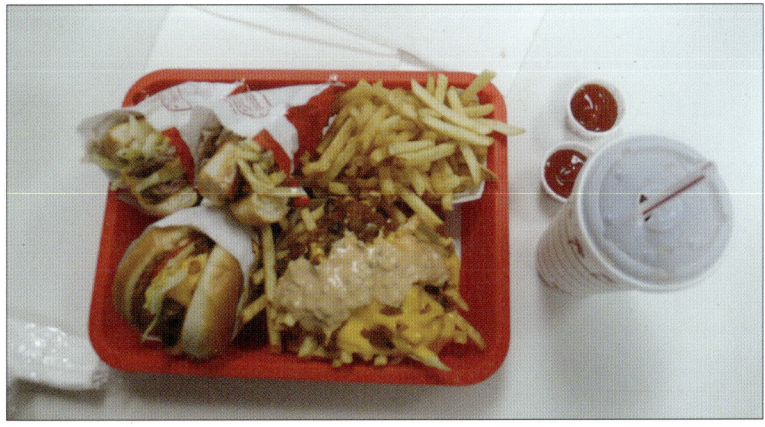

그림 6. 인앤드아웃의 음료 컵과 음식을 담는 쟁반

기초조형 Communicating 과제

1. 상품의 가치와 특성을 시각화하는 광고는 무엇보다 고도의 시각화 전략을 요구하는 분야 중 하나이다. 다양한 광고들을 살펴본 다음 시지각 프로세스에서 결부되는 지각의 요소, 감각, 기억, 사고, 학습 등의 요소를 활용해 시각 커뮤니케이션의 효과를 높이는 사례들을 찾아 분석해 보자.

   - 감각을 통한 지각의 예
   - 기억을 통한 지각의 예
   - 사고를 통한 지각의 예
   - 학습을 통한 지각의 예

2. 시각 이미지가 기업이나 상품을 상징하는 시지각의 중요한 요소로 활용되는 예를 찾아 분석해 보자.

   - 이미지의 어떤 요소가 상징성을 부각하는 데 큰 역할을 하는가? (특정한 형태, 색 등)
   - 사용된 시각 이미지는 감각, 기억, 사고, 학습을 통한 지각 중 어떠한 요소와 가장 밀접하게 결부되는가?

시각 이미지와의 대화

이미지의 즉시성

시각 이미지는 의미 전달 측면에서 비교적 직접적이다. 문자언어나 음성언어보다 구체적이면서도 직접적인 설득력을 지니기 때문에 사진이나 동영상을 비롯한 시각 이미지는 정보 전달이나 의미 교환 매체로 사용될 때 상대적인 효율성을 인정받는다.

면대면 커뮤니케이션은 단지 얼굴을 맞대고 대화한다는 사실 이외에 상대방의 표정이나 몸짓 등이 이야기하는 무언의 요소들이 더 명확하고 공감하기 쉬운 커뮤니케이션을 완성한다. 이 때문에 기술의 발달은 시공간을 초월해 면대면 커뮤니케이션이 가능한 화상 채팅, 화상 회의 등에 대한 요구에 발 빠르게 대응해 왔다. 이미지의 즉각적인 전달 능력이 바로 이러한 면대면 커뮤니케이션을 선호하게 하는 중요한 요인으로 작용한다. 그러나 시각 이미지의 즉각적인 메시지 전달 이면에는 오히려 명백하게 제시되는 이미지가 사람들의 상상력을 축소하거나 아예 상상력과 창의적인 영역을 제거하는 예도 없지 않다.

다음 두 경우를 비교해 보자. 첫 번째는 그림이나 사진 없이 글만으로 구성된 이야기 가운데 일부분을 발췌한 것이며, 두 번째는 같은 이야기를 그림과 함께 제시한 것이다.

배경	어느 평화로운 중신층 마을의 밤 시킨
캐릭터 1 : 꿈도둑	머리에 핑크색 버섯을 달고 다니는 원통형 괴물(괴물의 임무는 사람이 꾸는 꿈 중에 자신에게 도움이 된다고 여겨지는 꿈을 훔치는 일이다.)
캐릭터 2 : 빌리	어쩌다가 꿈도둑과 친구가 되어 밤마다 만나서 함께 마을을 헤매는 여덟 살 소년. 꿈도둑(Dream-catcher)이 꿈을 무사히 훔칠 수 있도록 전략을 짜내는 재치 있는 개구쟁이 소년이다.
	오늘도 어김없이 꿈을 훔치기 위해 만난 빌리와 꿈도둑은 마을을 헤매며 자고 있는 사람들의 꿈을 들여다보다가 마음에 드는 꿈을 발견한다. 이 꿈은 오랜만에 찾아온 행운과도 같이, 꿈도둑이 오랫동안 찾던 꿈과 흡사하다. 신나는 모험의 연속이며 그 모험의 주인공이 바로 꿈도둑 자신이기 때문이다. 이 꿈만 훔치면 이제 모든 임무를 완성할 수 있다. 바로 자신이 찾던 꿈을 만났기 때문이다. 꿈도둑은 얼굴에 미소를 감추지 못한 채 무사히 그 집에 올라갈 준비를 한다. 그러나 빌리에게는 왠지 모르게 불안감이 엄습한다. 그동안 매일 꿈도둑을 만나서 함께 지내 왔지만 오늘은 이상하게 꿈도둑이 친구가 아니라 나를 잡아먹을지도 모르는 괴물처럼 느껴졌기 때문이다.

간단한 시놉시스를 읽고 본인이 떠올리는 캐릭터의 형태는 어떠한가?
캐릭터들의 이미지를 머릿속에 상상한 다음 아래 그림과 비교해 보자.

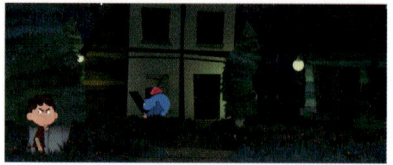

오늘도 어김없이 꿈을 훔치기 위해 만난 빌리와
꿈도둑은 마을을 헤매며 자고 있는 사람들의
꿈을 들여다보다가 마음에 드는 꿈을 발견한다.
이 꿈은 오랜만에 찾아온 행운과도 같이,
꿈도둑이 오랫동안 찾던 꿈과 흡사하다. 신나는
모험의 연속이며 그 모험의 주인공이 바로
꿈도둑 자신이기 때문이다. 이 꿈만 훔치면 이제
모든 임무를 완성할 수 있다. 바로 자신이 찾던
꿈을 만났기 때문이다. 꿈도둑은 얼굴에 미소를
감추지 못한 채 무사히 그 집으로 올라갈
준비를 한다. 그러나 빌리에게는 왠지 모르게
불안감이 엄습한다. 그동안 매일 꿈도둑을
만나서 함께 지내 왔지만 오늘은 이상하게
꿈도둑이 친구가 아니라 나를 잡아먹을지도
모르는 괴물처럼 느껴졌기 때문이다.

소설이나 수필을 읽을 때 개인의 머릿속에 떠오르는 심상은 그 글을
읽는 사람의 경험과 감성의 범위에 따라 다른 이미지로 표현된다.
그러나 두 번째 경우처럼 글과 함께 이미지가 제시되면 글을 읽고
상상하는 개인적인 역량은 자연스럽게 축소되게 마련이다. 나아가
이렇게 명쾌하게 보이는 이미지 때문에 우리의 생각과 상상력의 범위는
이미지가 제시한 틀 안에 머무르게 된다.

첫 번째 경우처럼 글을 통해 내용을 전달받을 때는 수없이 많은
빌리가 탄생한다. 머리가 곧고 단정하며 안경을 쓴 모범생의 모습을 한
빌리, 키와 몸집이 거대해 밤에 꿈도둑과 함께 다니기 불편할 것 같은
빌리 등 글을 읽으며 상상하는 빌리의 모습은 온전히 독자의 몫으로
남겨진다. 이 경우 문자언어는 시각언어 못지않게 적극적이며 직접적인
감각을 불러일으켜 독자들로 하여금 자연스럽게 시각 커뮤니케이션에
참여하게 한다.

반면 문자언어보다 명확한 이미지가 선행될 경우, 우리의 신체와
감각은 제시된 이미지에 빠르게 복종한다. 장난꾸러기 여덟 살 소년
빌리가 그림에서 제시된 바로 그 이미지로 그려져야 하는 당위성은
없다. 꿈도둑 역시 파란색일 필요도, 키가 그렇게 작아야만 하는 이유도
없다. 단지 그림을 그린 작가의 상상력에 의해 제시된 이미지에 우리는

아무런 이의 제기도 없이 동승할 뿐이다.

이처럼 이미지의 즉각적인 소통 능력은 매우 직접적이고 세밀한 부분까지 명확하게 전달함으로써 공감의 상태에 빨리 이르게 하는 한편, 두뇌가 글을 읽고 해석하기 전에 이미지를 먼저 보고 습득하게 함으로써 지나친 통제 역할을 담당하기도 한다.

읽어야 하는 글이 아닌 보고 감상하는 글: 시각시

시각 이미지가 지닌 의미 전달의 즉각성을 사용해 자신들의 정치, 사회적 이즘을 표면화시켰던 20세기 초 시각시인들은 텍스트에 대한 기존 개념을 완전히 뒤바꾼 실험적이며 도전적인 예술가들이라고 할 수 있다. 이들은 천천히 읽고 생각함으로써 그 의미를 공감하는 매체라고 여겨졌던 시의 개념을 눈으로 보고 즉각적으로 느끼는 그림 같은 텍스트로 바꾸어 놓았다.

"시각시인들의 글쓰기 작업은 문자를 수단으로 의미를 드러내는 작업이며, 나아가 문자가 의미를 전달하는 시각언어의 역할을 충분히 수행할 수 있다는 사실을 밝혀낸 최초의 사람들이다."[1]

시각시는 읽고 이해하는 시가 아니라 보는 시, 즉 이미지로 환원된 텍스트를 보고 느끼는 매체로 변한 것이다.

1 —
Marjorie Perloff, *Radical Artifice: Writing poetry in the age of media*, Chicago: University of Chicago Press, 1991

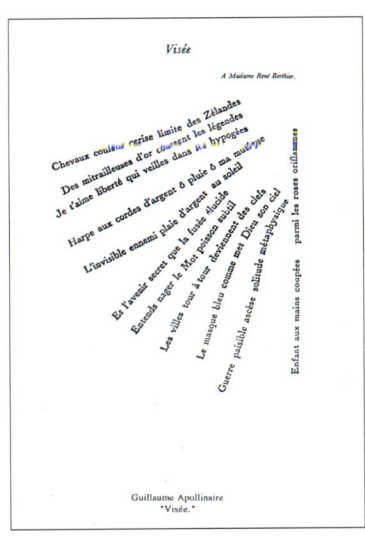

그림 7. 아폴리네르의 〈Visée〉

작가가 시각시를 통해 독자들과 소통하려 한 것은 무엇일까? 적어도
평면이라는 공간에 놓인 작은 텍스트 또는 단어들을 하나하나 읽고
그 의미를 파악하도록 요구하지는 않을 것이다. 비 내리는 모습을
연상하게 하는 시각시를 통해 독자들은 자신들만의 의미를 찾아가기에
충분하다. 사회적으로 구성된 의미에 얽매여 있던 단어들이 자유롭게
해방되어 독자에게도 그들만의 자유로운 의미 해석의 공간을
허용하는 것이다.

　　이미지의 즉시성은 디지털 기술의 발달로 더욱 유용하고도
효과적인 커뮤니케이션 매개체가 되었다. 다양한 기술적 장치와
도구들의 도움으로 현실을 모방하거나 재현해 왔던 이미지에서
현실보다 더욱 현실다운 이미지를 재생하거나 현실을 그대로 옮기는,
다시 말해 시공간을 초월해 편재하는 이미지로 재탄생되었다.

　　시간의 제약과 공간의 제약을 넘어 실현되는 실시간
커뮤니케이션에서도 이미지는 현실적인 소통의 미디어로 작용한다.
면대면 커뮤니케이션의 친밀함과 직접성이 디지털 기술에 힘입어
현실과 가깝게 재현되기 때문이다. 또한 디지털 가상 공간에서의
시각 이미지는 현실에서 불가능해 보이는 세계를 가시화하면서
이미지의 미학을 다시 고려하게 한다. 영화 〈아바타〉의 미래 공간이나
게임 〈월드 오브 워크래프트(World of Warcraft)〉에서 경험하는
시각 이미지의 세계는 여타 언어로 쉽게 표현할 수 없을 만큼의
영향력이 있는 것이 사실이다. 이렇듯 시각 이미지는 기술의 발전과
함께 그 효용성의 범위가 확대될 뿐 아니라 디지털 사회의 커뮤니케이션
언어로서 영향력을 행사한다.

이미지의 독립성

이미지의 의미 해석 측면에서 볼 때 시각 이미지는 순수하지 않다.
사회문화적인 영향력에 따라 그 의미는 수없이 변화된다. 이미지는
늘 외부에서 주어지는 맥락 안에서 해석된다. 따라서 이미지는
비독립적이다. 이미지의 표면 위에는 의미 자체에 내재한 다중성 외에도
해석의 차원을 형성하는 다양한 도구적 장치들이 존재하기 때문이다.

이미지 위의 텍스트

다음 두 이미지를 비교해 보자. 왼쪽 이미지는 시각 이미지만이
존재하는 반면, 오른쪽 이미지는 왼쪽과 동일하지만 〈지루한 일상 _
Monotonous Life〉라는 그림설명이 있다. 이 경우 문자언어, 즉
텍스트는 어떠한 역할을 하게 될까?

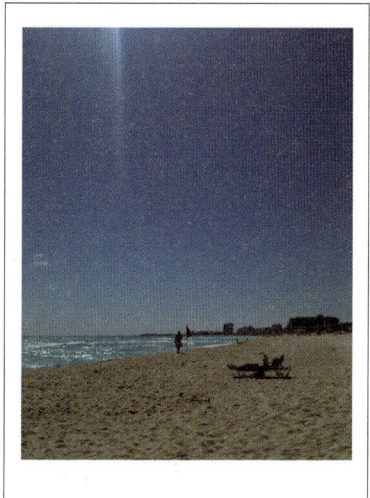
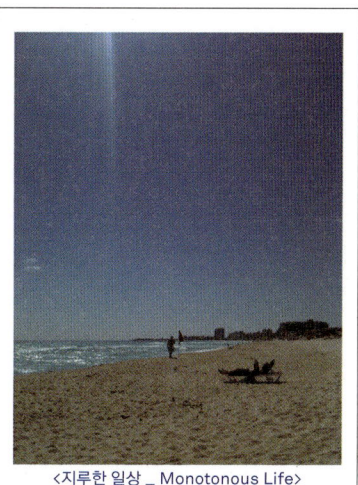

〈지루한 일상 _ Monotonous Life〉

두 이미지에 대해 동일한 해석이 가능할까? 동일한 사진임에도
두 사진에 대한 감상과 해석이 다르게 다가온다면 다름 아닌 사진
아래에 있는 그림설명의 영향력 때문일 것이다. 오른쪽 사진, 즉 사진의
제목이 그림설명이 존재하는 사진에는 문자언어와 시각언어의 보이지
않는 힘겨루기가 작용한다. 사실상 〈지루한 일상 _ Monotonous
Life〉라는 텍스트는 이미지를 전복하는 힘을 지닌다. 시각 이미지의
크기에 비해 상대적으로 미미한 정도의 크기와 위치를 차지하지만,
의미 해석 차원에서 볼 때 이 작은 그림설명은 시각 이미지가
지닌 의미에 일격을 가할 만큼 놀라운 힘을 지닌다. 이 텍스트의
존재로 사람들은 그 텍스트가 의미하는 바를 시각 이미지와 연결해
이해하고자 하는 무의식적인 과정에 놓이기 때문이다.
　　그림설명이 존재하지 않는 왼쪽 사진이 자연의 고고한 미와 더불어
일상의 탈출과 휴식을 떠올리게 한다면, 오른쪽 사진에 존재하는

〈지루한 일상 _ Monotonous Life〉라는 그림설명은 지상 낙원이라고 불리는 이 휴양지의 아름다움보다는 이곳에서의 삶을 지루한 일상생활이라고 표현한 작가의 개인적인 내면세계에 초점을 맞추게 한다.

'모든 것이 넘치게 풍부한 환경에서 살아가는 상상할 수 없을 만큼 부유한 사람의 역설적인 독백일까?' '1년 내내 동일한 기후, 변하지 않는 아름다운 자연 풍경, 끊이지 않는 풍족함이 주는 단조로움에 대한 한탄일까?' '과연 무엇이 지루한 일상이라는 표현을 가능하게 할까?' 등 텍스트와 이미지와의 관계성에 더 집중하게 된다.

이러한 관점에서 볼 때 이미지는 결코 독립적이거나 순수하지 않다. 이미지는 텍스트에 내재한 의미로 인해 개념적인 대상이 되었으며, 텍스트는 오히려 추상적인 이미지와 연결되어 변증법적인 관계를 성립한다. 우리는 이미지를 맥락 안에서 이해한다. 따라서 이미지 표면 위에 존재하는 그림설명은 이미지를 맥락화시키며 그것의 의미를 파악하기 위해 복합적인 사회문화적 관계를 고심하게 하는 것이다.

맥락 안에서의 이미지

시각 이미지는 매우 직접적이며 설명적이지만 같은 이미지가 누구에게나 동일한 의미로 전달되는 것은 아니다. 이미지의 의미 전달은 시각 이미지와는 별도로 내적·외적 환경과 밀접하게 연결되기 때문이다.

― 내적 환경

현대 사회에서 만들어지는 대부분의 시각 이미지는 현실의 모방이기보다는 그 내면에 특정한 메시지를 담거나 사회문화적인 맥락을 담은 긴 텍스트인 경우가 많다. 말하는 것보다 시각 이미지의 내면에서 이야기하고자 하는 메시지가 많기 때문이다. 따라서 우리는 종종 '이미지를 본다' 대신 '이미지를 읽는다'는 표현을 사용한다.

다음의 그림을 보고 용도가 무엇인지 추측해 보자.

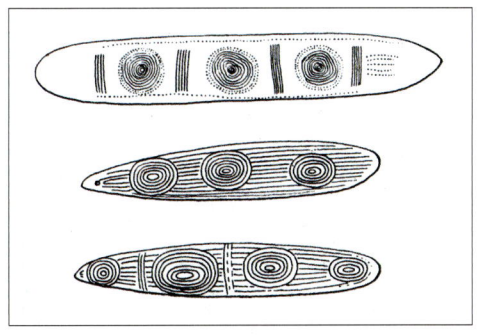

그림을 보고 한국의 떡살이라고 추측하는 사람이 있는가 하면,
서핑 보드 디자인을 위한 스케치라고 추측하는 사람도 있을 것이다.
개인적인 특성, 문화적 환경, 경험과 지식은 동일한 이미지에 대한
다양한 해석과 추측을 가능하게 하는 직접적인 요소이다.

가장 단순한 가로·세로선과 원형의 선들로만 구성된 세 개의
형태는 그래피즘(graphism)의 기원이라고 알려진 추링가(churinga)이다.
돌이나 나무로 만들어진 추링가는 고대 원시인들이 사냥할 때 사용한
것으로, 추링가에 새겨진 추상 형태는 사냥감의 숫자를 기억하기
위해 하나하나 새겨 넣었던 일종의 사냥용 계산기였다. 또한 특정한
부족의 사제가 반복되는 주술을 암송할 때 사용한 것으로, 일종의
리듬감의 외적 표현이라고 할 수 있다.[2] 이 예는 매우 전문적인 지식을
요구하는 것이기 때문에 대부분의 일반인에게는 하날 추상적인 형태에
불과할지도 모른다. 그러나 고대 벽화의 그림을 비롯해 역사적인
의미가 있는 그림들을 읽어내는 것은 그 시대의 사회문화적 환경을
비롯한 총체적인 배경지식을 요구하는 전문적인 작업이다.

현대 광고 역시 예외는 아니다. 특히 티저(teaser) 광고는 문화적인
맥락이나 시각언어의 기호학 등 특정한 맥락을 이해해야 공감할 수
있는 시각문화로부터 출발했다고 할 수 있다. 따라서 시각 이미지를
해석하는 데 요구되는 내적 환경은 그 이미지가 생산되기까지의
다양한 맥락과 관계된다. 그 맥락 위에 서 있을 때 우리는 비로소
시각 이미지 읽기에 참여하는 것이다.

2 —
윤태진, 박현구, 박경우,
"문자문화, 구술문화,
영상문화의 진화와 상호작용"
IT의 사회, 문화적 영향 연구:
21세기 한국 메가트렌드
시리즈, 04(50), 경기:
정보통신정책연구원, 2004

이미지가 홀로 존재할 때와 상대적으로 그림설명이 존재하는 사진의
예에서 확인한 대로 시각 이미지는 외부 환경에 민감하게 반응한다.
일반적인 커뮤니케이션 과정에서도 하나의 정보가 정보생산자에서
수용자에게 도달하는 커뮤니케이션의 전 과정에는 수없이 많은
크고 작은 소음이 존재한다. 따라서 정보 생산자의 본래 의도가 가감
없이 수용자에게 전달되는 경우가 많지 않기 때문에 광고 제작에서
소비자(정보 수용자) 조사 및 취향에 대한 연구가 중요시된다. 그렇다면
무엇이 커뮤니케이션의 소음이 되는 것일까? 이미지는 매우 직접적인
매개체임에도 메시지가 다르게 전달되는 경우의 예는 무엇일까?

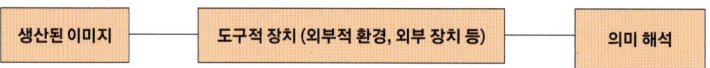

생산된 이미지 → 도구적 장치 (외부적 환경, 외부 장치 등) → 의미 해석

앞에서 살펴본 개인적인 경험이나 교육의 정도에 따른 지식의 차이 등
내적 요소들은 대체로 이미지를 개인적으로 체화시켜 공감하는 과정과
연관된다. 반면 외적 환경은 이미지를 어떠한 맥락에서 바라보는지와
관련된 형식적인 구성과 관계되는 것으로 이미지와 소통하는 1차적인
환경이 되곤 한다.

   오프라인 갤러리 전시를 위해 제작된 디지털 이미지의 예를 들어
보자. 작품의 원본, 즉 제작된 이미지는 컴퓨터상에 존재하는 디지털
이미지이다. 이 경우 컴퓨터 모니터는 작품과의 커뮤니케이션이
이루어지는 외적 도구가 된다. 그러나 동일한 작품이 컴퓨터 모니터를
벗어나 갤러리라는 오프라인 장소에 설치될 때 작품과의 1차적
커뮤니케이션 도구는 외적 환경인 갤러리라는 장소로 바뀌게 된다.
커뮤니케이션 도구가 변하고 커뮤니케이션이 이루어지는 환경이
바뀐다는 것은 곧 해석이 달라짐을 의미한다.

   컴퓨터 모니터를 통해 만나는 작품과는 달리 갤러리 전시를
위해서는 작품의 액자 작업이 필요하다. 이미지는 컴퓨터라는
제한된 공간에서 벗어나 프레임이라는 외적 도구를 만나면서 재생산
과정을 거치게 된다. 이 과정에서 작가는 본인의 작품이 액자라는

외적 조형물에 가리는 것을 최소화하기 위해 투명한 아크릴 액자를 선택했고 크기 역시 원본 작품보다 크지 않도록 주문 제작했다. 그러나 이렇게 재생산된 이미지는 이미 컴퓨터상에서 만난 그 이미지와 전혀 다른 맥락에 놓이게 된다. 프레이밍(framing)을 거친 작품은 갤러리로 옮겨지며 갤러리에서는 관객의 효율적인 감상과 작품에 최적화된 환경을 제공하기 위한 조명 세팅을 비롯한 실제 설치 작업을 하게 된다.

이러한 일련의 과정을 거쳐 갤러리에 전시된 작품은 새로운 공간과 기타 환경이라는 외형적 맥락에 의해 재구성된 이미지이다. 관객이 만나는 작품은 시각 이미지 이전에 환경이며 경험으로 재구성된 존재이다.

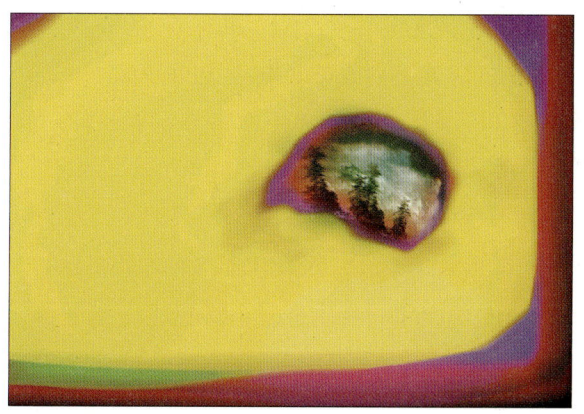

그림 8. 컴퓨터로 제작된 디지털 이미지 원본

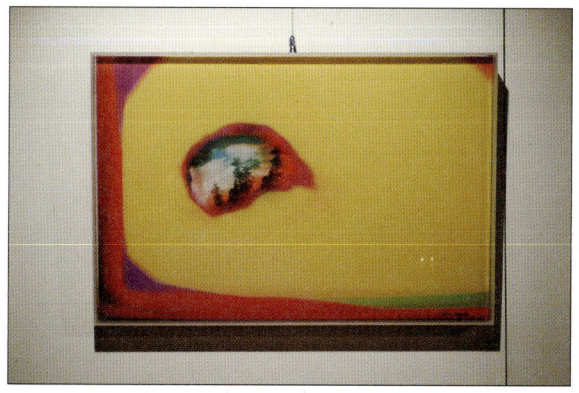

그림 9. 갤러리에 전시된 작품: 아크릴 액자와 조명 설치 1

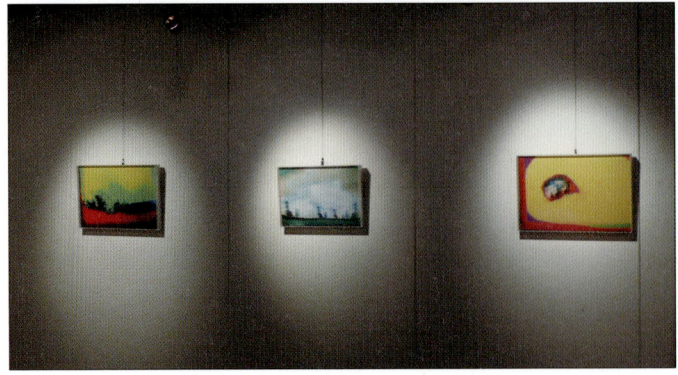

그림 10. 갤러리에 전시된 작품: 아크릴 액자와 조명 설치 2

이미지가 만들어지는 순간 내재한 의미는 수많은 사람을 통해 해석된다. 이미지를 매개로 특정한 의미를 전달하고자 할 때 그 이미지는 의미를 지닌 코드 혹은 부호라고 할 수 있다. 이렇게 코드화된 이미지에 담긴 의미를 해석하는 것은 코드 혹은 부호의 해석 단계이다. 따라서 이미지는 코드화 그리고 해석(해독)의 과정을 포함하는 커뮤니케이션 매개체라고 할 수 있다.

위에서 설명한 디지털 이미지의 코드화 혹은 부호화의 과정은 적어도 세 번 이상 이루어졌다. 컴퓨터에서 생산된 그 단계가 첫 번째 부호화 과정이라면 액자를 만나는 순간 두 번째 부호화의 과정을 거치게 되며, 갤러리에 전시되는 또 다른 맥락에서 세 번째 부호화 과정을 거친다. 이렇게 부호화된 이미지를 해석하는 해독의 과정은 각자가 처한 사회문화적 맥락이나 자신의 다양한 경험과 연계된 맥락에서 이루어진다.

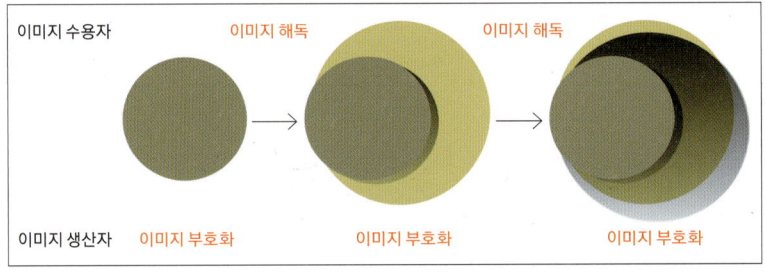

그림 11. 이미지의 부호화와 해독

이처럼 이미지를 구성하는 장치적 도구들은 커뮤니케이션의 방법론을 새롭게 한다. 하나의 장치는 이미지를 수용하는 관객과의 연결 통로를 재구성하며, 이 때문에 관객이 이미지를 수용하고 정보화하는 총체적인 지각의 과정을 새롭게 구성한다. 이 과정에서 이루어지는 부호의 해독, 의미의 해석은 늘 현시적이다. 그 이미지가 언제 제작되었는지에 관계없이 수용자가 이미지를 보는 그 순간이 의미가 탄생하는 존재의 순간이기 때문이다. 결론적으로 이미지의 커뮤니케이션은 다양한 내적·외적 환경에 의해 맥락적인 구성에 놓이며, 그 의미의 해석은 수용자의 지식과 경험, 사회문화적인 도구들에 의해 늘 현시적으로 이루어진다.

이미지의 권력

때때로 이미지는 자신의 권력을 행사하며 의미를 고정한다. 그 결과로 파생되는 의미는 사회 전체의 신념으로 전파되어 일종의 제시된 기능을 행사한다. 다름 아닌 이미지의 이데올로기적 성향이다.

오랜 역사 동안 사회문화적으로 자리를 잡아 온 이미지의 고정적 의미는 우리가 인식하지 못할 정도로 생활 속 깊숙이 존재한다. 우리의 고정관념 혹은 문화 속에 존재하는 신념 체계 등은 사실상 사회적 권력과 깊은 관계가 있다. 특정 이미지가 관념적으로 이해되고 사회적인 의미를 지닐 때 이를 이데올로기와 연관 지어 이해해야 한다.

시각 이미지를 매개로 하는 커뮤니케이션에서 우리 사회에 깊숙이 자리 잡은 고정관념이 어떠한 이데올로기 작용을 하는지 선거와 관련해 생각해 보자.

선거 포스터를 구성하는 후보자들의 사진은 특정 이미지를 고정하기 위해 전략적으로 재구성된 것으로, 다음은 후보들의 이미지를 개념화하기 위한 연출의 세 가지 예이다.

	후보자	연출된 시각 이미지
1	남자 후보 1	말끔하고 세련된 양복과 자신감 있게 보이기 위해 조금은 강렬한 원색의 넥타이. 고전적 정장 구두 착용. 깨끗하게 정리된 서재에서 책을 읽는 자세.
2	남자 후보 2	다소 안정된 회색의 터틀넥 스웨터와 감색 카디건 착용. 수수한 이미지를 풍길 수 있는 허름해 보이는 구두. 복잡한 재래시장에서 상인들과 악수하는 자세.
3	여자 후보 1	깔끔하게 빗어 넘긴 머리 모양. 아이보리색 블라우스와 브라운색 치마. 그 위에 파란색 앞치마 착용. 고아원이나 양로원에서 설거지하는 자세.

첫 번째 연출을 통해 지적이면서도 오랜 경험에서 우러나오는 자신감을 가진 후보자를 떠올리게 된다면, 두 번째 연출을 통해서는 서민들의 편에 서서 일하는 따뜻하면서도 대중적인 지지를 받는 후보자를 연상할 수 있다. 실제 모습과 관계없이 세 번째 연출을 통해 이타주의적인 겸손한 후보라는 이미지가 전달된다면 이미 사회적으로 구성된 보이지 않는 신념과 관습에 의해 지배당하는 것이다. 개인의 가치와는 별개로 특정한 사회 내에서 오랜 기간 축적되어 온 지배적 가치이자 신념이다. 다시 말해 후보자들의 실제 성격이나 특성과는 무관하게 연출된 이미지만을 통해 연상되는 의미가 있다는 것은 이미 사회문화적으로 구성된 개념이 존재한다는 것을 뜻한다. 바로 이데올로기의 형성이다.

이데올로기와 결부된 시각 이미지는 권력을 가지게 되며, 그 내면의 의미는 자연스럽게 표면 위로 떠오른다. 연출된 가치가 이미지를 통해 자연스럽게 전달될 때 우리는 이미지의 권력에 자신도 모르게 복종하게 되는 것이다. 이처럼 지나친 이데올로기의 편향으로 의미가 강요될 때가 있는가 하면, 수용자의 의미 해석 범위가 지나치게 확대될 때도 또 다른 권력이 행사된다. 이미지를 아무렇게나 해석할 수 있다는 방종에 가까운 자유로 인식될 수 있기 때문에 이미지를 둘러싼 해석의 과정에서는 양자 간의 타당성 있는 한계가 필요하다.

기초조형 Communicating 과제

이미지의 독립성

아래에 제시된 짧은 글을 읽고 등장하는 주인공을
그려 보자.
이미지가 배제된 채 제시된 글을 읽고 그려 낸 주인공은
어떠한 특성이 있는지 요약해 보자.
'툭 튀어나온 귀와 흰 피부에 검은 머리를 가진
남자아이의 모습'이라고 명시된 외형적 특성 이외에
요정의 모습을 상상하는 데 힌트가 되는 단어나 문장,
내용은 어떤 것이 있는가?

\<숲의 요정\>

조금 오래된 시절, 마을과 크게 멀지 않은 숲 어딘가에 숲을
관리하는 요정이 살고 있었습니다. 그 숲에는 유니콘, 켄타우로스,
판 등 우리의 상상 속에서만 존재하던 동물들이 닭, 오리, 소, 말,
토끼 등 주위에서 흔히 볼 수 있는 동물들과 함께 살고 있었습니다.
숲을 관리하는 요정은 툭 튀어나온 귀와 흰 피부에 검은 머리를
가진 남자아이의 모습을 하고 있었으며, 아침에 일어나 잠이 들
때까지 숲을 조화롭게 가꾸고 나무들이 맛있는 열매를 맺을 수
있도록 도와주며 여러 동물 간의 관계를 중재하고 그들 사이의
좋은 인연을 맺어 주는 등 바쁜 나날을 보내고 있었습니다.

어느 날 길을 잃은 소년이 깊은 숲 속에서 엉엉 울고 있었습니다.
"이게 무슨 소리지?"
요정이 말했습니다.
"정말 듣기 싫은 소리야."
공작이 퉁명스럽게 내뱉었습니다.
"아, 내가 알아. 이건 인간의 울음소리야."
부엉이는 마치 인간을 잘 알고 있는 듯 공작의 말을 이었습니다.
"오, 인간! 인간이래."
그러자 모는 농불이 웅성거리기 시작했습니다.

요정은 그리 탐탁지 않았지만 숲 속 동물들을 잘 돌보기로 한
신과의 약속을 지키기 위해, 동물들이 저마다 떠드는 이야기를
뒤로한 채 소년이 잠을 때까지 기다렸습니다. 그동안 요정은
동물들에게 깃털을 조금씩 얻어와 여러 가지 털로 이루어진
담요를 만들었으며, 나무 열매와 포도주를 준비해 소년에게 몰래
가져다 놓고 왔습니다. 그리고 말에게 조용히 다가가 소년을
마을까지 데려다 주었으면 좋겠다고 부탁했습니다.
"너의 부탁이니까 들어주는 거야. 난 인간이 싫어. 싫다고!"
소년은 말을 따라 마을로 향했습니다.

며칠 뒤 집으로 간 줄 알았던 소년이 다시 숲으로 돌아왔습니다.

대부분 동화책에서 볼 수 있듯이 요정의 이미지가 글과
함께 제시된 경우 독자들이 스스로 상상하는 시각
이미지는 어떠한 제약을 받게 되는지 정리해 보자.

\<숲의 요정\>

조금 오래된 시절, 마을과 크게 멀지 않은 숲 어딘가에 숲을
관리하는 요정이 살고 있었습니다. 그 숲에는 유니콘, 켄타우로스,
판 등 우리의 상상 속에서만 존재하던 동물들이 닭, 오리, 소, 말,
토끼 등 주위에서 흔히 볼 수 있는 동물들과 함께 살고 있었습니다.

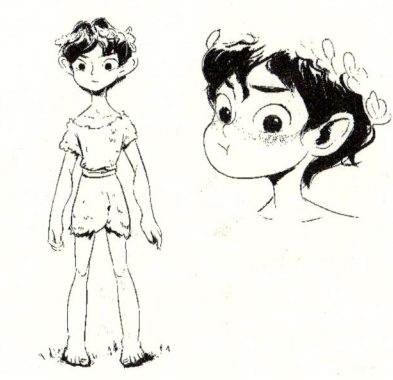

숲을 관리하는 요정은 툭 튀어나온 귀와 흰 피부에 검은 머리를
가진 남자아이의 모습을 하고 있었으며, 아침에 일어나 잠이 들
때까지 숲을 조화롭게 가꾸고 나무들이 맛있는 열매를 맺을 수
있도록 도와주며 여러 동물 간의 관계를 중재하고 그들 사이의
좋은 인연을 맺어 주는 등 바쁜 나날을 보내고 있었습니다.

어느 날 길을 잃은 소년이 깊은 숲 속에서 엉엉 울고 있었습니다.
"이게 무슨 소리지?"
요정이 말했습니다.
"정말 듣기 싫은 소리야."
공작이 퉁명스럽게 내뱉었습니다.
"아, 내가 알아. 이건 인간의 울음소리야."
부엉이는 마치 인간을 잘 알고 있는 듯 공작의 말을 이었습니다.
"오, 인간! 인간이래."
그러자 모든 동물이 웅성거리기 시작했습니다.

재생산된 이미지

맥락에 의해 그 의미가 달라지는 시각 이미지를 재생산된
이미지라고 할 때, 이미지의 재생산 과정에서 필수적으로
거치게 되는 이미지의 부호화와 해독화의 과정은 무한히
반복될 수 있다.
다음에 제시된 일련의 두 이미지를 통해 전달되는
의미가 어떻게 달라지며 왜 반복적인 재생산이 가능한지
살펴보자.

- 디지털로 생산된 왼쪽 이미지와 도시 벽면에
  자리 잡은 자유의 상징으로서의 그래피티로
  재생산된 경우, 동일한 이미지로부터 해석되는
  의미는 어떻게 달라지는가?

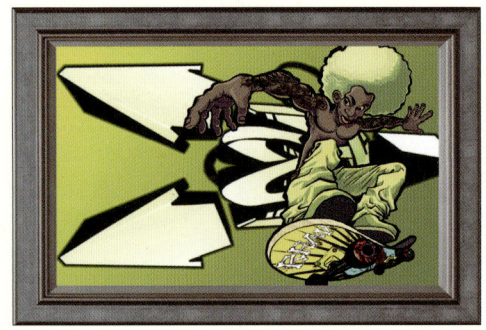 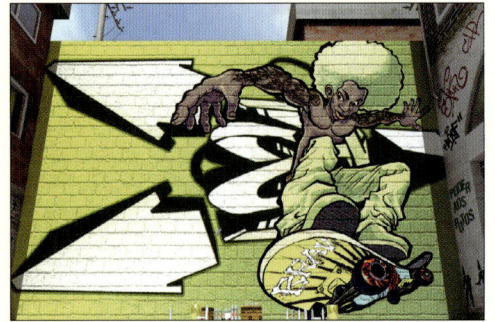

- 동일한 캐릭터가 각기 다른 배경에 놓인 경우,
  캐릭터를 통해 지각되는 이미지가 어떻게
  달라지는가?

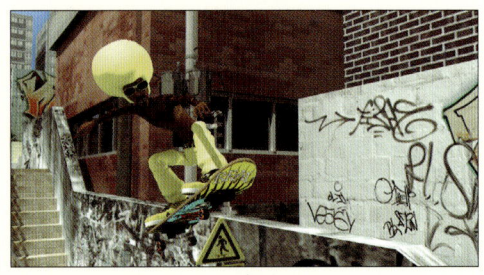 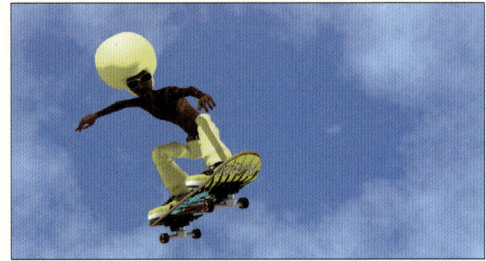

결론

이미지를 시각언어라고 부르는 것은 곧 이미지를 읽는다고 표현할 수 있다. 이미지를 읽는다는 것은 이미지의 시각 문법을 이해하는 것뿐만 아니라 이미지를 구성하는 사회문화적인 관계를 이해하고 학습해야 함을 의미한다. 따라서 이미지는 눈으로 본다는 단순한 육체적·감각적 행위와 더불어 두뇌로 인지해 공감하는 지각 현상이다.

이미지가 생산하는 문화적 의미는 이미지의 제작 단계에서 시작해 이미지를 구성하는 여러 도구와 장치들과의 관계를 거쳐 이미지의 의미를 해석하는 단계에 이르기까지 끊임없는 변화의 과정을 거친다. 이미지 제작자와 수용자, 사회문화적인 맥락 등 복합적인 상호작용이 존재하기 때문이다. 이러한 구성 안에서 주체적인 해석자로 존재하기 위해 시각뿐 아니라 이성적이고 논리적인 지각의 조화가 필요하다. 시각언어는 단지 보는 것으로 완성되지 않기 때문이다.

이미지는 결코 순수하지도 독립적이지도 않은 존재이다. 앞서 설명한 바와 같이 이미지의 생산과 해독의 관계에서 창출되는 기호로서의 이미지는 사회문화적인 관습과 역사적인 코드 내에서 읽혀야 한다. 따라서 이미지는 결코 바라보는 단순한 행위로 그치지 않는, 더욱 지적인 사고력과 이성을 요구하는 언어 읽기의 과정이다. 이 언어 읽기의 과정이 좀 더 흥미롭고 창의적인 단계로 이행하는 것은 다름 아닌 개인적인 다양한 배경과 경험에 따라 실행되고 구성되는 것이다.

동일한 시각 이미지는 상이한 의미 해석을 불러일으킨다. 이렇게 생성된 차이를 지닌 의미들은 정보화 과정을 거쳐 개인적이고 주관적인 이미지 언어로 저장되어 시각 커뮤니케이션이라는 체계 안에서 현상학적 구성체로 재생산된다. 시각 커뮤니케이션 체제에서는 어떠한 이미지도 정체되지 않는다. 코드화되지 않은 단순한 모방이나 지시 대상으로서의 이미지라도 기표와 결합한 기의 찾기 놀이가 가능한 언어 체계에 속하기 때문이다. 모든 커뮤니케이션은 해독되어야 하는 코드·부호로 구성되며, 커뮤니케이션의 참여자는 자연스럽게 해독의 과정을 통해 소통한다.

시각 커뮤니케이션은 결코 단순하지 않은 총체적 시스템을 통해 완성된다. 그 시스템은 다양한 도구 장치 이외에도 다층적 맥락이라는 심층 구조로 구성된다. 커뮤니케이션의 매개체로서의 시각 이미지는 심층 구조의 표면상에 존재한다. 하지만 우리가 시각 이미지를 읽는 행위는 이미지에 내재한 의미를 해독하고 이를 개인적 언어로 변화시킴으로써 내면에 위치한 실체들을 외적 표면으로 재구성하는 과정이다. 따라서 이미지는 늘 실행 중이며, 우리는 시각 커뮤니케이션의 완성을 위해 의미의 향연에 초대받는다.

미디어아트와 소통

미디어는 예술을 표현하기 위한 수단이나 방법 매체를 나타내는 말이다. 새로운 미디어의 출현은 미술에서 표현 방법의 변화를 가져왔을 뿐 아니라 미디어 자체가 하나의 메시지가 되기도 했다. 뉴미디어아트는 시대와 기술적 발달에 따라 항상 재정의될 수밖에 없다. 현재의 뉴미디어아트는 대중 매체나 미디어 테크놀로지를 활용하고 예술적인 면과 기술적인 면이 결합한 것으로 아날로그보다는 디지털 매체를 활용한 작품들을 지칭한다. 과거의 예술품이 오브제를 이용한 작품이었다면, 비디오나 컴퓨터로 제작된 디지털 작품은 오브제 없이 자체 프로그램이나 외부 요인에 따라 변용할 수 있는 것이 많으며, 이러한 작품들은 시간의 궤적에 따라 움직임을 보여 준다.

작가나 디자이너는 지금까지 활용할 수 있는 도구들을 가지고 아이디어를 표현해 왔다. 새로운 매체나 기술은 작가나 디자이너의 '실험적 본능'을 자극했고, 작가들은 과거에 표현하기 어려웠던 것들을 새로운 매체를 통해 효과적으로 전달해 관객에게 사물을 보는 또 다른 시각을 열어 주었다.

과거에 레오나르도 다빈치가 해부학이나 기계적 원리를 기반으로 데생과 작품들을 제작했듯이 과학 또는 테크놀로지는 미술과 오랫동안 서로 영향을 주고받아 왔다. 최근 미술에서 사용되는 많은 뉴미디어가 원래는 예술적 목적보다 군사적·상업적 목적을 위해 사용되었던 것들이지만, 이제는 예술의 도구로도 한몫한다. 인터넷이나 컴퓨터 같은 미디어들은 인간의 인식, 감각, 지각 방식의 변화와 확장을 가져오고 표현 방식의 확대를 가져왔다. 전자 매체와 매스미디어는 시공간적 조건에 변화를 일으켰으며 조형 예술에 많은 변화를 초래했다.

미디어 발달에 따른 예술의 변화

미디어 미술에 영향을 미친 매체는 많지만 그중에서도 가장 영향력이 큰 것으로 카메라, TV, 컴퓨터, 네트워크의 발달을 들 수 있다.

　1839년에 사진기가 발명되면서 오랫동안 회화의 중요한 역할이었던 사물을 모방해 재현하는 것을 사진이 대신하게 되었다. 그림을 그리던 작가들은 사실적 묘사에서 카메라가 할 수 없는 새로운 시도나 개념 표현 쪽으로 자연스럽게 관심을 옮겼다. 회화는 3차원 공간을 옮겨 놓은 창이 아니라 하나의 오브제이며 평면으로 인식되었다.

　사진은 사물을 정확하게 재현할 뿐 아니라 동일한 이미지를 수없이 인화할 수 있어 유일무이의 아우라에 싸이는 회화와 달리 기계적 재현, 복제와 이미지의 대량 보급을 가능하게 했다. 카메라에 이어 출현한 동영상 기기로는 연속 촬영에 의한 움직임의 표현이 가능해지고 공간에 시간이라는 요소를 첨가할 수 있게 되었다. 영화는 내러티브(narrative)를 전개하기 위해 현실을 재현하기도 하고 상상력이 가미된 허구의 세계를 보여 주기도 한다. 시간의 단편들을 자르고 붙이는 편집 기술이 발달하면서 시간의 재구성과 축소, 확대가 가능해졌다. 영화에서는 각각의 미장센(mise-en-scene)과 더불어 이미지의 움직임, 편집에 의한 자연스러운 이미지의 연결과 전환이 중요해지며, 시간과 공간이 혼합되는 새로운 형식을 보여 준다.

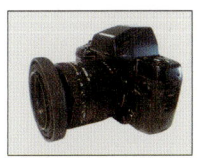
1a 카메라

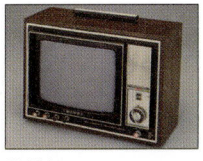
1b TV

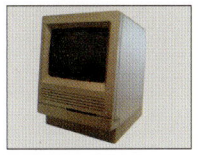
1c 컴퓨터

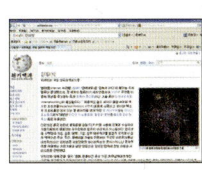
1d 인터넷

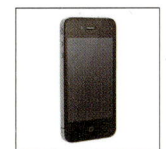
1e 스마트폰

그림 1. 미디어 미술에 영향을 미친 매체들

1960년대에는 단방향으로 정보를 대량 전달하는 매체인 TV가 비디오 작가들에 의해 예술의 도구로 편입되었다. 가장 대중적인 매체인 TV에는 신속한 정보 전달을 통해 사회, 즉 대중과 예술을 매개하고 소통한다는 기본적인 개념이 투영되었다.

TV가 예술계에 도입되면서 고급문화와 대중문화의 엄격한 경계는 부서지기 시작했다. 이것은 우리의 삶, 즉 사회, 정치, 경제, 문화와 소통하는 예술, 현실 참여의 예술을 주장했던 플럭서스그룹[1] 활동과 관련이 있다. 플럭서스그룹에서 활동하던 백남준은 미술과 일상을 결합하고 미술 영역을 확장하기 위해 텔레비전을 도입했다. 그는 TV 자체를 조형 예술의 표현 수단으로 인식하고 전자 신호를 변형해 만든 추상적인 이미지 작품에서 영상 설치 작업까지 폭넓은 비디오 작품을 제작했고, 이 작품들은 미술 영역을 더욱 확대하는 계기를 마련했다.

비디오카메라가 발명되면서 녹화 제작을 통해 TV는 오브제인 동시에 이미지나 메시지를 담을 수 있는 개념 전달의 매체로 사용되었다. 퍼포먼스나 사회 정치적 주제를 다루는 다큐멘터리 형식의 작품들과 피드백 원리를 이용한 폐회로 작품들이 제작되었다. 여기에서 사용된 행위자와 매체, 더불어 발신자와 송신자 간의 상호작용적 변형과 반영은 이후 디지털 기술을 이용한 작품에서의 인터랙티브 개념(상호작용)과도 직결된다. 비디오는 촬영된 것을 실시간으로 피드백해 보여 줄 수도 있고 기록된 과거를 현재와 동시 방영 또는 시차 방영할 수 있다. 비디오 설치 작품은 전시 공간을 통해 복수 존재론적 시간과 관객의 물리적·정신적 지각에 따라 바뀌는 주관적 시간과 공간을 보여 준다. 비디오아트에서 참여와 소통이 강조되면서 TV의 일방적인 소통 방식은 관객과의 상호작용을 통한 소통으로 변화되었고 TV 네트워크는 탈중심화 현상을 보인다.

숫자와 문자를 사용한 정보 전달과 시뮬레이션을 위한 계산이 주요 임무였던 컴퓨터는 연산 기계로서 주로 군사적 목적을 위해 사용되었다. 최초의 디지털 컴퓨터 애니악(ENIAC)은 미군의 탄도 계산에 사용되었으며, 인터넷 역시 국방부의 커뮤니케이션 시스템이나 정부의 리서치 도구로 쓰였다. 작가들은 예술과는 거리가 먼 이 기계를

1 —
플럭서스(Fluxus)그룹:
1960년대 초부터 1970년대에 걸쳐 일어난 국제적 전위 예술 운동으로, 플럭서스는 '끊임없는 변화, 흐름'을 뜻한다. 플럭서스그룹은 미술을 비롯해 음악, 시각 예술, 무대 예술, 문학 등 여러 예술 장르를 넘나드는 탈(脫)장르적 예술 운동으로 관객을 예술 창작 과정 속에 참여하게 만드는 등 기존 예술의 범주를 넘어섰다. 조지 마키우나스(George Maciunas), 딕 히긴스 (Dick Higgins), 존 케이지(John Cage), 요제프 보이스(Joseph Beuys), 오노 요코 (Ono Yoko), 샬럿 무어맨(Charlotte Moorman), 백남준(白南準) 등이 활약했다.

초기의 컴퓨터 작품들을 보면 컴퓨터의 가능성에 대한 탐구가
엿보인다. 과연 어떤 조형적인 것을 만들 수 있을까 고민하며 추상적
구성부터 사실적 이미지, 나아가 움직임을 나타내는 애니메이션까지
여러 실험을 하게 되었다. 플로터[2]를 이용해 제작된 컴퓨터 그래픽
작품들은 기하학적 추상화처럼 보이기도 하며 추상 회화와
이미지상으로 별 차이가 없어 보이기도 한다.[3] 시간이 지나면서
사실의 재현이나 조형적 표현보다는 컴퓨터의 기계적 프로세싱을
조작해 상상력을 발현하는 쪽에 관심이 높아지면서 컴퓨터를 창조적
실체로 보게 된다. 컴퓨터가 디자인 분야에 미친 영향은 더욱 크다.
그래픽 관련 소프트웨어가 많이 만들어지고 CAD나 CAM이 디자인
제도에 사용되면서 시각·제품 디자인에서 컴퓨터 없이 작업하기가
불가능해졌다.

컴퓨터를 이용하면 이미지, 소리 등 모든 소스가 데이터로
디지털화되면서 다른 형식의 작품들이 하나로 융합되고 형식의
변형도 쉽게 이루어진다. 이러한 변화로 작가들은 예술 작품이 물질을
기반으로 한다는 전통적 제약에서 벗어나 비물질적이며 데이터
중심적일 수 있다는 것을 깨닫게 되었다. 컴퓨터 작품은 이미지 합성,
실시간 이미지 변형, 관객과의 상호작용과 자체의 알고리즘을 통해
추상적이고 계속적으로 변조되는 이미지 등을 만들어 내는 예술로
발전했다. 관객들은 이런 새로운 형식의 예술을 현실 공간뿐 아니라
디지털 신호와 작가의 상상력에 의해 구현된 가상 현실의 공간에서도
참여하며 감상한다.

네트워킹을 이용한 예술은 이미 1970, 80년대에 미니멀리즘과
개념미술 작가들이 당시에 개발된 비디오, 팩스, 케이블, TV 같은
장비들을 사용해 시도했다. 그때에는 이미지 전송과 전송에 걸리는
시간 등 제약이 많아 이벤트 정도에 지나지 않았으나, 이후에 통신
수단을 이용한 새로운 정보 교환이 이루어지면서 네트워크의 활용은
예술에 점진적 변화를 가져왔다. 대중적 커뮤니티를 이루기 쉬운
인터넷 공간은 많은 사람에게 작품 참여의 기회를 제공했고, 사람들은

2 —
플로터(plotter): 벡터 그래픽
이미지(그래프, 도형, CAD,
도면) 등을 출력하기 위한
대형 출력 장치로 초기의 펜
플로터는 펜을 움직여 이미지를
만들었으므로 이미지는
선으로 출력되었다.

3 —
게오르크 네스(Georg Nees),
찰스 수리(Charles Suri),
에드워드 자작(Edward
Zajac), 마이클 놀(Michael
Noll) 등 초기 컴퓨터
작가들은 기하학적 이미지나
사인, 코사인 곡선을 반복해
작품을 제작했다. 그중 마이클
놀은 컴퓨터로 몬드리안의
작품 <선을 이용한 구성>과
유사한 <선을 이용한 컴퓨터
구성>이라는 작품을 제작해
100명의 사람에게 어느 것이
몬드리안의 작품 같은지를 묻는
설문 조사를 했다. 그 결과 좀 더
변화가 있는 듯 보이는 마이클
놀의 작품을 선택한 사람이 더
많았다.

여기에서 소통하고 실시간으로 상호작용할 수 있게 되었다. 사이버 공간은 새로운 공공장소이자 예술 활동을 할 수 있는 신선한 무대로 등극했으며, 인터넷, PDA, 포스트 PC라고 할 수 있는 스마트폰 등은 새로운 예술 형식을 만들고 내용을 배포할 수 있는 창작 도구가 되었다. 언제 어디서나 작품에 접근할 수 있는 편리성은 관객이 작품에 참여하고 정보를 공유할 기회를 증가시켰다. 네트워킹을 이용하는 작가들은 재현이나 묘사 등의 전통에서 벗어나 행동주의, 기능주의, 패러디 등 다양한 개념을 펼쳐 보인다. 갤러리와 미술관 전시에 집착하기보다는 사이버 공간과 현실 공간의 경계를 넘나들며 확대된 공간에서 작품을 선보인다. 네트워킹을 이용한 예술에는 예측하기 어려운 우연한 요소들이 들어가고 시간과 공간을 넘어선 상호작용이 작품의 중요 요소가 된다.

작가들은 아이디어를 기존 이미지의 아우라나 오브제에 가두기보다는 아이디어가 빠르게 변화하는 방식, 과정에 관심을 보이며 관객과의 커뮤니케이션에 중점을 둔다. 따라서 디지털 시대의 뉴미디어 작품들의 조형 가치와 미학적 접근은 종래의 잣대와는 다르게 이루어져야 한다.

미디어아트에서의 조형적 요소

미디어아트와 전통적 시각 예술은 사용하는 매체와 표현 방법이 다르기 때문에 조형적 요소를 분류할 때 차이가 있다. 전통적 관점에서는 점, 선, 면, 구성 방식 등 시각적 조형성을 이야기하지만, 미디어아트에서는 시간의 개념이 첨가되고 상호작용이 작품의 주요 요소가 되면서 조금 다른 시각에서 조형의 특성을 찾아야 한다.

미디어를 통해 조성된 새로운 환경은 사람들의 감각을 확장시켰고 주변 환경에 능동적으로 반응하게 했다. 마셜 매클루언(Marshall Mcluhan)은 미디어의 내용이나 내용 편성 방법보다는 미디어 자체의 작용, 그 미디어가 작용하는 문화의 형태를 고찰하고 그것에 대한 인식을 강조했다.

예술은 표현 매체의 영향에서 자유로울 수 없으므로 매체에 따라 표현 방법의 한계에 부딪히기도 하고, 그 매체가 아니면 표현할 수 없는 부분들이 생겨난다. 현재 미디어아트를 주도하는 디지털 매체는 컴퓨터가 제공하는 0과 1의 이진법 정보로 데이터를 처리한 뒤 물리적 공간이나 가상 공간 안에서 오브제로 또는 비물질화된 형식으로 결과물을 보여 준다. 디지털화는 제작 방식에서 많은 변화를 일으켰고 그에 못지않게 작품의 개념과 내용도 이전과는 확연히 달라졌다. 전자 영상 매체로 인한 가장 중요한 변화 중 하나는 우리가 공간과 시간에 대한 새로운 감각을 가질 수 있게 되었다는 것과 관객의 역할이 단순한 관람에서 적극적 참여와 상호작용으로 전환되었다는 것이다.

최근에는 디지털 매체들이 미디어아트 매체의 대부분을 차지하므로, 뉴미디어아트의 특성이 대체로 디지털 미디어아트의 특성과 겹친다. 여기에서는 미디어아트의 특성에 대한 이해를 돕기 위해 기존 예술과 미디어 작품 또는 여러 미디어 작품들을 비교해 보기로 한다. 디지털 미디어 매체의 특성을 크게 상호작용성, 멀티미디어성, 변용성으로 나누고 자주 논의되는 가상성은 나누어 놓은 범주 안에 포함할 것이며, 더불어 미디어아트에서의 공간과 시간의 개념에 대해 고찰해 본다.

상호작용성

전통적 예술이 사실적·상징적 이미지를 바탕으로 의미를 창조했다면 미디어아트에서는 이미지를 통한 의미 전달보다는 전달 과정이나 존재 방식에서 의미를 창출한다. 미디어가 나오기 이전의 예술은 작가가 제작한 완성품을 관객에게 일방적으로 제공하는 형태를 취하는 경우가 많아 쌍방향 커뮤니케이션이 거의 이루어지지 않았다. 디지털 미디어아트에서는 일방적으로 의미를 관객에게 전달하는 대신, 관람자가 미디어 사용 방식과 시간을 선택하면서 작품과의 동시적·비동시적 커뮤니케이션이 모두 가능해졌다.

관객과의 상호작용이나 참여에 대한 관심은 디지털 미술에서 강조되었지만 시작은 훨씬 이른 20세기 초의 여러 예술 활동인 해프닝(happening), 퍼포먼스, 설치작업에서부터 찾아볼 수 있다. 전통적으로 작품에 관객이 참여한다는 것은 관조를 의미했고, 물리적 상호작용보다는 정신적 교류를 통한 작품의 해석 과정을 상호작용으로 보았다. 미디어아트에서의 상호작용은 관객을 예술적 과정에 물리적 참여자나 행위자로 끌어들여 그에 상응하는 결과물을 만드는 것을 말한다.

비디오아트에서의 상호작용은 TV의 일방적인 송출에 반발하는 작업에서 시작되었다. 백남준의 〈자석 TV〉 역시 동일한 맥락의 작품으로, 관객이 자석을 움직이면 자력에 의해 TV 주사선이 변화를 일으켰다. 이를 통해 관객이 화면 오실레이팅(oscillating) 이미지를 하나의 추상화처럼 만들어 화면의 변화가 방송 수신에 의해서가 아니라 관객에 의해 일어날 수 있음을 보여 주었다. 그 뒤 댄 그레이엄(Dan Graham), 피터 캠퍼스(Peter Campus) 등 많은 비디오 작가가 비디오의 폐회로를 이용하여 관객의 이미지를 조작하는 방법으로 관객과 맞부딪치게 하는 작품을 제작했다. 관객은 자신도 모르는 사이에 작품의 일부가 되기도 했으며 반영된 자기 이미지의 변형과 시차에 의해 탈중심화된 주체를 경험하기도 했다.

컴퓨터가 본격적으로 사용되면서 미디어아트에서 상호작용이 보편화되었다. 기술적인 면이 강조되면서 행동주의적 성격보다는 게임에서 보이는 놀이 측면이 강해지고 작가와 관객 모두에게

더 많은 상상력이 요구되었다. 나아가 네트워크와 무선 인터넷의
확장은 예술을 이해하고 수용하는 방식에 일대 혁신을 가져왔다.
인터넷은 그 자체가 많은 담론이 오가고 많은 사람이 자유롭게 참여할
수 있는 커뮤니케이션 공간이다. 이 특징을 살려 인터넷 작품에서는
전쟁, 페미니즘, 자본주의 등 사회적·정치적·윤리적 주제와 쟁점을
많이 다루어 왔다. 참여자 간의 소통과 대화가 강조되면서 조형적
측면보다는 사회운동적 측면이 부각되기도 했다. 네트워크를 통한
커뮤니케이션은 작품과 관객뿐 아니라 참여자 간에도 '일대일', '일대다',
'다대다'의 교류가 가능하게 만들었다. 공간의 제약 없이 관객의
참여가 가능해지고 참여를 유도하는 인터페이스도 다양화되었다.
작품 제작의 중심이 된 관람객은 내용과 맥락, 시간을 자유롭게
통제할 수 있는 구조로 된 작품에 참여하며 결과를 예측하기 어려운
변화무쌍한 반응을 즐길 수 있게 되었다. 디지털 미디어는 원본과
동일한 무한 복제가 가능하지만, 미디어 상호작용 작품은 관객의
반응에 따라 작품이 매번 달라지므로 관객들은 오히려 일회성을 띤
매번 다른 결과물을 감상하게 된다.

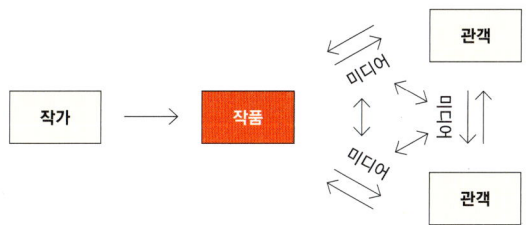

그림 2. 미디어아트에서 작가, 작품, 관객의 인터랙션 관계도

상호작용성은 '닫힌 것'에서 '열린 것'으로, '정적인 것'에서
'다이내믹한 과정'으로, '관조'에서 '적극적인 참여'로의 변화를
의미한다. 인터랙션을 통해 작품이 변화할 가능성이 어느 정도 열려
있는지는 작품마다 정도의 차이가 있다. 하지만 작가가 만들어 놓은
시나리오만을 따라 반응하는 한정적인 경우보다는 자체의 알고리즘에
따라 무한히 바뀌는 작품들이 주를 이룬다는 것은 이런 변화를
잘 나타낸다. 작품들도 게임처럼 다양한 가짓수의 가능성을 만들어

아이디어를 담아낼 유연하고 적합한 구조로 제작된다.

디지털 상호작용 작품에서는 관객과 환경 사이에 성립된 관계성이 일차적으로 중요하고 미는 부수적이라는 마이런 크루거(Myron Krueger)의 주장처럼 미의 추구나 사실 묘사보다는 관객과 작품 간에 만들어지는 관계, 관객과의 다양한 커뮤니케이션의 가능성을 찾는 것이 작업의 주제가 되기도 한다. 이를 위해 관객의 관심을 끌고 반응을 유발할 수 있는 유인 장치와 관객의 반응에 대한 독창적인 피드백을 찾는다. 즉 예술가들은 고정된 태도로 절대적 가치에 대해 서술하기보다는 관람객이 그의 작품에서 색다른 행동 패턴이나 새로운 경험을 얻을 수 있는 감정이나 아이디어에 대한 매트릭스를 계속 제공한다. 관객 역시 고정된 시점에서 벗어나 다양한 시점에서 새로운 의미를 자유롭게 창조한다. 마이런 크루거의 작품 <비디오 플레이스(Video Place)>는 관객이 전시장에 들어가는 순간 자동으로 작품의 일부가 되게 만든다. 전시장에 들어선 관객의 모습을 카메라가 인식한 다음 실루엣으로 단순화시켜 그들의 움직임에 실시간으로 반응해 변화된 이미지를 보여 주므로 관객은 작품의 일부가 되며, 작품의 과정을 이해하기 위해 스스로 작품에 참여한다.

때로는 건물 전체가 하나의 커다란 인터랙티브 컴퓨터 디스플레이가 되기도 한다. 베를린의 한 건물 창을 모니터 픽셀처럼 사용한 <블링켄라이트(Blinkenlight)>는 창의 불빛을 끄고 켜는 작업을 반복해 하나의 공공미술을 만들어 냈다. 창으로 만들어지는 이미지는 관객들이 문자로 보낸 간단한 GIF 애니메이션일 수도 있고, 커다란 하트 모양이나 간단한 문구의 메시지일 수도 있다. 라파엘 로자노 헤머(Rafael Lozano-Hemmer)의 <벡토리얼 엘리베이션(Vectorial Elevation)>은 더욱 확대된 규모의 작품이다. 그는 멕시코 소칼로 광장에 서치라이트를 설치하고 참여자들이 그것을 조절할 수 있는 프로그램을 인터넷에 제공했다. 관객들은 이 프로그램을 조작해 자신이 원하는 대로 서치라이트의 위치와 방향을 조정할 수 있다. 관객과의 커뮤니케이션을 위한 인터페이스는 직간접적으로 작품과 관객을 이어 주는 중요한 장치이다. 관객은 직접 전시장이나 현장에서 또는 원거리에서 무선 통신을 이용해 참여함으로써 작품 완성에 기여한다.

멀티미디어성

미디어에서는 단일 감각보다는 인간의 전반적 감성 구조인 오감을 통해 표현하고 받아들이는 다감각적 작품이 많이 제작된다. 멀티미디어는 문자, 소리, 이미지, 글, 촉각, 후각 등이 디지털 정보로 통합 처리되어 데이터화되는 것, 즉 다양한 장르가 하나의 형태로 생산, 저장, 전송되는 것을 의미한다. 디지털화된 정보는 비트라는 동일한 데이터 형태로 저장되기 때문에 다감각을 사용해 감상할 수 있는 형태로 쉽게 변형해 송수신, 저장, 재생할 수 있다. 가상 공간, 비물질적인 시뮬라크르(simulacre)는 멀티미디어를 이용해 만들어지므로 관객에게 현실보다 더 현실적인 것처럼 느껴진다.

멀티미디어에 대한 개념은 음악, 건축, 회화, 시, 무용 등의 여러 예술 형태가 분리되어 존재하지 않고 함께 적용될 때 완전한 통합 예술로서 새로운 경지를 열 것으로 생각했던 바그너(Wilhelm Richard Wagner)에게서 그 기원을 찾을 수 있다. 그는 통합 예술 작품 속에서 각각의 예술이 가지는 풍부한 능력들이 모두 쓰일 것이며, 예술이 통합되어 각각의 능력을 펼칠 때 최고의 예술이 될 수 있다고 말했다.

1966년에 빌리 클뤼베르(Billy Klüver)와 로버트 라우션버그(Robert Rauschenberg)가 기획한 〈나인 이브닝스(Nine Evenings)〉는 여러 형식이 통합된 멀티미디어 공연의 시초적인 작품이다. 이 공연에서는 존 케이지(John Cage), 로버트 라우션버그, 데버러 헤이(Deborah Hay), 빌리 클뤼베르와 엔지니어들이 함께 작업했다. 그들은 소리 변환 장치, 적외선 카메라, 송신기 등 당시의 첨단 미디어와 기술을 사용해 무용, 음악, 소리, 영상 등이 함께 섞인 퍼포먼스를 만들었다. 예를 들어 〈오픈 스코어(Open Score)〉에서는 테니스 라켓 손잡이에 소형 트랜스미터를 부착해 공을 칠 때마다 라켓 줄의 움직임이 스피커로 전달되고, 그 소리로 체육관의 전구 48개가 꺼지게 했다. 또한 관객들이 어둠 속에서 테니스 코트로 내려가는 모습을 적외선 카메라로 찍어 스크린에 보여 주었다. 이 공연은 여러 매체가 혼합된 멀티미디어 공연으로 오작동으로 인한 다소의 문제가 일어나긴 했지만 당시에는 새로운 시도였다. 현재는 공연에서 멀티미디어 활용이 특별한 것으로 인식되지 않으며, 더욱 늘어나는 추세이다. 공연 예술은 실재 공간에서 실시간으로 전개되기 때문에 최첨단 기술과 미디어의 접목으로 한정된 공간과 시간을 확장시켜 준다. 공연자들은 영상과 동기화된 동작을 보여 주며 영상과 상호작용을 하기도 하고, 실시간 공연을 녹화 변형해 공연의 한 요소로 활용하기도 한다. 특히 디지털 음악에 지대한 영향을 미친 MIDI(musical instrument digital interface)는 음악과 공연을 엮는 데 많은 역할을 한다. 음의 고저, 악보, 음길이, 박자 등 MIDI의 데이터를 워드 프로세서의 텍스트와 같이 조작할 수 있게 되면서 이미지와 음악이 함께 진행되는 퍼포먼스가 만들어지기도 한다.

　　미술 영역에서도 시각적 요소에 소리나 움직임 등의 요소가 첨가된 작품들이 등장했다. 소리를 작품에 적극 수용해 총체 예술 형태의 조각 작품을 선보인 것은 키네틱(Kinetic) 작가들이었다. 대표적 작가 중 한 명인 장 팅겔리(Jean Tinguely)의 작품에서 소리는 시각적 형상 못지않게 중요하다. 〈메타 메틱 17번(Meta Matic No. 17)〉은 형상, 소리, 움직임과 연출이 결합한 장 팅겔리의 대표적 작품이다. 그는 작품을 구성하는 각 요소가 움직이면서 만들어 내는 소리를 작품의 한 부분으로 생각했다. 움직임에 의해 발생하는 소리를 통해 형태와 소리가 본질에서 연결되어 있음을 보여 준다. 〈뮤직 박스(Music Box)〉(그림 3a)는 관객이 원하는 악보를 컴퓨터에 입력하고 손잡이를 돌리면 악보에 맞춰 소리와 빛이 나온다. 벽면에 투사되는 이미지, 악보에 맞춘 음, 손잡이를 돌릴 때의 감촉 등을 이용해 관객에게 놀이적인 즐거움을 준다. 〈사운드 스페이스(Sound Space)〉(그림 3b)는 공간을 소리와 이미지로 변환한 작업이다. 관객이 점유하는 공간을 LED 매트릭스 위에 도식화하고 음을 함께 표현한 작품으로, 관객은 퍼포머와 감상자의 역할을 동시에 수행하며 자신의 신체 경험을 다감각적으로 재현할 수 있다. 세 작품 모두 멀티미디어적인 성격을 지녔고 유희적인 측면이 있다. 마치 작동을 위해 태엽을 감아 주거나 게임에 참여해 스위치를 작동하고 버튼을 누르는 것과 같은 행동을 관객에게 요구한다. 하지만 각각의 작품을 비교해 보면 아날로그와 디지털 미디어의 차이를 확실하게 볼 수 있다. 우선 장 팅겔리의 작품은 모터에 의해 동작이 제어되는 반면 그림 3a와 3b의 작품은 마이크로칩,

센서, 컴퓨터 등을 사용해 디지털적으로 동작시킨다. 기계적 방법으로
만들어진 작업은 물리적 방법을 통해 실재 공간에서 움직임을
보여 주는 반면 디지털 미디어에 의해 제작된 작업은 가상적 변화를
보여 준다. 실제가 변화하는 것이 아니라 데이터의 변화를 보여 줄
뿐이다. 관객의 역할에서도 디지털 미디어 작품들은 관객의 움직임이나
관객이 직접 입력한 정보에 따라 작동하기 때문에 팅겔리의 작업에
비해 작품과 관객의 관계가 훨씬 긴밀해지고 관객은 작품을
완성하는 데 없어서는 안 되는 존재가 된다.

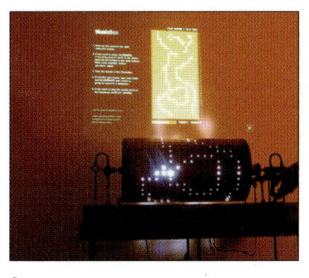 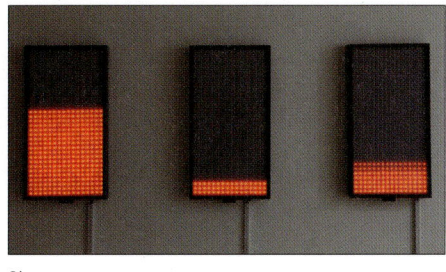

3a   3b

그림 3. 멀티미디어성을 보여 주는 미디어아트 작품
3a 목진요의 〈뮤직 박스〉, 2004, 3b 이지희의 〈사운드 스페이스 02〉, 2010

디지털 매체는 0과 1의 정보를 바탕으로 문자, 소리, 이미지 등
서로 다른 정보 형태를 디지털로 통합 처리해 전송 구현하는 것이
가능하다. 이러한 입력 데이터는 물질적인 형태나 탈물질화된
추상적인 방법으로 보이게 된다.

　〈바람, 나무〉(그림4)는 실시간으로 반응하는 비디오와 소리로
구성된 설치 작업이다. 인터넷으로 전송한 바람 소리에 따라 흔들리는
나무의 추상화된 이미지를 볼 수 있는데, 이것은 바람의 소리(청각)를
이미지(시각)로 바꾼 작업이다. 작품 속의 나무를 흔드는 바람은
해운대의 바람이다. 해운대 조선호텔 옥상에 설치된 마이크로 입력된
소리가 실시간으로 인터넷을 통해 전송되어 영상화된 것이다. 나무를
상징하는 선과 점에 의해 해운대의 바람 세기나 추상적인 움직임이
전해진다. 점과 선, 나무의 구체적인 모습 등 시각적인 것을 넘어서
추상적인 흐름의 표현과 더불어 감각의 변이를 시도한다.

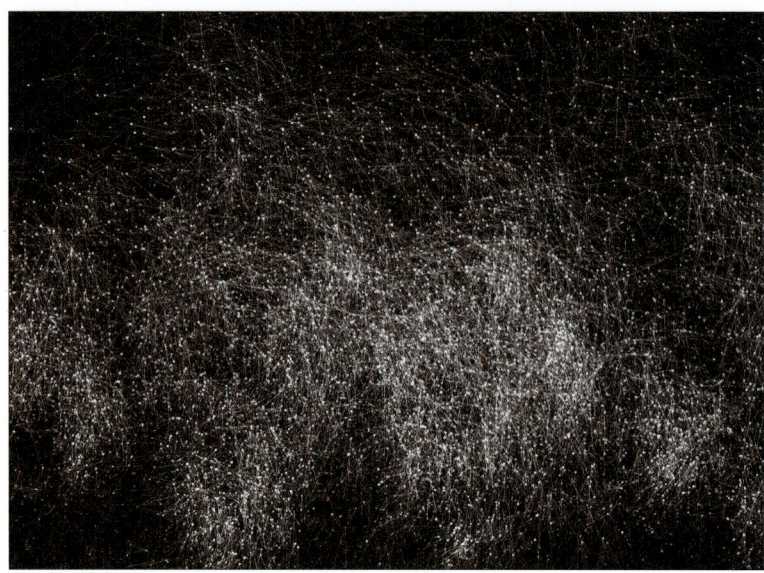

그림 4. 변지훈의 〈바람-나무〉, 실시간 비디오 소리 설치 작업, 2007

변용 가능성

1960년대 이래 컴퓨터공학과 전자공학의 기술 발전으로 예술 작품의
내용을 디지털로 데이터화하거나 수학적 형식으로 기술할 수 있게
되었다. 연산에 의해 이미지나 형태를 변형 조작하는 것이 가능해졌고
유동적 디지털 코드로 만들 수도 있다. 디지털적으로 저장된 미디어
요소들은 프로그램의 통제에 따라 실시간으로 계산하고 처리해
변화를 줄 수 있다. 여기에서 변용 가능성은 작품이 정적으로 고정된
것이 아니라 변화하는 동적인 것임을 의미하고, 한편으로는 데이터를
다른 형식으로 변용할 수 있음을 의미한다. 컴퓨터의 다양한 입출력
형식은 작품을 여러 매체에 맞게 가변적으로 표현할 수 있게 만들어
주었고, 네트워크를 이용한 컴퓨터 간의 연결은 새로운 변화의
가능성을 보여 주면서 아날로그 시대의 작품들보다 진일보한 작품으로
변용할 수 있게 해 주었다.

조각이나 회화 작품은 완성품을 전시하므로 작품이 중간에
변하지 않고 정지된다. 마르셀 뒤샹(Marcel Duchamp)은 1920년에
〈회전 유리판(Rotary Glass Plates)〉이라는 작품을 통해 예술 작품이

고정된 것이 아니고 변화할 수 있음을 보여 주었다. 이 작품에서
주제가 되는 것은 형태라기보다는 돌아가는 움직임 자체이다. 이러한
생각은 키네틱아트나 라이트아트 작가들의 작품으로 이어진다. 그들은
기계나 모터를 활용해 움직이는 형체를 만들어 내거나 운동하는 빛
디스플레이 장치를 제작해 공간, 시간, 광선 등을 제어했다. 정지된
듯이 보이는 빛은 끊임없이 움직임을 만들어 내는 유동적인 성격을
지녔기 때문이다. 앞에서 언급한 장 팅겔리의 모터를 이용한 작품도
뒤샹의 작품처럼 오브제 그 자체보다는 움직임으로 만들어지는
상황이 중요하다. 비디오 조각이나 설치 작품 역시 설치된 TV의
외형적·시각적 측면에 변화되는 화면의 내용과 프로세스가 더해져
의미를 갖는다.

　　단순하지만 강렬한 사회적·정치적 메시지를 사용해 작업하는
개념주의 작가 제니 홀저(Jenny Holzer)의 아날로그 작품에서 미디어
작품까지 비교하며 변용성에 대해 살펴보자. 그녀는 포스터 작업에서
LED 설치나 건물 외벽에 문구를 투사하는 대규모의 공공 작업까지
평면, 입체, 미디어라는 서로 성격이 다른 매체를 사용한다.

　　초기의 포스터 작품들은 짧은 문장의 메시지를 종이에 인쇄해
광고 포스터처럼 뉴욕 벽면에 부착했다. 이 포스터들은 한정된
관객에게 메시지를 전달하는 매체적 한계가 있지만 메시지 전달에서는
효과적이다. 장식적 요소 없이 문구로 이루어진 이 작품들은
메시지와 더불어 종이의 질감, 글씨체의 종류나 크기, 배열 등의
조형적 구성이 눈에 들어온다. 일반 포스터와 마찬가지로 처음에는
전체가 한 덩어리로 인식되지만 더 관심을 가지고 읽으면 관객은
각 문장의 의미에 집중하게 된다. 〈Men Don't Protect You
Anymore〉라는 벤치 작품은 그녀의 유명한 생존 시리즈(Survival
Series)에서 사용한 문구를 대리석에 새겨 만들었다. 벤치라는 오브제는
관객에게 문구보다는 의자나 돌이라는 재료에 더 집중하게 만든다.
여기에서도 가장 중요한 것은 텍스트이지만 관람객은 그것과 함께
매체의 물리적 속성에 많은 영향을 받게 되며, 문구와 대리석,
벤치라는 구조의 조합은 전통적인 예술 작품을 감상할 때와 같이
깊은 관조의 세계로 관객을 이끈다.

그녀를 유명하게 만든 것은 LED 전광판을 이용한 미디어 작품들인데 이 미디어 작품에서 전광판은 그녀가 전하고자 하는 문구를 보여 주는 도구일 뿐 투명화된다. 관객은 벤치와는 달리 매체 자체에 주목하지 않고 순간적으로 나타났다가 사라지는 문구만 볼 뿐이다. 직관적으로 관객에게 다가가는 이 작품은 몇 초 안에 인식할 수 있는 짧은 문장이나 경구를 빠른 속도로 교체해 보여 줌으로써 문장들을 광고의 카피처럼 사람들의 뇌리에 남게 한다. 전광판이라는 매체가 다른 매체에 비해 메시지 전달이라는 면에서 효율적인 것은 바로 빠른 속도로 변화를 보여 줄 수 있기 때문이다. 건축 구조물이나 빌딩에 메시지를 투사하는 〈제논 프로젝션(Xenon Projections)〉 작품은 특별한 장소나 건축물의 이미지가 메시지와 겹치고 규모가 대형화되면서 강하게 관객에게 메시지를 전달한다. 대규모 공공미술의 성격을 띠는 이러한 작품들은 문구를 통해 아이디어를 전하고자 하는 그녀의 초기 작품들과 맥락을 같이하지만, 그 크기와 이미지에서 전광판 작업과는 다른 방식으로 관객을 압도한다.

이 작품들은 기본적인 광고의 문법이나 대중 매체를 작품에 차용한다. 길거리에서 흔하게 볼 수 있는 포스터, 광고판, 오브제, 프로젝션이라는 형식을 통해 광고로 둘러싸인 상업화된 세계와 정치적 이슈에 대한 자신의 생각을 보여 준다. 하지만 같은 주제라도 매체의 변화나 그것이 동적으로 변화하느냐 정지되어 있느냐에 따라 관객에게 메시지를 전달하는 데 차이점이 많음을 알 수 있다.

그림 5는 고정된 작품과 변화되어 가는 작품의 차이를 보여 준다. 물론 책처럼 인쇄된 매체에서 보면 세 작품은 모두 수직 수평의 그리드(grid)에 의해 구획되고 그 안에 색을 채운 추상적인 화면 구성처럼 보인다. 그러나 시각 예술의 조형적 관계와 표현에 주목해 이 작품들을 선, 면, 색이라는 요소로만 평가한다면 놓치는 부분이 생긴다. 세 작품을 비교하면 〈새로운 조화(New Harmony)〉(그림 5b)는 고정된 반면 〈모든 아이콘(Every Icon)〉(그림 5a)과 〈컴포우징 03 (Composing 03)〉(그림 5c)은 변화되는 것의 한 장면을 포착한 것일 뿐 그림 5b와 달리 계속 변화한다. 그림 5a는 화면이 그리드로 분할되어 1,024개의 조그만 사각형으로 구성된다. 각 큐브가 하나씩 흑백으로

바뀌면서 다른 조합을 계속 만들어 내는 진행형의 작품으로, 완성될 수 없는 무한의 개념을 시각화한 것이다. 이 웹 작업은 갤러리가 아닌 사이버 네트워크 공간에 존재할 뿐 실제 형상이 없다. 그림 5c는 일정 시간이 지나면 알고리즘에 의해 무작위로 하나씩 면의 색이 바뀌면서 변화하는 이미지를 만들어 내며 고정된 이미지가 아닌 변화의 과정과 시간을 작품 안에 표현한다.

색채 면에서도 차이가 확연한데 그림 5b와 그림 5c의 색을 비교하면 인쇄 상태에서는 비슷해 보이지만 안료에 의한 색과 빛의 삼원색(RGB)이라는 차이가 있다. 미디어아트의 경우 출력의 형태를 띠는 경우를 제외하고는 빛이 작업에서 중요한 역할을 하며, RGB 즉 빨간색, 초록색, 파란색의 조합에 의해 수천만 가지 색을 표현할 수 있다.

작품의 제작 과정을 보면 차이가 더욱 확연하게 드러난다. 그림 5b는 첫 붓질부터 마무리까지 모두 작가의 손을 거쳐 완성된 데 비해 그림 5a와 그림5c는 작가가 아이디어를 냈을 뿐 그다음의 랜덤 프로세싱은 컴퓨터의 알고리즘과 연산 작용에 의한 것이다. 컴퓨터 알고리즘 연산으로 만들어지는 구성과 추상적인 색 조화가 기계에 의해 계속 변조되는 것이다. 전통적 예술이 정적인 것에 바탕을 둔다면 미디어아트는 동적인 상황 개념에 집중한다. 이제 작품은 명사가 아닌 동사로 변한 것이다.

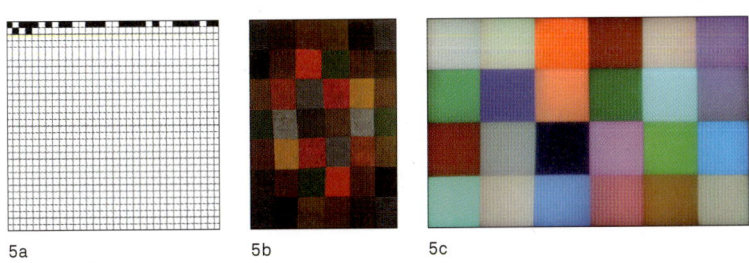

5a   5b   5c

그림 5. 정적인 작품과 동적인 작품
5a 존 사이먼(John Simon)의 <모든 아이콘>, 1996, 5b 폴 클레(Paul Klee)의 <새로운 조화>, 1936, 5c 이지희의 <컴포우징 03>, 2010

웹 작품들 역시 항상 다른 조합으로 보일 수 있다. 각 데이터는
독립적으로 구별되는 정체성을 유지하지만 그것들이 모여 하나의 큰
데이터 작품으로 조합된다. 개별 미디어 요소로 이루어진 웹페이지는
독립적이지만 관객의 선택에 따라 하이퍼링크의 조합이 달라지며
매번 다른 인터넷 작품을 만든다. 히스 번팅(Heath Bunting)의 프로젝트
〈리드미(Readme)〉(그림 6)는 신문 기사를 하나 인용해 기사에 나오는
모든 단어를 동일한 이름의 닷컴(.com) 웹사이트에 링크해 놓았다.
단순하게 링크된 각 사이트는 개별적이고 연관성이 없지만 번팅의
콘셉트[4]에 의해 하나의 작품으로 만들어졌고, 사용자에 의해
매번 다른 링크가 만들어지면서 사용자 중심의 작품으로 완성된다.
이 작품에서 각 사이트는 번팅이 제작한 것이 아니라 이미 존재하는
것들을 모은 것이며, 작품에 쓰인 문장조차도 신문 기사를 사용한
것으로 관객뿐 아니라 작가가 작품 제작에 어떻게 관여했는지
생각해 보는 것도 의미 있다.

4 —
인터넷에서 지각되는 것들의
상업화와 인터넷에서 인식의
구조가 소유권의 조건, 링크,
서치 엔진, 도메인 이름에 의해
어떻게 결정되는지를 보여 주기
위해 제작되었다.

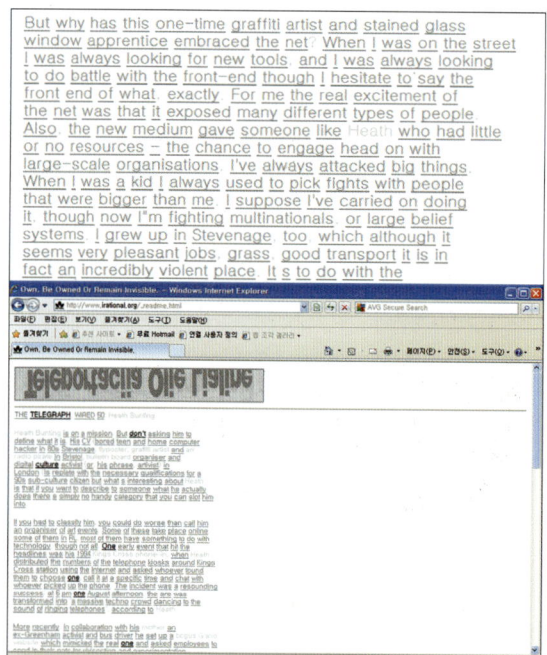

그림 6. 히스 번팅의 〈리드미〉, 1998

미디어아트에서의 시간과 공간

시간과 공간은 사람이 살아가는 데 필요한 물리적·정신적 기반이기 때문에 예술 작품의 영원한 주제이다. 미디어 작가들은 직접 공간과 시간을 표현하기보다는 시공간의 조건을 경험하고 느낄 수 있게 한다. 특히 비물질적으로 표현된 작품들은 물리적으로 제한된 경계, 즉 시간과 공간의 속박에서 벗어나 새로운 시공간의 개념을 느끼게 한다.

회화는 2차원 평면에 공간을 표현해 왔고 입체적인 조각은 공간을 통해 표현되었다. 화가들은 효과적인 공간 재현 방법을 오랫동안 고민해 왔다. 현실감을 살리기 위해 르네상스 시대에 필리포 브루넬레스키(Filipo Brunelleschi)가 1점 투시법을 창안하면서 평면 위에 3차원의 현실 공간을 사실적으로 묘사할 수 있게 되었다. 선 원근법이나 공기 원근법 역시 화면에 깊이를 주어 공간에 대한 환영을 만들고 사실적인 표현을 돕기 위한 방법이었다. 사진과 영상 기기의 연속 촬영 기법의 영향으로 단일 시점에서 고정된 공간을 묘사하던 그림은 다각도 시점의 공간을 표현하게 되었다. 입체파, 미래파 등의 등장으로 다양한 시점의 공간과 시간이 한 평면 안에 재현되고 여러 사건과 시간이 혼재하는 공간을 나타내기 위한 시도가 이루어졌다.

미디어 작품에서는 공간의 구성이나 표현과 더불어 공간의 연결에 관심을 보인다. 현실의 여러 공간일 수도 있고 가상의 공간과 현실의 공간일 수도 있다.

<읽을 수 있는 도시(The Legible City)>(그림 7)는 실재 공간과 가상 공간을 함께 보여 주며 연결하는 예이다. 관객은 두 접점을 연결하는 자전거를 타고 맨해튼, 암스테르담, 카를스루에 등의 도시를 감상한다. 건물 대신 3차원 문장으로 이루어진 도시는 가상의 공간이며 그 사이를 자전거의 페달과 핸들을 조작해 원하는 속도와 방향으로 달릴 수 있다. 관객은 이처럼 현실과 가상이 혼재된 작품 속에서 두 개의 공간을 오가며 작품과 소통하게 된다. 가상 공간은 가능성과 개방성을 동시에 지녔으며 본질적인 실제가 존재할 수도 있고 그렇지 않을 수도 있다. 비물질적이지만 인간의 삶이나 행위에 긴밀하게 연결된 이곳은 실제 이미지를 재현한 것이라기보다는 상상력에 기초해 상황을 나타낸 가상과 창조의 혼합물이다.

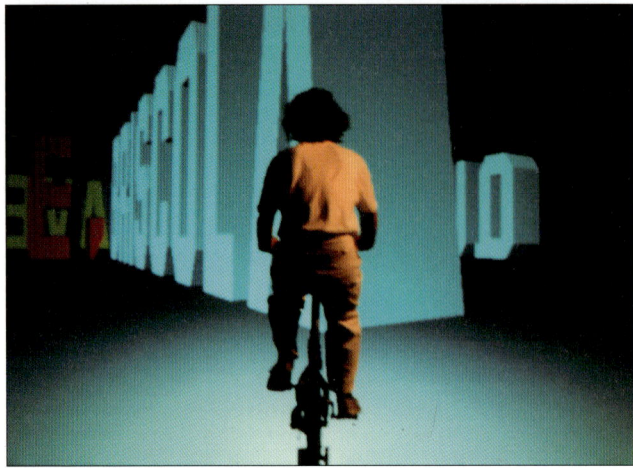

그림 7. 제프리 쇼(Jeffery Shaw)의 〈읽을 수 있는 도시〉, 1989~91

네트워크를 이용해 전 지구적 연결과 참여를 바탕으로 하는 텔레매틱
예술의 대표적 작가 로이 애스콧(Roy Ascott)은 컴퓨터가 매개가 되어
지리적으로 떨어진 개인과 기관 사이를 연결하고 의사소통을 하는
텔레매틱 프로젝트를 주도했다. 네트워크를 이용해 '분산된 저자성'을
보여 주는 그의 〈텍스트의 주름(La Plissure du Texte)〉(그림 8)은 컴퓨터에
연결된 세계 열한 곳의 참여자들이 함께 이야기를 써 내려간 작업으로
공간의 한계를 넘어선다. 물리적으로 떨어진 세계의 여러 장소에서
관객들이 보낸 데이터가 하나의 작품 제작을 위해 사용된 것이다

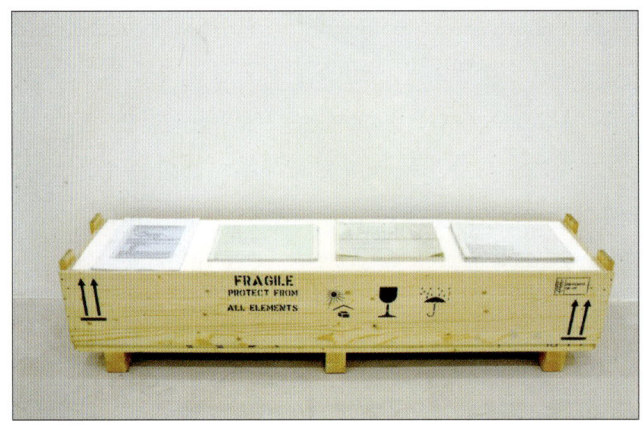

그림 8. 로이 에스콧의 〈텍스트의 주름〉, 1982

기계 패러다임에서 전자 패러다임으로 이행하면서 바뀐 시공간의
개념을 건축가 피터 아이젠만(Peter Eisenman)은 그리드라는 시공간의
좌표에서 오로지 관계만 남은 새로운 좌표인 매트릭스로의 변화라고
정의했다. 컴퓨터에 의해 구성되는 공간은 특정한 시간과 장소의
그리드 위에 있지 않고 오직 관계로만 형성되는 것임을 말한다.

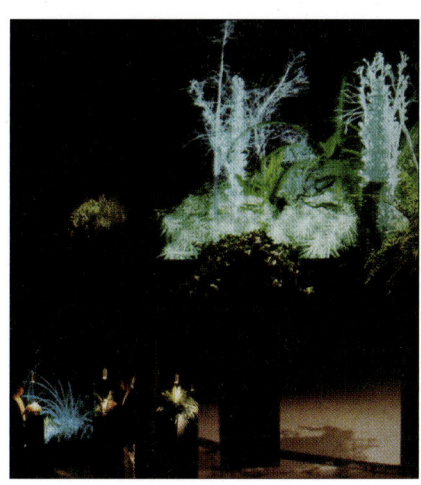

그림 9. 크리스타 소머러와 로랑 미뇨노의 〈상호작용 식물 성장〉, 1993

식물이 자라는 모습과 정원처럼 만들어진 미디어 작품들을 비교하며
공간에 대해 살펴보자. 모두 기술과 자연 그리고 인간이 함께
공존함을 보여 주는 미디어 작품이지만, 식물을 가꾸고 감상하는
공간 활용에서 현저한 차이를 보인다. 켄 골드버그(Ken Goldberg)의
〈텔레가든(Telegarden)〉은 원격조종되는 로봇 팔을 관객이 인터넷으로
움직여 가꾸는 사이버 정원이다. 관객은 마우스로 로봇 팔을
움직이고, 자라는 과정을 카메라로 관찰하며 한편으로는 다른
관객과 채팅도 할 수 있다. 정원은 개인적으로 식물을 보고 가꾸는
공간일 뿐 아니라 이웃과 소통하는 공간이기도 하다는 것을 보여
준다. 크리스타 소머러(Christa Sommerer)와 로랑 미뇨노(Laurent
Mignonneau)의 〈상호작용 식물 성장(Interactive Plant Growing)〉(그림 9)은
가상 식물을 인공적으로 성장시키는 작품으로 스크린 속의 식물들이
그들만의 성장 원칙에 의해 3차원 가상 공간 안에서 자라고 변형되며

진화한다. 살아 있는 식물과 가상의 식물이 연결되며 관객이 전시장에 놓인 인터페이스(실제의 식물)에 접근하면 거리에 따라 성장 속도가 달라지고 변형이 일어난다. 백남준의 〈TV 정원(TV Garden)〉은 정원 안에 식물들과 함께 TV가 심겨 있다. 살아 있는 식물처럼 화면에서는 백남준의 〈글로벌 그루브(Global Groove)〉[5]라는 작품이 계속 방영된다. 우스만 하크(Usman Haque)의 〈내추럴 퓨즈(Natural Fuse)〉는 전자 기기들이 작동할 때 배출된 이산화탄소를 식물이 흡수하는 과정을 보여 주는 작업이다. 지구에서 발생하는 이산화탄소를 줄이기 위한 회로 차단기 역할을 하는 화분들이 나열되어 있다. 이 화분들은 제한된 에너지만 사용하도록 만들어져 사용 에너지 양이 적당하면 식물이 자라고 지나치면 죽는다. 관객은 네트워크와 연결된 화초를 임대할 수도 있는데, 네트워크에 참여해 환경에 미치는 관객 자신의 영향을 직접 느끼게 해 준다. 앞의 두 작품은 가상 공간이나 현장에 있는 관객의 직접 참여를 통해 가꾸어지는 정원이고 〈TV 정원〉은 상호작용 없이 작가의 의도에 의해 꾸며지는 정원이다. 마지막 작품은 관객이 인지하지 못하는 간접적 상호작용으로 식물의 성장에 관여한다. 관객과 작품이 속한 공간을 비교해 간략하게 정리하면 다음과 같다.

5 —
문화적 주체성을 은유하는 작품으로 그 안에는 본인의 퍼포먼스 장면, 무어맨의 첼로 연주 모습, 존 케이지, 닉슨, 무용수, 한국의 북춤 등 다양한 이미지들이 빠른 리듬으로 편집되어 있다. 이 작품은 문화적 주체성이 고정된 듯하면서도 계속 변하는 것임을 보여 준다.

작품명	정원이 있는 공간	관객이 있는 공간	정원을 조성하는 주체	정원과 관객의 중재자	효과
텔레가든	현실 공간	사이버 공간	작가, 관객	원격조종되는 로봇 팔, 인터넷, 센서, 카메라	자연 상태에서 식물 성장
상호작용 식물 성장	사이버 공간	현실 공간	작가, 관객	식물, 센서	물리적 시간과 무관하게 식물의 인공 성장 과정을 만들어 냄
TV 정원	현실 공간	현실 공간	작가	상호작용 없음	TV 화면과 실제 식물의 공존
내추럴 퓨즈	현실 공간	현실 공간	작가, 전자 제품이 배출하는 이산화탄소량	간접적 상호작용	환경에 미치는 관객 자신의 영향력 체험

표 1. 〈정원〉 작품에서 공간 활용 비교

물리적 공간과 스크린 속의 가상 공간 사이의 경계는 이처럼 허물어지고 있다. 관객은 가상 공간 안에서 신체적 체험을 통해 자신의 신체와 이미지 사이의 관계가 급진적으로 변화하는 것을 느낀다. 관객은 실제와 가상 공간의 물리적·정신적 경험에 기반을 두고 설치물의 인터페이스에 반응한다. 작가가 가상 공간에 오브제를 만들어 커뮤니케이션을 유도하면 관객은 체험을 통해 작품 속에서 다양한 시도를 하고 그것에 따라 여러 차원과 유형의 상호작용이 동시에 일어난다.

공간 제약을 넘어선 작품이 많이 등장할 수 있는 것은 위치 기반 미디어, 휴대전화, 무선 네트워크 등 통신 기술이 발달했기 때문이다. 휴대전화와 WiFi 인터넷, 소프트웨어를 사용해 도시 자체를 작품이 전개될 수 있는 공간으로 만든 작품도 등장한다. 〈팩맨해튼(PacManhattan)〉은 게임의 형식을 빌려 도시 공간을 경험하게 하는 작품이다. 1980년대의 게임인 팩맨(Pacman)을 실재 공간(뉴욕 워싱턴스퀘어공원)에서 퍼포머들이 게임 캐릭터가 되고 진행자들이 캐릭터의 위치를 추적해 진행되는 상황을 인터넷으로 관객들에게 전달했다.

네트워크의 확대로 사이버 공간은 공공장소가 되었으며 이 확장된 새로운 예술의 장 안에서 작가와 관객이 동시에 상호작용하고 소통하게 되었다. 관객이 작품을 만날 수 있었던 기존의 장소가 미술관이나 박물관이었다면 이제는 어디에서든지 자신의 컴퓨터를 무선 네트워크에 접속해 예술 활동에 참가할 수 있게 된 것이다. 생활의 중심이자 공공장소화된 인터넷 가상 공간에서 관객은 디지털 미디어가 제시하는 여러 가지 가상 현실과 디지털 정보를 볼 수 있다.

미디어 작품에서는 가상 공간에서 얻은 정보를 시각화해 현실 공간에서 보여 주기도 하고, 관객과의 인터랙티브와 그에 반응해 작품을 시각화하는 작품의 모든 과정이 사이버 공간 안에서 이루어지기도 한다.[6]

시간은 미디어아트를 전통적 예술과 구별 짓는 중요한 요소 중 하나이다. 회화는 사진처럼 한순간을 포착해 묘사하므로 시간을 나타내는 것이 불가능하다. 따라서 포착된 이미지 안에 그 전후의

6 ―
2004년에 Q. S. 세라핀(Q.S. Serafijn)과 녹스 아키텍트(NOx Architect)가 만든 〈D-타워(D-Tower)〉는 인터넷으로 네덜란드 두틴험(Doetinchem) 주민이 가진 감정에 대해 질문하고 그 답을 점수로 환산해 당시 반응자의 평균적인 감정 상태를 D-타워의 색으로 보여 준다. 넷아트 작품은 많은 경우 작품의 모든 과정이 사이버 공간 안에서 이루어진다.

많은 시간을 은유적으로 내포하고 시간을 응축적으로 표현할 수 있는 찰나의 순간을 포착하려 했다. 미래파는 정지된 정물보다는 속도를 가지고 움직이는 것들이 인간의 감각을 만족시킨다고 주장했다. 미래파 화가들은 이미지를 연속으로 겹쳐 그려 움직임의 미세한 변화를 보여 주면서 시간의 개념과 움직임의 역동성을 표현하려 했다. 이들은 움직이는 대상을 그렸다기보다는 대상의 움직임을 포착해 공간에 시간을 암시했다. 하지만 이들은 실제 시간 속에서 이미지를 전개하지 못하고 평면에 갇혔으며 시간보다는 기계 문명의 발전, 속도감, 기계의 역동성에 더 초점을 맞추었다. 뒤샹의 〈계단을 내려오는 나부〉나 동일한 시간 간격을 두고 움직이는 물체를 여러 장의 사진으로 표현한 에드워드 머이브리지(Eadweard Muybridge)의 작품을 보면 마치 시간이 분절되어 흐르는 듯이 보인다. 영화나 비디오에서 1초에 24프레임 이상을 보여 주게 되면서 부드러운 움직임과 시간을 나타낼 수 있게 되었다. 연속 촬영이 자연스러워지고 편집 기법이 발전하면서 필름 안에서 시간을 중첩하고 시간의 길이나 흐름을 자유롭게 확장 변경하는 것이 가능해졌다. 편집은 시간을 훨씬 더 다양하게 압축, 팽창 혹은 역류시킬 수 있을 뿐 아니라 동일한 사건에 대해 동시에 발생한 여러 가지 반응을 보여 줌으로써 시간을 확장했다.

미디어 작품에는 사실적인 시간과 환영적인 시간이 동시에 존재하므로 실제 시간과 미디어 매체가 보여 주는 시간에는 차이가 있다. 미디어 속에서는 과거와 현재, 미래의 시간이 혼재해 나타나고, 시간의 축소와 연장에 의해 상대적인 시간까지 표현된다. 화면의 이미지는 하나의 콘텐츠로서의 의미와 더불어 시간을 표현하기 위한 수단이기도 하다.

시간이 암시적으로 나타난 몇 개의 작품을 비교하며 그들이 표현하고자 한 것에 대해 생각해 보자.

미래파 화가 지아코모 발라(Giacomo Balla)는 〈줄에 매인 강아지(Dynamism of a Dog on a Leash)〉에서 걸어가는 강아지와 사람의 모습을 연속 사진처럼 겹쳐 그리고, 빠른 움직임을 표현하기 위해 경계선을 흐리게 처리했다. 정지된 평면이지만 이미지에서 동적인 느낌과 걸어가는 연속적인 시간의 흐름을 느낄 수 있다. 초고속

필름으로 촬영한 빌 비올라(Bill Viola)의 작품 〈회상(Remembrance)〉은
거의 정지된 것처럼 보일 정도의 느린 속도로 기쁨, 분노, 슬픔이라는
한 여인의 극단적인 감정의 변화를 고화질 영상으로 보여 준다.
일반적인 시간의 규칙을 벗어난 상태에서, 변화되는 감정의 표현은
마치 종교화와도 같은 숭고미를 느끼게 한다. 여기에는 영화적
내러티브도 없으며 일상의 시간도 멈춘 듯하다. 슬로 모션을
통한 시간의 확장은 여인의 감정을 확대해 감상할 수 있게 하고
다양한 시간의 개념을 조합한다. 미야지마 다쓰오(宮島達男)는
〈메가데스(MegaDeath)〉(그림 10)에서 LED 숫자 표시를 사용해 상대적
시간을 작품에 표현한다. 인간을 은유하는 각각의 숫자는 태어나서
죽을 때까지의 시간을 보여 주는데 0 대신 빛을 끄면 그것이 죽음이다.
여기에 나타난 시간은 절대적 시간이 아닌 각 개인에게 부여된
상대적 시간이다. 1에서 9까지 숫자가 변화하는 과정이 어떤 숫자는
10분의 1초 만에 변화하고 어떤 것은 한 시간에 한 번 천천히 움직이며
변화하는 등 다르게 흐르는 시간을 보여 줌으로써 상대적 시간에 대한
관념을 암시한다.

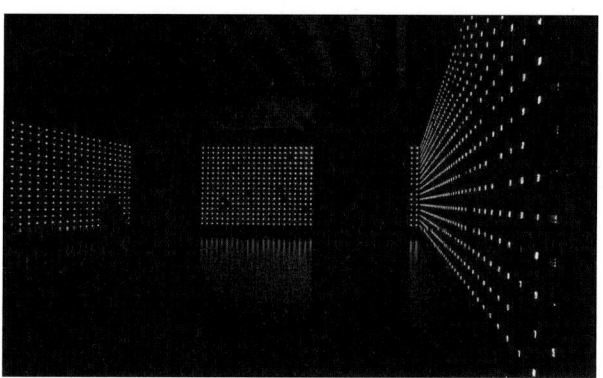

그림 10. 미야지마 다쓰오의 〈메가데스〉, 1999

이처럼 미디어는 시간의 연장, 축소, 확장을 자유롭게 하면서
관객에게 색다른 경험을 하게 한다. 전통 회화처럼 한순간에 집중하게
하기보다는 시간에 따라 변화하는 특성을 통해 회화적 효과 너머의
새로운 가능성을 탐구하게 만들며, 본다는 것을 재정의하게 한다.

미디어아트의 형태와 표현 방법

미디어아트는 회화나 조각 같은 전통적인 형식의 틀 안에서 보여 주는 작품, 영상을 기반으로 하는 설치의 성격을 지닌 작품, 디지털아트의 특성인 과정, 참여 등이 강조된 하나의 정보, 즉 데이터로 된 비물질적 작품 등 표현 형식의 폭이 넓다.

로이 에스콧은 미래의 디지털아트를 '모이스트 미디어(moist media)'라고 전망했다. 매체 간에 유선으로 연결되고 감정 없이 무미건조해 보이는 디지털이 변해야 하는 방향을 생물학적·유전적 성격이 더해진 생물학적 텔레매틱스로 본 것이다. 생활 속 어디에나 컴퓨터가 존재하며 무선에 의해 서로 신경망처럼 연결된 유비쿼터스 시대가 완벽하게 구현되면 생활 공간과 어우러지면서 유기체적 성격을 띤 작품의 출현이 가능할 것이다.

단순했던 초기 미디어 작품들에 비해 현재의 미디어 작품들은 설치물로 만들어지거나 대규모의 공공미술 형태를 띠는 등 규모와 형식 면에서 다양하다.

우선 내용을 보여 주는 스크린의 크기와 형태가 각양각색임을 알 수 있다. 과거의 비디오아트에서는 싱글 채널 작품인 경우에는 TV 스크린을 사용해 내용을 전달했고, 비디오 설치 작품은 여러 개의 모니터를 연결해 제작했다. 비디오 설치 작품은 오브제적 측면과 동영상의 콘텐츠가 함께 어우러져 하나의 작품을 이루기 때문에 스크린이 꺼진 경우 조각에 불과하며 자신이 전하고자 하는 것의 일부만 전할 수 있을 뿐이다. 많은 비디오 설치 작품은 전시 효과를 위해 TV 스크린보다는 빔프로젝터로 작품을 보여 주게 되었고, 여러 대의 빔프로젝터로 전시장 전체를 압도하며 관객을 작품 안으로 끌어들인다. 영상을 이용한 공공미술 작품이 많이 등장하면서 스크린의 크기와 형태에서도 많은 변화가 나타난다. 거대한 건물의 파사드 전체가 스크린이 되기도 하며 입체 형태의 스크린도 등장한다. 건물 파사드 전체를 스크린으로 만든 덱시아(Dexia)빌딩의 거대한 스크린은 LED로 이루어졌으며, 스크린에서는 관객이 전송한 이미지나

데이터 또는 자체 제작한 애니메이션을 상영한다. 건물 파사드를 스크린으로 사용하면 건물의 실제 형태가 변형되고 왜곡되는 것처럼 착각을 일으키기도 한다. 모니터 형태의 스크린도 사각의 평면 틀에서 벗어나 입체적인 모양으로 만들어지기도 하는데 〈나쁜 남자〉(그림 11a)는 얼굴 형상으로 제작된 입체 스크린에 얼굴 이미지를 보여 줌으로써 현실적 감성을 지닌 표정이 더 두드러진다. 삶과 죽음의 느낌과 철학을 표현한 이 작품은 빛에 의해 어둠은 지우고 인간을 가시의 세계로 이끌어 공간과 시간의 개념을 인식시킨다. 컴퓨터 모니터는 이미 웹아트 작품이나 애니메이션을 위한 작은 갤러리가 되었으며, 휴대용 미디어 플레이어, 게임기, 터치스크린과 스마트폰의 등장으로 휴대용 단말기의 작은 화면 역시 작품 구현의 좋은 도구가 되었다. 스마트폰은 기본 휴대전화의 기능에 데이터 통신 기능을 확장시켜 통합한 것으로, 다양한 애플리케이션(응용 프로그램)을 사용자가 원하는 대로 추가할 수 있다. 언제나 무선 인터넷에 접속해 그 콘텐츠를 이용할 수 있고, 원하는 애플리케이션을 직접 제작할 수 있으며, 스마트폰 간에 애플리케이션을 공유할 수도 있다. 최근에는 모바일을 이용한 예술 작품 제작이 활발해졌는데, 〈때밀이: 푸른 물고기〉(그림 11b)는 그중 한 예로 스마트폰을 이용한 작품이다. 전화기 화면 프레임을 작품에 대면 스마트폰이 작품을 인지하고 관객은 화면에 나타난 여자 등에 있는 문신을 때밀이 수건으로 지울 수 있다. 작품에 따라 전화기에 입김을 불어 주기, 전화기 흔들기, 문자 입력하기, 움직이기 등의 행동을 관객이 취하면 그것에 반응해 다양한 작업들이 전개된다. 이 외에도 GPS를 이용한 작업, 앱을 제공하는 작업, 아이폰 카메라가 잡는 이미지를 터치스크린과 회전 센서를 통해 변형하는 작품 등이 만들어진다. 작가는 프로세스를 만들어 작품과 관객을 연결하고 관객은 그것을 완성한다. 〈오케아노스 부표(Okeanos Buoys)〉(그림 11c)는 여러 대의 모바일 기기가 서로 연결되어 물리적·전자적으로 영향을 주고받으며 참여자의 반응에 따라 다양한 변주가 만들어지는 작품이다. 전시장 안에 비치된 전화기에서 나오는 낮은 소리와 변화하는 빛은 어둠의 바닷속에서 부표처럼 끊임없이 변화하며 움직인다. 아이폰의 화면을 만지면 소리가 나고

그 소리는 다른 아이폰에 전달되어 함께 소리를 내는 과정을 통해
연결 네트워크에 대한 은유와 함께 상호 반응 과정을 보여 준다.

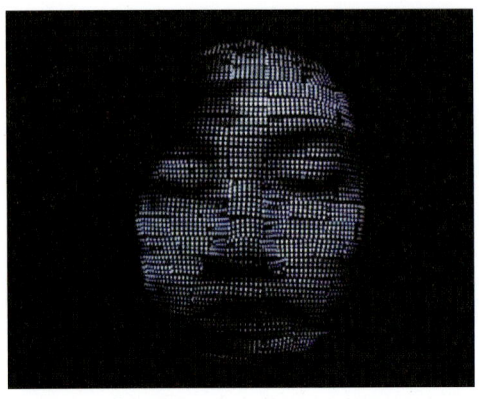

11a

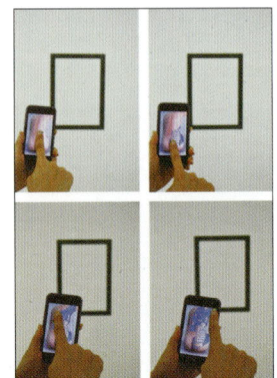

11b

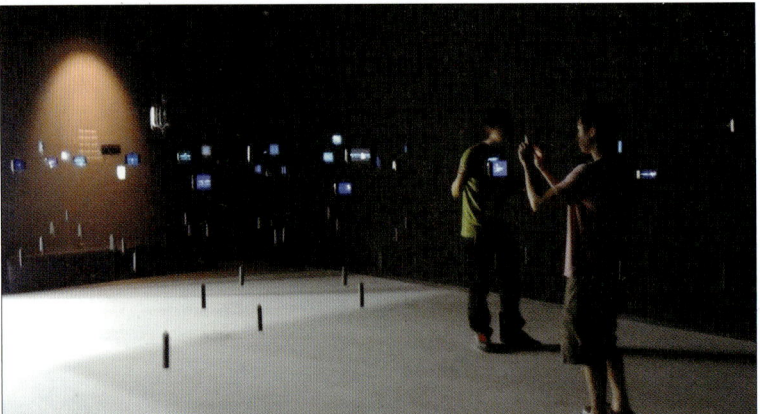

11c

그림 11. 다양한 미디어아트 형태
11a 김형기의 <나쁜 남자>, 2010, 11b 김준의 <때밀이: 푸른 물고기>, 2010,
11c 아카마쓰 마사유키(赤松正行)의 <오케아노스 부표>, 2010

미디어아트에서의 커뮤니케이션

전통적인 예술 작품에서 관객이 정신적 관조에 의해 작품을
이해했다면, 미디어아트에서는 참여라는 육체적 행위를 통해 작품을
탐색하고 작품 완성에 기여한다. 관객은 지각 경험의 주체가 되어
작품에서 다수의 시간과 공간을 체험한다. 관객과 작가의 상상력이
만나고 소통할 수 있게 하기 위해 둘 간의 교량 역할을 하는 여러
인터페이스 장치가 도입된다. 인터페이스는 작품이 제시하는 상황을
지각적으로 경험 가능하게 해 주기 때문에 중요한 역할을 한다.
인터페이스로 사용되는 것에는 간단한 인공 지능을 가진 인공물부터
보편적으로 게임에서 사용되는 조이스틱, 터치스크린, 카메라,
센서(광량, 거리, 적외선, 소리 등에 반응하는 센서), 인터넷, 휴대전화
등이 있다.

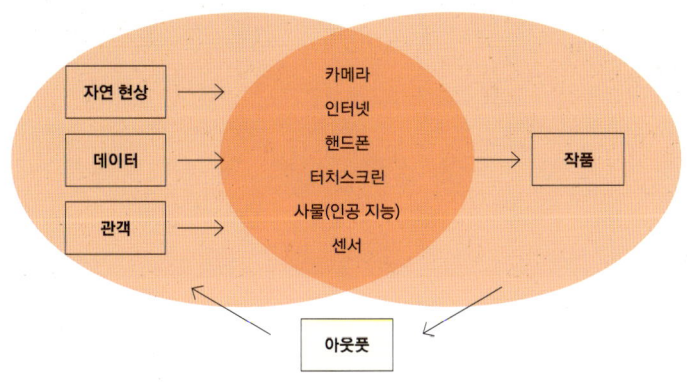

그림 12. 관객과 작품을 이어 주는 매개체

7 —
<셀 폰 디스코(Cell Phone
Disco)>라는 작품은
휴대전화에서 나오는 전자파의
양에 따라 벽에 있는 빛이
리드미컬하게 변화되는
이미지를 보여 준다.

8 —
제이슨 브뤼주 스튜디오
(Jason Bruges Studio)의
<Wind to LED Light> 작업은
작은 LED들이 바람개비에 붙어
바람이 불면 풍력에 의해 빛이
켜졌다 꺼졌다 하면서 밤에
반딧불이가 반짝이는 듯한
효과를 준다.

관객과의 상호작용에 따라 내용이 바뀌는 작품들이 많지만, 그 외에
자연 현상의 변화나 우리 주변을 둘러싼 데이터 흐름을 실시간으로
전송받아 이를 작품에 반영하는 경우도 있다. 이러한 작업들은
우리가 실체로 인식할 수는 없지만, 세계를 지배하는 데이터의
변동을 작품에 끌어들이고 이를 추상적 또는 사실적 이미지로 보여
준다. 휴대전화에서 나오는 전자파[7], 자연의 바람[8], 자동차의 속도와

통행량의 변화[9], 대기오염 물질 등의 데이터가 작품을 변화시키는
요소가 되기도 한다. <보디 네트워킹>(그림 13)은 서울시청의 유해
대기오염 물질 실시간 공개 시스템에서 오는 데이터를 시각화한
작품이다. 대기오염 집중 측정소에서 대기오염물의 위험 수치를
실시간으로 측정한 데이터에 따라 보디 네트워크가 활성화 또는
비활성화된다. 대기 물질이 사람들에게 유해하지 않은 상태가 되면,
뇌, 혈관, 장기로 서로 복잡하게 연결된 몸 전체가 활성화되면서
원활하게 순환한다.

9 —
마커스 러너(Markus
Lerner)의 <세븐 스크린스
(Seven Screens)>는 스크린
7개의 이미지가 교통량의
많고 적음에 따라 변화된다.

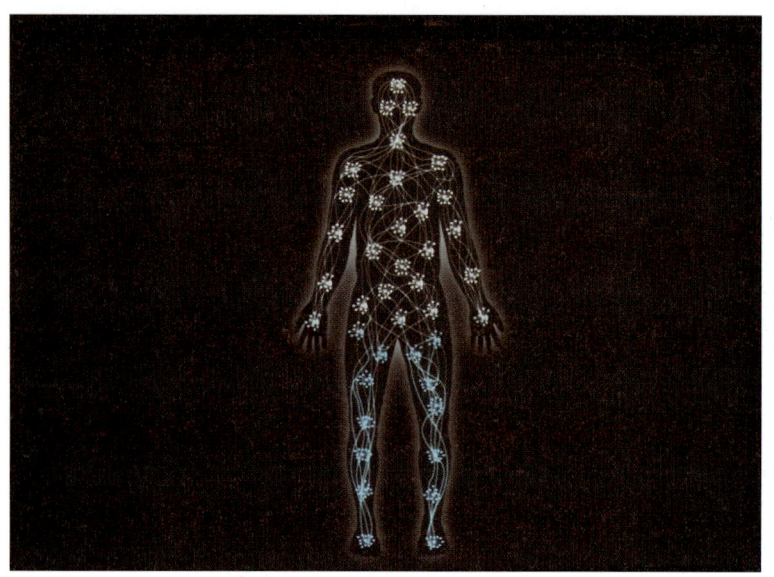

그림 13. 김경미의 <보디 네트워킹>, 2011

그림 14는 주식 시장의 자금 흐름을 실시간으로 보여 주는 온라인
주식 거래 화면과 주식 시장의 금융 정보 변동 데이터를 작품의
변화 요인으로 넣은 작업들이다. 주식의 변화는 인간이 통제할 수
없는, 그러나 우리 사회의 변화를 반영하는 좋은 지표이다. 변수로
설정한 데이터가 실시간으로 바뀌므로 시간성이 중요한 요소가 된다.
이 작품들에서는 지표가 바뀌는 과정, 그것이 이미지화되는 과정이
이미지 자체의 조형성보다 더 중요도를 가진다.
　　<우연한 균형>(그림 14b)은 주식 시장의 실시간 데이터에 의해

나무가 성장하고 소멸한다. 각각의 나무를 한 회사의 주식과 연결해
그 회사 주식의 오르내림에 따라 가지가 뻗고 색이 변화되면서 소리를
내게 되어 있다. <주식 거래 2>(그림 14c)와 <주식+꽃밭>(그림 14d)은
코스닥, 닛케이, 다우존스 등 주가 지수를 바탕으로 작업한 멀티미디어
설치 작업이다. 전자는 TV 모니터로 된 네 개의 기둥에 지붕이
올라앉은 판잣집 형태를 취하는데, 매순간 변화하는 주가에 따라
작가가 촬영한 일상의 모습을 담은 이미지와 소리가 계속 바뀐다.
이 이미지와 소리는 홍콩, 일본, 프랑스, 미국, 독일, 한국의 환율 변동에
따라 정교하게 선택 편집된 것이다. <주식+꽃밭>은 세계의 주가 지수를
실시간으로 보여 주는 영상이 소나무를 거쳐 벽에 비치도록 되어 있는
영상 설치물이다. 주식 거래와 심각한 환경 오염의 문제를 반영하며
우연과 패러독스를 함께 가지는 자연과 증시의 접점을 보여 준다.
린 허시먼(Lynn Hershman)의 <신시아>라는 작품 역시 신시아라는
가상 캐릭터를 만들어 가장 최근의 주식 시장 가격 변동에 따른
캐릭터의 행동 변화를 영상으로 보여 준다. 값이 오르면 춤을 추고
떨어지면 책상에 걱정스럽게 앉아 있기도 한다.

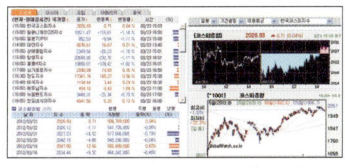

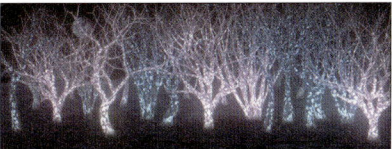

14a

14b

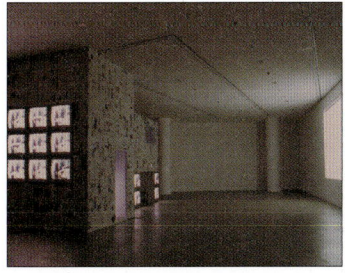

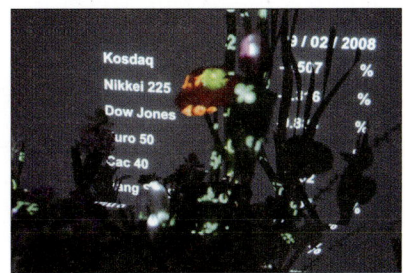

14c

14d

그림 14. 주가 지수와 주식을 주제로 한 작품들
14a 주가 지수, 14b 뭔의 <우연한 균형>, 2009, 14c 김순기의 <주식 거래 2>, 2000,
14d 김순기의 <주식+꽃밭>, 2008

앞에서 살펴본 작품들처럼 미디어아트에서 사용되는 매체는 끊임없이 변화했다. 종종 도구의 한계에 갇히는 경우도 있지만 미디어아트의 궁극적인 목적은 작가의 생각을 전달하는 것이다. 미디어 매체들은 완성된 아이디어를 보여 주기 위한 수단으로 사용되기도 했지만, 한편으로는 작가의 사고의 폭을 넓혀 주고, 사고 과정에 개입해 주도적 역할을 하기도 한다. 매체만을 부각하기 위한 작품이나 내용 없이 그 자체의 기술적인 현란함만이 강조될 경우 공허해지기 쉬우므로 매체는 작품 속으로 자연스럽게 녹아 들어가야 한다. 더불어 기술적 가치보다는 인간의 감성과 이성을 건드릴 수 있는 면이 우선시될 때 예술로서의 호소력은 더욱 커질 것이다.

디지털 작품의 경우 작가는 작품에 대한 아이디어를 내고, 그 나머지 프로세스는 관객과 컴퓨터의 알고리즘에 의해 진행되어 완성되는 경우도 많아 작가 외에도 여러 요소가 복잡하게 얽혀 작품이 완성되는 경향은 더욱 강해질 것이다.

초기에는 하나의 매체를 사용해 하나의 작품을 만들었다면, 최근의 미디어아트에서는 컴퓨터, 비디오, 네트워크 등 디지털 기기가 모두 동원되어 하나의 작품이 완성되므로 여러 매체 간의 융합과 함께 미디어 간의 경계도 모호해졌다.

물리적 조건에 기반을 둔 특수성이 상실되고 이미지가 상영되고 수용되는 매체 고유의 차이도 없어져 간다. 미디어아트는 과거와 달리 대상 중심에서 정보 중심 작업으로 변화했고 소통의 방식은 독백에서 대화의 형식으로 바뀌었다. 관객과 작품을 연결해 주는 인터페이스는 더욱 중요해졌다. 그에 따른 고민도 늘어나면서 관객과의 소통을 위해 작품에 오락성이 첨가되고 변용의 가짓수가 많은 게임의 법칙을 차용하기도 한다. 미디어아트가 발전하면서 예술과 테크놀로지, 예술과 디자인, 고급 예술과 대중 예술이라는 대립 관계의 경계는 모호해지고 상호보완적으로 변화되고 있다.

기초조형 Communicating 과제

- 미디어 작품을 감상한 다음 실재 공간과 가상 공간이
  어떻게 연결되어 관객과 상호작용하는지 알아보자.

- 매체를 위해 변형, 이동, 생산되는 이미지들이
  기존 매체에 기반을 둔 이미지들과 어떻게 다른
  형식의 영상 미학과 문화를 만들어 내는가?

- 비디오아트의 경우 아날로그 형식이 디지털로
  바뀌면서 작품에서 어떠한 변화가 나타났는가?

- 현재 나와 있는 미디어 중에 작품에 사용하고 싶은
  것을 골라 왜 그 매체를 골랐으며 매체의 어떠한
  특성을 예술 작품에 활용할지를 생각해 보자.

- 작품을 감상하는 데 매체가 사용자의 경험을
  어떻게 변화시켰나?

- 현대 미디어 작품에서는 매체의 특수성이
  활용되기도 하고 특수성이 사라지고 융합되기도
  한다. 어떠한 매체를 사용할 때 이러한 특징이
  두드러지는가?

- 고정된 작품과 끊임없이 변화하는 작품이 주는
  차이에 대해 이야기해 보자.

4

공간조형의 메시지

공간조형

공간조형의 시각

공간조형

오랜 역사 동안 인간은 다양한 모습의 공간과 함께 생활해 왔다.
이러한 공간들 속에서 우리는 '조형'이라는 단어를 얼마나 가깝게
체험할 수 있는가? 공간 속에서 조형은 인지적·연상적·감성적 지각
대상이 된다. 어떤 의미를 내포하거나 정서적으로 좋은 느낌을 주기도
한다. 또한 조형은 공간 속에서 안전하게 생활하며 소정의 목적을
이루며 살아가야 하는 인간에게 필요한 정보가 되기도 한다.

공간조형은 각 시대와 장소에서 일어난 진정한 삶의 요구이자
흔적이므로 자신이 서 있는 자리에서 직설적이지는 않지만 매우
힘 있고 무게 있는 소통을 묵묵히 시도한다. 고대 파르테논신전의
돌기둥 사이를 거닐 때와 같이 안도 다다오(安藤忠雄)가 설계한 제주
휘닉스아일랜드의 돌계단 사이를 거닐 때도, 조형의 메시지는 시간의
울타리를 넘어 우리에게 감동으로 전해진다. 인간을 감동시키는 조형의
탄생은 적절한 조형 요소의 선택과 그 요소들 간의 다양한 관계를
이끌어 내는 조형 원리에 의해 이루어진다.

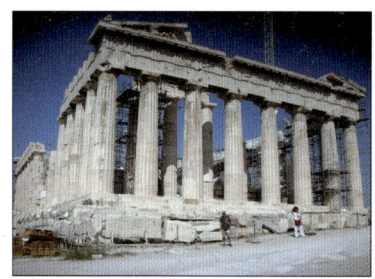

그림 1. 파르테논신전, 아테네

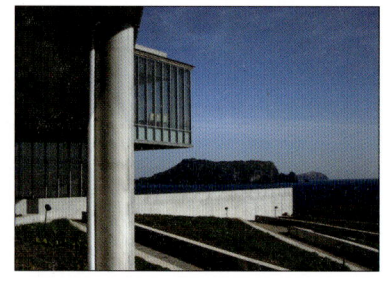

그림 2. 글라스하우스, 제주 휘닉스아일랜드

아름답고 쾌적한 환경을 향유하는 것은 인간의 기본적 욕구이다. 그리고 그것은 환경을 계획하는 사람들이 이루어 가야 할 가장 궁극적인 목표이기도 하다.

최근 들어 다양한 매체를 통해 인간의 감각 중 미각에 대한 관심이 높아지는 것을 알 수 있다. 국내외를 막론하고, 스타 셰프를 위한 컴피티션(competition)이나 색다른 음식을 소개하는 TV 프로그램을 접하기란 그다지 어렵지 않다. 독창적이며 새로운 음식을 즐기는 미각의 향연은 인간에게 허락된 행복 중 하나일 것이다. 많은 사람에게 사랑을 받는 음식의 배경에는 신선하고 질이 좋은 재료와 솜씨 좋은 요리사가 있게 마련이다. 동일한 재료일지라도 어떻게 요리하는지에 따라 결과가 달라지듯이, 공간조형에서도 '무엇(what)'과 '어떻게(how)'의 문제가 중심적으로 다루어진다. 우리가 조형에서 흔히 말하는 '요소'와 '원리'는 바로 무엇을 가지고 어떻게 만들어 가는지에 대한 문제를 푸는 열쇠가 된다.

시각의 전환

일상의 시각으로 주변의 환경에서 기본적 조형 요소가 어떤 것이며 그것들이 어떠한 관계를 맺고 있는지 파악하기란 쉽지 않다. 공간이라는 범주에 담긴 구성 요소의 실체와 그 상호 관계에 대한 이해, 조작은 바로 디자이너에게 요구되는 조형 작업의 근본이 된다. 공간이란 다양한 종류의 요소가 상호 의존적 관계를 가지며 구성되므로 이들 요소 간의 관계 역시 복잡할 수밖에 없다. 요소들 간의 '관계 맺기' 과정에서 적절한 관계를 이끌어 내는 방법을 '조형의 원리'라고 한다면, 복잡한 요소들의 관계 맺기를 하는 과정에서 의도대로 조형의 원리를 구사한다는 것은 공간 디자이너에게 주어진 쉽지 않은 과제라 할 수 있다.

기초조형의 관찰과 탐색을 통해 디자이너의 창작 과정 중에 적용된 요소와 원리의 비밀을 찾아보는 일은 조형을 통한 소통을 자유롭게 하기 위한 가장 기본적인 첫걸음이 된다. 시각의 전환을 통해 무심하게 지나치던 일상에서 보이지 않던 조형의 요소와 원리를 새롭게 발견하고 해석해 보자.

시각의 전환은 동일한 대상을 보더라도, 각 사람에게 보이고
해석되고 전달되는 조형적 메시지는 다를 수 있다는 것이다.
공간조형을 다루는 사람들은 이렇게 시각적으로 소통되는 조형
메시지를 민감하게 읽어 내야 한다. 조형 메시지를 잘 파악하려면 우선
조형적(직관적) 시각으로의 전환이 필요하다.

'본다'의 의미

루돌프 아른하임(Rudolf Arnheim, 1995)[1]은 '본다(see)'라는 행동을
하나의 '시각적 판단(visual judgement)'으로 정의했다. 있는 그대로의
대상을 기록하는 사진기와 같이 단순하며 수동적인 접수의 과정이
아니라 더 능동적인 탐색의 과정이라는 점에서, '행동적인 작업'으로
해석될 수 있다는 것이다. 일상생활에서 '본다'의 행위란 걷거나 행동을
하기 위해 주변 사물의 위치를 정확하게 파악하는 것과 같은 일종의
오리엔테이션 작업으로 생각할 수 있다. 그러므로 주변의 환경을 볼 때
우리는 다분히 선택적이 된다. 자신의 주의를 끄는 것, 흥미로운 것에
먼저 눈의 초점을 맞추며 우선적으로 지각하게 된다. 실제로 산의
능선과 같은 대상의 두드러진 하나의 특징만을 파악한 것으로 우리는
산 전체를 보았다고 생각하는 것이다.

케빈 린치(Kevin Lynch, 1960)[2]는 사람들이 환경을 인지할 때,
각자 저마다의 방식으로 특성을 지각하고 기억한다고 말했다.
이를 '심상화(imageability)'라고 하는데, 동일한 물리적 환경일지라도
사람들이 모두 이를 동일하게 보는 것이 아니며, 자신에게 편리한
방법이나 사물을 택해 한 번 혹은 여러 번 지나쳤던 환경을 지각하고
기억하게 된다는 것이다.

조형적(직관적) 시각

주변 공간에서 점, 선, 면, 입체와 같은 기본적 조형 요소들을
찾아봄으로써 공간조형의 구조를 쉽게 파악할 수 있는 조형적(직관적)
시각으로의 전환이 가능해진다.

다음 이미지들을 비교해 보자.

1 —
1904년 출생한 독일의
미술비평가이자
예술심리학자로 저서에는
『예술과 시지각』이 있다.

2 —
도시설계가로서 저서 『도시의
이미지(The Image of the
City)』에서 도시를 파악하는 데
이미지가 중요하다고 주장했다.
그는 도시 이미지 구성 요소를
도로, 경계, 결절점, 지역,
랜드마크(path, edge, node,
district, landmark)의
다섯 가지로 정의했다.

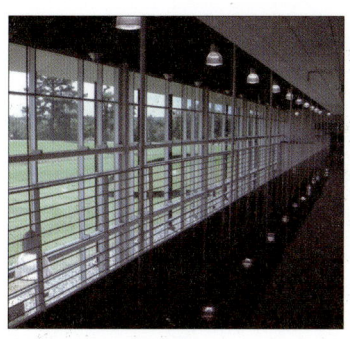
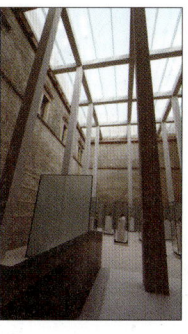
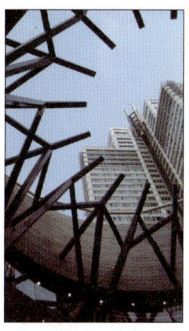

그림 3. 기아자동차 트레이닝센터, 애틀랜타 　　**그림 4.** 베를린신박물관 　　**그림 5.** 시티세븐, 창원

이들은 모두 '직선'이라는 동일한 범주의 조형 요소들로 이루어졌지만 어떤 성격의 '직선'이 사용되었는지, 그리고 그것들이 어떤 관계로 배치되고 결합되었는지에 따라 서로 다른 느낌을 소통한다.

　　그림 3의 공간에서는 좁은 간격으로 평행 배열된 가늘고 섬세한 '직선'과 약간 굵고 거친 '직선'이 교차하는 형상을 볼 수 있다. 실제로는 창문에 설치된 '펜스'이지만, 이를 다양한 간격으로 구성된 '직선'의 나열이라는 조형적 시각으로 해석할 수 있다. 이와 같이 '펜스'라는 개념적 시각과 '직선'의 나열이라는 직관적 시각 모두 공간을 보는 방법으로 가능한데, 조형 메시지를 읽거나 전달하는 데 도움이 되는 것은 바로 직관적 시각이다. 그림 4의 수직 기둥과 수평 보, 그리고 그림 5의 옥외 프레임 역시 '직선'의 요소로 해석이 가능하며 이들의 모습은 그림 3에서 보이는 직선과는 다른 느낌을 전달함을 알 수 있다.

　　굳이 정직한 직선적 소재를 사용하지 않더라도 드러나는 형상에 따라 직선적 요소로 해석되는 경우도 있다. 그림 6에서 나타나는 천장에 위치한 조명은 속도감 있게, 그리고 확고하게 공간을 가로지르는 하나의 가늘고 긴 선으로 느껴진다. 그림 7의 벽면 디스플레이는 이미지가 실사된 반투명 평면 아크릴이지만 비례에 의해 굵직한 직선들이 평행하게 배열된 형상으로 보인다. 또한 그림 8의 보도블록 패턴은 점선 형상으로 파악된다.

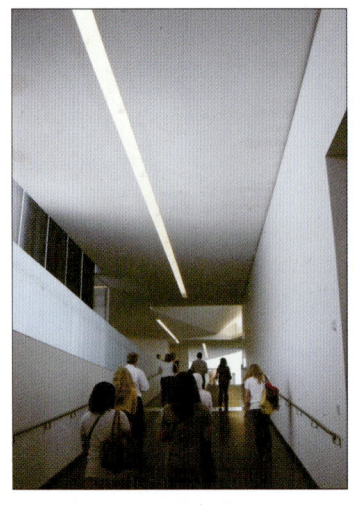

그림 6. 강렬한 움직임을 수반하는 직선적 천장 조명

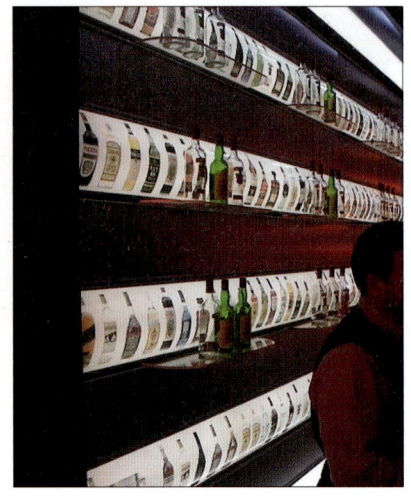

그림 7. 굵은 평행선으로 해석되는 벽면 디스플레이

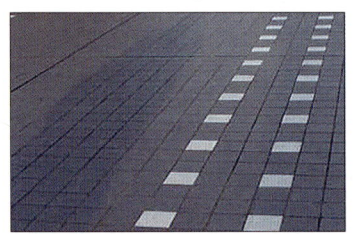

그림 8. 점선으로 지각되는 보도 포장의 패턴

이와 같은 이미지들은 야외 펜스, 창문의 틀, 천장의 조명, 디스플레이 케이스, 보도블록 등 서로 무관한 개념적 개체들로 인식될 수 있지만, 이들을 조형적 시각으로 전환한다면 서로 다른 성격과 느낌을 수반하는 동일한 '직선'의 요소들로 파악된다.

우리는 습관적으로 공간을 구성하는 사물을 창문, 계단, 탁자 등의 개념적 혹은 기능적 요소로 지각하려는 경향이 있다. 그러므로 공간 속의 사물을 조형적 요소나 그들의 관계로 이루어진 조형적 구조로 파악하는 조형적(직관적) 시각으로 의도적 전환이 필요하다.

공간을 조형적으로 파악하는 시각으로의 전환은 기초적이며 단순한 대상으로부터 출발한다면 그리 어렵지 않게 이루어질 수 있다.

— 직선

직관적 시각으로 접근해 보면, 동일한 직선의 요소일지라도 상이한
방법의 구성에 의해 다른 느낌의 메시지를 전달함을 알 수 있다.
그림 9의 건물 파사드에서 수직선의 배열은 생동적이며 가벼운 느낌을
전달하는 데 반해 그림 10의 투박한 수직 기둥들은 힘차고 무거운
남성적인 느낌을 전달한다.

조형적 시각이란 주변 환경을 조형이라는 하나의 다른 질서의
세계로 읽어 내는 것이다. 즉 주변 사물을 기능이나 역할로서가 아니라
기초 조형적 요소로 환원해 이해하는 것이다. 이는 개념적 시각에서
직관적 시각으로의 전환을 의미하며, 요소들 간의 관계를 읽고 자신의
의도를 표현하는 조형 활동에서 매우 중요한 기본적 훈련이다.

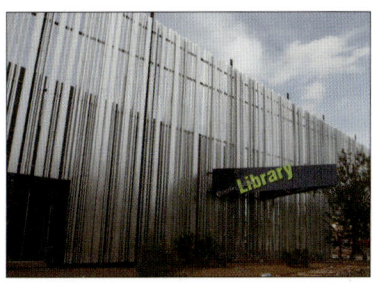

그림 9. 애리조나주립대학 도서관

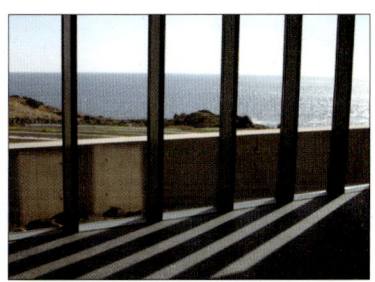

그림 10. 글라스하우스, 제주 휘닉스아일랜드

다수의 훌륭한 디자이너의 작품에서 볼 수 있듯이 그들의 풍부한 창조
원동력은 기초조형에 대한 깊은 이해에서 비롯된다. 조형적 시각으로
전환된다면 각양각색의 사물이 혼재하는 공간 속에서 기본적인
구조를 이해하는 것이 가능해진다.

— 지우기

모더니즘의 건축가, 화가, 공예가들은 공간 속에서 조형 요소들을
명쾌하게 드러내기 위해 빅토리아 양식의 과도한 표현과 장식의
혼합체로부터 '지우기'의 방법을 시도해 기본적인 조형의 구조를
가려내고 구조미의 우월성을 세상에 보급했다.

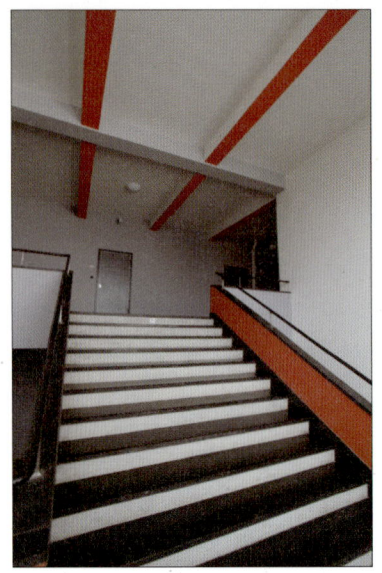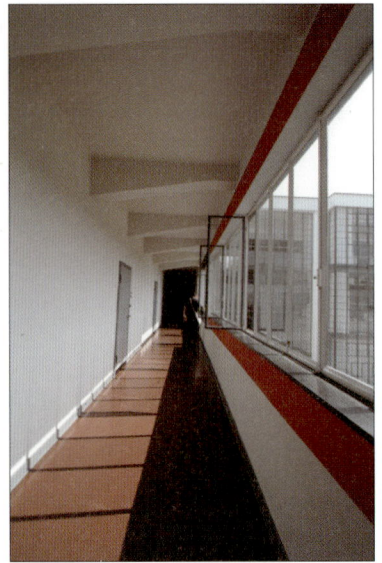

그림 11. 모더니즘 정신이 살아 있는 바우하우스 건물 내부

일반적으로 우리의 시각은 사물의 표면적 자극에 우선적으로
반응한다. 그러므로 표면적 자극 이상의 형태 구조를 파악하는 것은
한 단계 진전된 시지각의 단계라고 할 수 있다. 일상적 시각에서 먼저
지각되는 색, 문양, 질감과 같은 표면적 자극들을 배제하고, 추상적이며
기하학적인 기본 형태들로 공간을 환원해 보는 '지우기'의 과정은
공간의 기본 골격이나 구조를 파악하는 데 도움이 된다.

기초조형 Communicating 과제

'지우기' 연습
주변 환경에서 친근한 하나의 대상을 설정하고 먼저 눈에
들어오는 색, 문양, 질감과 같은 부수적 표면 요소들의
'지우기'를 거쳐 추상적이며 기하학적인 기본 형태들로
환원해 보자. 이를 통해 기본 골격과 구조를 파악하는
조형적 시각을 훈련할 수 있다.

```
우리에게 보이는 환경  →  부수적 요소 '지우기'  →  기초조형 구조로 환원
```

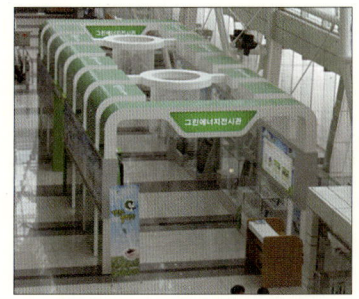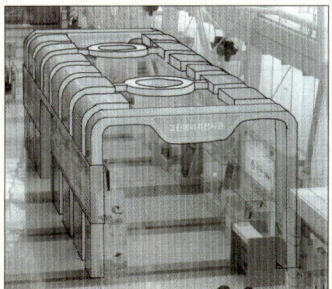

그림 12. 사인, 색채 등 디테일한 표면 요소 지우기

면의 발견

공간에 내재하는 면적 요소로서의 삼각형, 사각형, 원과 같은
기본 형태들을 찾아보고 이들의 숨겨진 의미(메시지)를 읽어 보자.

공간을 형성하는 요소들은 다양하고 복잡하게 얽혀 있으므로,
이들을 구성하는 기본적인 형태들을 파악함으로써 조형을 이해하고
분석하는 시각을 가질 수 있다.

삼각형

도쿄에 위치한 종합 전시관인 빅사이트(Big Site)[3]는 일본 사무라이의
전통 복장을 상징화한 건축물로서 거대하고 개성적인 외관이 특징이다.
어깨의 직선이 강조된 무사들의 복장에서 착안된 거대한 역삼각형
매스(mass)는 보는 이를 압도하는 위엄과 웅장함을 자랑한다. 그러나
더 세밀한 조형적 시각으로 실내외 공간을 살펴보면 외관과 같은
삼각형 형태가 공간 요소마다 기본 모티브로 적용되었음을
발견할 수 있다.

3 —
빅사이트는 1996년 4월
도쿄 오다이바 지역에 개장한
일본 최대 규모의 국제
전시장이다. 총 58미터의
높이로, 네 개의 웅장한
역피라미드형으로 구성된
외관과 열 개의 전시 홀로
이루어졌다.

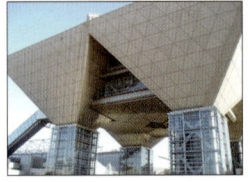
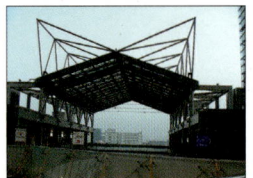
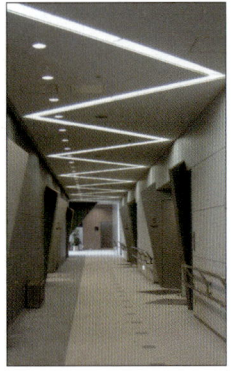
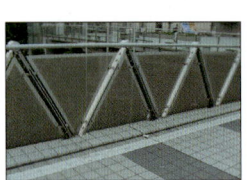
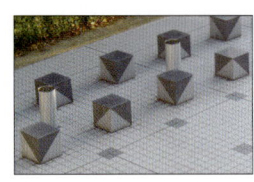

그림 13. 도쿄 빅사이트에 적용된 삼각형 조형 요소

빅사이트에서 보이는 삼각형 요소와는 달리 그랜드캐널스퀘어(Grand
Canal Square)나 워싱턴 국립미술관(The National Gallery of Art)의
삼각형 요소들은 다른 느낌과 메시지를 전달한다. 전자의 삼각형은
정형의 동일한 조건과 규칙적인 구성을 가지는 데 반해, 후자의

것은 불규칙적이며 일그러진 기하학적 형태가 파형적으로 구성되어
불안감과 긴장감을 전파한다.

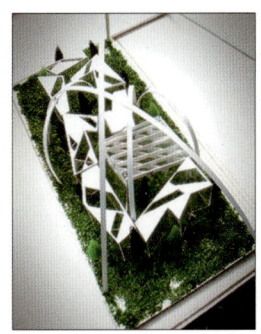 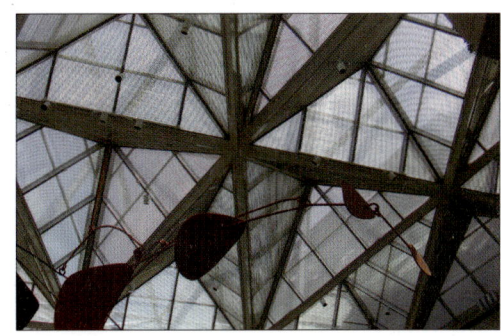

그림 14. 그랜드캐널스퀘어, 더블린[4] **그림 15.** 국립미술관, 워싱턴[5]

4 —
그랜드캐널스퀘어는 더블린
사우스 도크랜즈 중심에
위치한 38만 스퀘어피트의
상업 문화 복합 공간으로서
세계적인 건축가 다니엘
리베스킨트(Daniel
Libeskind)가 설계했다.
더블린의 상징인 기쁨과
드라마를 표현하는 매우
다이내믹한 볼륨을 자랑한다.

5 —
워싱턴 국립미술관은 두 개의
건물로 구성되는데, 135개의
전시실을 갖춘 서관은 존 러셀
포프(John Russell Pope)의
설계로 1941년, 동관은
I. M. 페이(I. M. Pei)의 설계로
1978년 완공되었다. 단순성과
엄숙함을 표출하는 신고전주의
기존 건물과 예각으로 처리된
대리석 벽체 등 현대적 건물의
조화가 뛰어나다.

리듬의 관계

이와 같은 공간에서 나타나는 삼각형 요소들은 서로 다른 느낌을
생성하는 방향으로 구성되었으나, 모두 단일 형태가 반복됨으로써
리듬이 나타나는 것을 발견할 수 있다.

　구축 환경의 속성은 일정한 크기의 단위(unit) 소재를 반복해
큰 규모의 구조체나 넓은 면적을 조성하는 것이 일반적이기 때문에
단위 요소 반복에 의한 리듬의 생성은 굳이 의도하지 않더라도
대부분의 공간조형에서 자연적으로 일어난다. 구축 환경을 조성하는
소재의 대부분이 내구성을 위해 일정 강도와 이에 따른 무게가 있어
이들을 운반, 보관, 가공하기에 적절한 크기와 형태를 고려한
단위 소재 사용이 불가피하기 때문이다.

　전통 가옥의 담벼락이나 지붕을 살펴보면 벽돌, 기와 등의
반복으로, 고층 건물의 경우 개구부와 벽체의 반복으로 특유의 리듬이
나타나는 것을 알 수 있다. 따라서 공간조형을 다루는 사람들은 자신이
어떠한 리듬의 관계들을 만들어 내며 이들을 통해 어떠한 느낌과
메시지가 전달되는지에 대한 이해가 우선 필요하다.

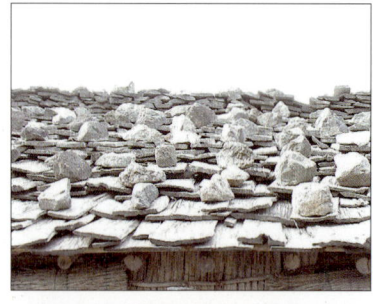
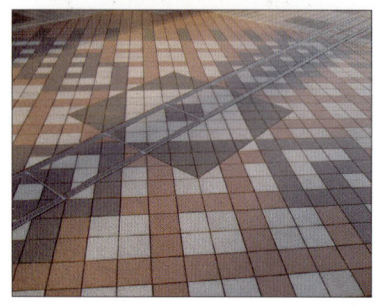
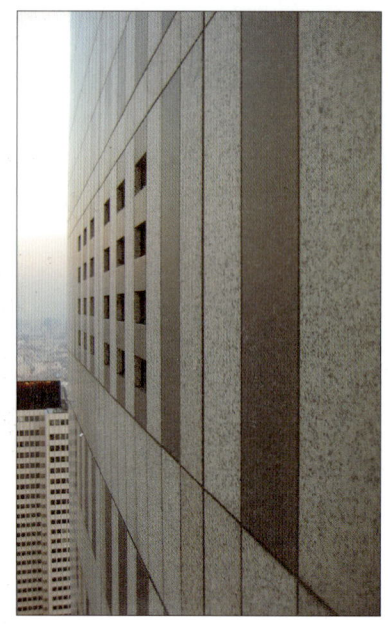

그림 16. 단위 소재의 반복적 배열에 의한 리듬 생성

리듬이란 일정한 박자로 진행되는 시간적 감각과 연관된 관계를
지칭하며 진행감, 운동감, 활력감 등의 느낌을 창출한다. 다양한 음악을
연주하듯 형태, 선, 색채 등 조형 요소들의 관계 설정에 의해 시간적
진행감과 활동감을 전하는 것에 리듬의 원리가 사용될 수 있다.

규칙적 반복에 의한 리듬

가장 쉽게 만들어지는 리듬의 관계는 요소들의 규칙적인 반복에 있다.
선, 면, 매스 등 각 조형의 요소들은 단순한 반복에 의해 강한 리듬의
관계로 구성되며 이를 통해 마치 살아 있는 듯한 생명감과 운동감을
송신할 수 있다.

　기둥, 창문, 가구의 반복적 나열은 손쉽게 공간 내 리듬의 법칙에
의해 요소들의 관계를 견고하게 조합하게 한다. 그리고 이들 반복되는
요소의 특성이나 반복되는 방법, 간격 등에 의해 각기 다른 성격의
공간 메시지가 만들어진다.

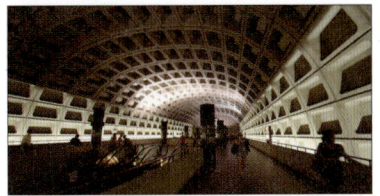

그림 17. 타이베이역, 타이완

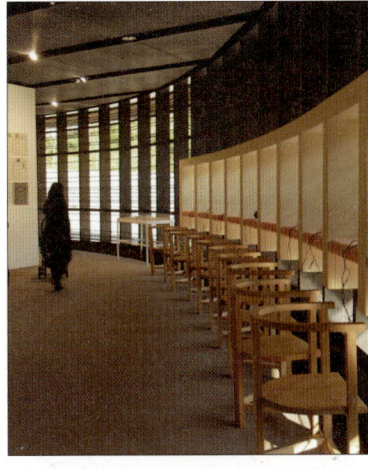

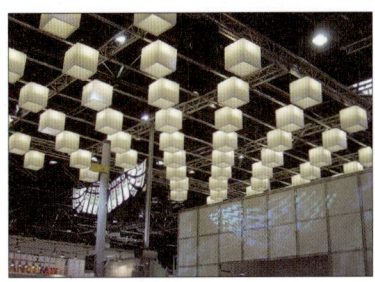

그림 19. 갤러리PI차이나타운역, 워싱턴

그림 18. 백남준미술관, 용인시

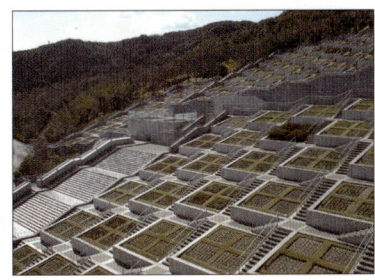

그림 20. WWM 시스템, 유로숍 2005

그림 21. 아와지 유메부타이, 일본 효고현[6]

6 —
일본 효고현 아와지 섬 동쪽
해안을 바라볼 수 있는
28헥타르의 대지에 온실
식물원, 야외극장, 레스토랑,
국제 회의장, 호텔 등이 들어선
복합 문화 리조트 시설로서
안도 다다오가 설계했다.
이 외에도 백단원을 비롯해
여러 개의 개성적인 정원이
연결되어 회유식 정원과 같이
구성되었으며 높은 곳에서는
유메부타이와 오사카만을
한눈에 바라볼 수 있다.

유동적 형태에 의한 리듬

때로는 반복되는 요소의 특성에 따라 색다른 리듬감이 표현되기도
한다. 예를 들어, 흘러가는 듯한 유동성을 가진 곡선을 사용할 경우
더욱 부드러운 리듬감을 전달할 수 있다.

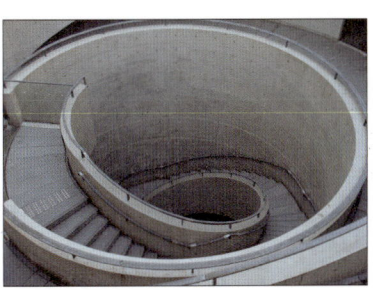

그림 22. 효고현립미술관, 일본 고베시

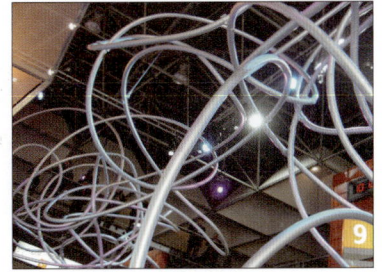

그림 23. Module, 유로숍 2005

비트의 생성에 의한 리듬

요소 자체의 크고 작음의 관계에 따라 반복적 관계에 변화를 줄 수 있는데 이러한 변화에 의해 만들어진 비트(beat)감은 더욱 섬세하고 재미있는 리듬감을 창출할 수 있다.

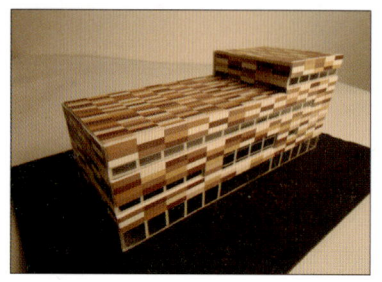

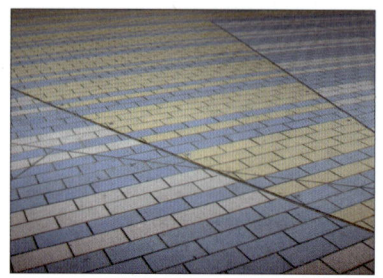

그림 24. 학생 작품

그림 25. 스타의 거리, 홍콩

패턴

패턴이란 단위 요소들의 반복적 배열 방법에 의해 만들어지는 평면적 표정이다. 자연, 사물 등의 구체적 형상을 소재로 택하거나 문양이나 상징을 쉽게 담을 수 있는 평면적 패턴은 입체 조형에 조합되기도 하는데, 속성상 구체적인 내용을 전달할 수 있는 정확한 표현 도구가 된다.

구마 겐고(隈研吾)[7]는 반복적 요소를 사용해 다양한 패턴의 언어를 훌륭히 구사하는 건축가이다. 도쿄 근교의 호샤쿠지역 천장 부분은 속이 빈 콘(cone)과 같은 형태의 유닛이 배열되어 독특한 경관을 자아낸다. 이들 패턴의 언어는 역동적 리듬과 함께 다른 어떠한 요소들도 제압할 수 있는 강력한 파워를 발산한다.

7 —
1954년 출생해 도쿄대 교수를 역임하고 세계적인 건축가로 활동 중이다. 소재에 대한 섬세한 감각을 중점적으로 표현하는 그는 산토리미술관, 히로시게미술관, NTT빌딩 등을 설계했다.

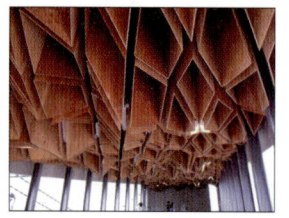
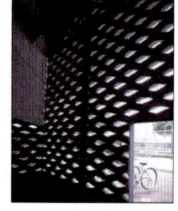
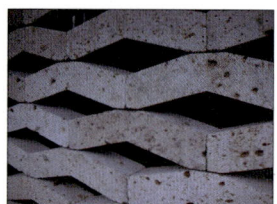

그림 26. 호샤쿠지역, 일본 도치키현

리듬 만들기

공간조형에서는 일정한 크기의 마감 재료를 배열해 붙여
나감으로써 넓은 면적의 벽, 바닥, 천장을 완성하는 것이
일반적이다. 이들 유닛을 배열하는 방법에 따라 다양한
비트를 가진 리듬을 손쉽게 만들 수 있다.

- 일정한 면적에 동일한 크기의
  정사각형 유닛을 배열한다.
- 유닛에 검은색으로 표시해
  기초적인 리듬을 만들어 본다
- 만들어진 리듬의 느낌을 적어 본다
- 유닛의 간격, 표시하는 면적, 유닛의 수, 연결 방법
  등을 달리하면서 다양한 리듬을 만들어 본다.

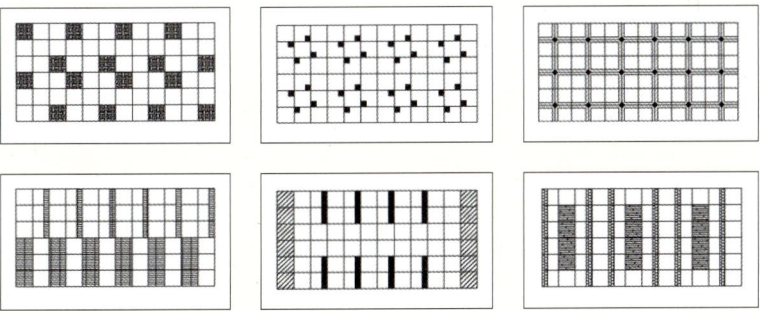

그림 27. 모듈에 의한 리듬, 학생 작품

원

원형의 요소들을 공간조형으로 끌어들인 예는 우리 주변에서 심심찮게
발견할 수 있다. 정원(正圓)의 형태는 예로부터 완전함을 의미해
권위적이거나 영속성과 관련된 공간조형에 자주 도입되었다.

로마 시대에는 건축 기술의 발달에 따라 정원을 입체화한 돔(dome)
형식의 천장 형태가 나타났으며, 대표적 사례인 판테온(Pantheon)은
지상의 세계로부터 벗어나 천상으로 안내되는 듯한 공간적 경험을
제공한다.

한 국가의 입법이나 사법, 행정의 중심이 되는 시설과 같은
건축물에서도 이러한 정원의 형태가 자주 도입되는 것을 볼 수 있다.
이들 건축에서 중심에 있는 완전한 원은 어느 곳으로도 치우치지
않은 세상의 중심이 됨을 의미하는 동시에 정의의 실현에서 요구되는
완전함의 메시지를 가장 잘 표출하는 조형언어임을 알 수 있다.

그러나 이러한 정원의 형태를 변형할 경우, 근엄하거나 영속적인
종교나 절대 권력의 표현은 사라지고 시각적 즐거움을 주는 흥미로운
공간 경험으로 유도할 수 있다.

롯폰기힐스나 크링과 같은 상업적 기능의 공간에서는 이에 걸맞게
곡면, 곡선과 같은 자유로운 원형의 요소가 고유의 속성을 드러내면서
다른 성격의 요소들과 유쾌하게 어우러지는 것을 볼 수 있다.

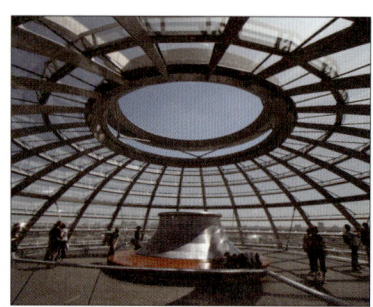

그림 28. 베를린 국회 의사당

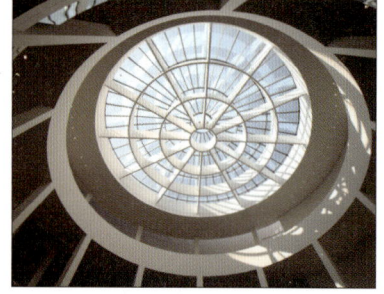

그림 29. 현대미술관, 뮌헨

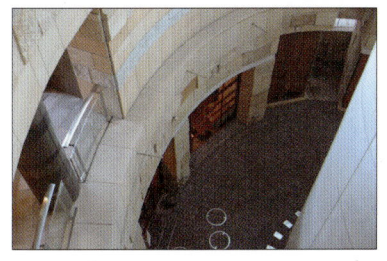

그림 30. 롯폰기힐스, 도쿄

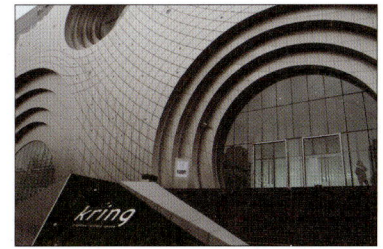

그림 31. 크링, 서울

균형의 관계

균형이란 중력에 의해 형성된 인간의 감각과 관련되며 요소 간에 작용하는 힘의 관계와 밀접한 원리이다. 시각적 대상을 바라볼 때 의식되는 힘들은 시각 중추에서 작용하는 물리적인 힘의 등가물로 볼 수 있다. 이는 시각적으로 느껴지는 무게에 의한 수평 저울대와 같은 감각으로서 대칭적 균형과 비대칭적 균형의 관계를 가진다.

대칭적 균형

대칭적 균형의 관계는 양쪽의 무게와 상태가 동일해 불변적 힘의 평형 관계를 이룬다. 따라서 대칭적 건축물은 정적이며 불변적인 메시지를 전달한다. 과거 궁궐, 정부청사, 국회의사당 등 권위적인 장소, 법원, 재판소와 같은 불변의 정의를 전하는 장소, 신전, 종교 건물 등 영원불멸성의 장소, 박물관, 대학, 도서관과 같은 불변의 진리를 전하는 장소, 은행, 증권사 등 변화나 유연성이 배제되어야 하는 장소에 적절한 메시지들을 전한다.

— 대칭적 균형의 사례

8 —
미국의 제3대 대통령 토머스 제퍼슨을 기리기 위해 1943년 완공되었다. 신고전주의풍 건축 양식의 건물로 원형 대리석 계단, 주랑 현관, 이오니아식의 원형 열주, 낮은 돔형 지붕 등을 갖추었다.

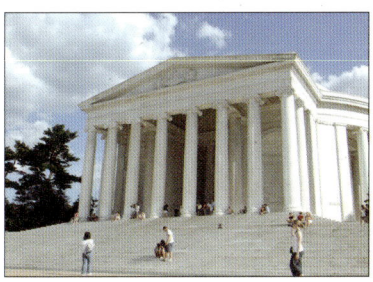

그림 32. 제퍼슨기념관[8], 워싱턴

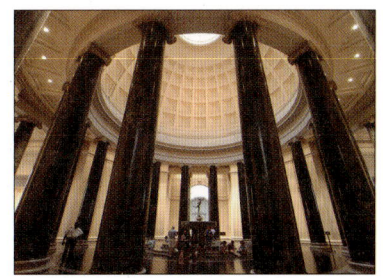

그림 33. 국립미술관, 워싱턴

비대칭적 균형

반면 현대적 감각을 소통하는 힘의 관계는 어느 정도의 긴장과
변화의 기류를 만들어 내는 비대칭적 균형의 관계이다. 각 요소들이
서로 어긋난 위치에서 어느 정도의 균형적 상태를 유지하는 경우,
고정적이며 안정된 느낌보다 다이내믹하고 유동적인 공간으로
느껴질 수 있다.

—   비대칭적 균형의 사례

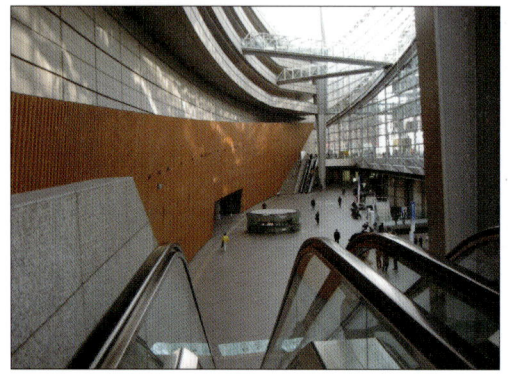 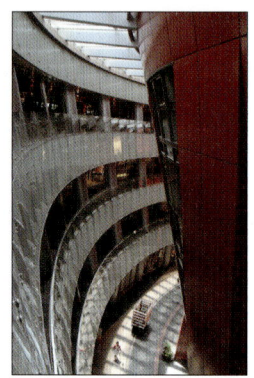

그림 34. 도쿄포럼   그림 35. 리버워크, 후쿠오카

입체 읽기

주변의 환경을 면밀히 관찰해 보면 평면적인 형태들은 그다지 힘들지
않게 읽어낼 수 있을 것이다. 그러나 입체적 형태들이 가지는 순수한
아름다움을 찾아내려면 우리의 눈길을 현혹하는 색, 질감, 조명,
그래픽, 사인 등의 요소들을 배제하고 아른하임이 언급한 것과 같은
다분히 선별적 시각에 의한 의도적인 노력이 필요하다.

부가적 요소를 배제하고 공간조형에서 읽히는 기본적인 입체적
형태는 매스와 볼륨으로 이루어진다. 이들은 서로 불가분의 관계를
맺으며, 각각 솔리드(solid) 혹은 포지티브 형태(positive form)와
보이드(void) 혹은 네거티브 형태(negative form)의 개념으로 설명된다.

매스

매스란 평면적 형상을 바탕으로 구성된 입체적 질량감을 지닌 물질의 덩어리로서 질량감, 체적과 같은 무게의 개념을 지닌다. 우리 주변의 환경을 구성하는 모든 형태는 가로, 세로, 높이의 치수를 가진 육면체의 매스에서 출발한다.

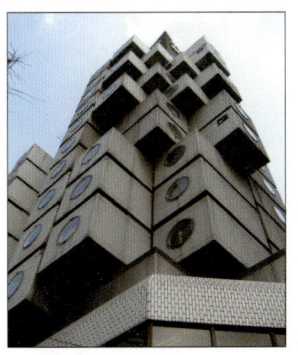 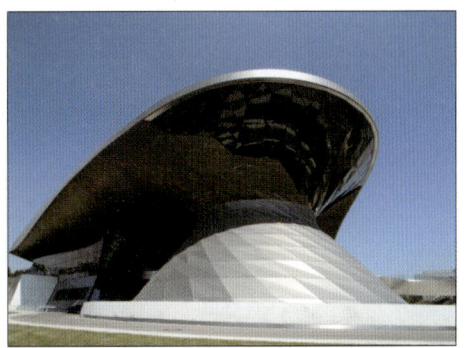

그림 36. 3차원적 형태미를 나타내는 매스, 나가긴캡슐타워, 도쿄

그림 37. 강한 힘과 무게감을 보여주는 매스, BMW벨트, 뮌헨

볼륨

매스가 3차원적인 물질의 개념이라고 한다면, 볼륨(volume)은 3차원적인 공간의 개념이다. 벽과 바닥, 천장으로 둘러싸인 공간은 비어 있지만 정확히 가로, 세로, 높이를 가지는 3차원 형태로 정의된다. 내적인 볼륨의 창조는 공간조형에서 최종적으로 이끌어 낼 수 있는 단계의 작업이다.

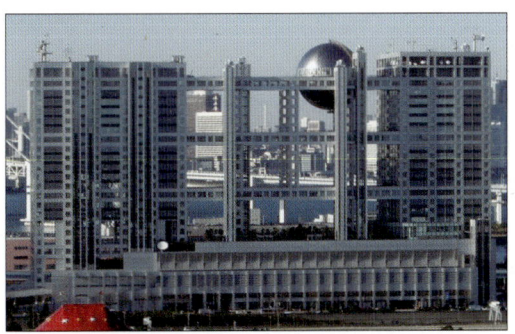 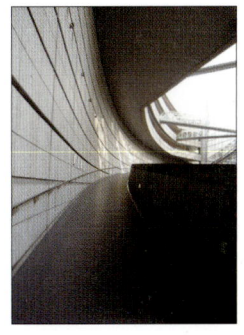

그림 38. 선과 입체적 요소에 의해 생성된 볼륨이 직육면체, 구 등의 매스와 적절히 조화된 도쿄 후지TV

그림 39. 벽체와 천장에 의해 생성된 볼륨, 도쿄포럼

매스의 조합

공간조형에서 가장 기본적인 입체적 형태로는
가로 x 세로 x 높이로 정의되는 직육면체를 들 수 있다.
무척 복잡해 보이는 형태도 결국 가장 기본적인
직육면체 매스들의 결합에 의해 탄생된다.

- 다양한 크기와 비례의 단순한 직육면체 매스들을 더하거나 빼기를 반복한다.
- 서로 맞물려 끼우기, 뚫기, 쌓기 등의 방법을 사용해 매스들을 결합한다.
- 매스들을 결합하면서 각 입체가 이루는 관계에 따라 느낌이 어떻게 달라지는지 살펴본다.

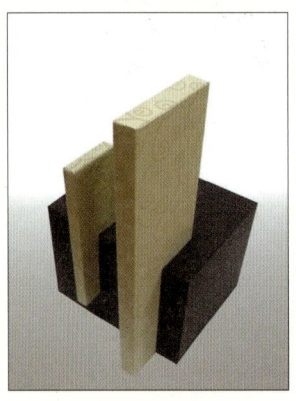

그림 40. 끼워 넣기에 의한 매스의 조합

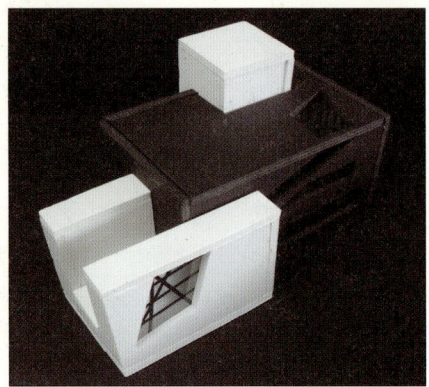

그림 41. 맞물림에 의한 매스의 조합

형태의 양면성

물리적 공간을 구성하는 모든 입체적 형태는 매스에 의한 솔리드
형태와 볼륨에 의한 보이드 형태로 구분될 수 있다. 우리가 보고 만지는
모든 물질들은 솔리드 형태를 이루며 우리에게 보이지는 않지만
정확한 크기와 형태를 가지는 공간들은 보이드 형태로 해석될 수
있는데, 이들은 서로 상반적 관계이다.

형태의 양면성이란 물질의 솔리드 형태와 공간의 보이드
형태가 상호 의존적 관계를 가진다는 것으로서, 공간을 다루는
디자이너에게는 이 둘의 관계를 동시에 파악할 수 있는 시각이
필요하다.

입체 퍼즐 조형

매스와 볼륨이 함께 이루는 미의 하모니를 경험할 수 있는
입체 퍼즐 조형은 솔리드 형태와 보이드 형태의 양면성을
이해하며 공간 형태를 창출해 볼 수 있는 유익한 조형
연습 방법이다.
네 개의 부분으로 나누어진 매스가 맞물려 하나의 큐브로
합쳐지는 입체 퍼즐을 만들어 본다. 이를 만들다 보면
볼륨을 이루는 보이드 형태에 꼭 맞는 솔리드 형태의
매스가 만들어져야 퍼즐이 완성된다는 것을 알 수 있다.
즉 솔리드 형태가 증감하는 만큼 보이드 형태도 증감해야
하나의 형태로 결합될 수 있다는 형태의 양면적 관계를
이해하게 된다. 퍼즐의 각 부분은 작은 큐브들의 결합으로
이루어진 입체적 형태로서 매스와 볼륨의 조화미를
나타낸다.

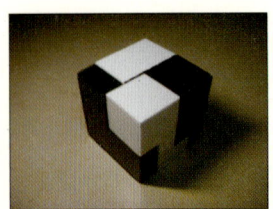 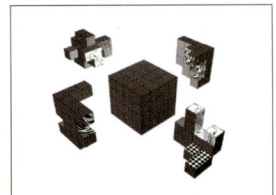

그림 42. 학생 작품

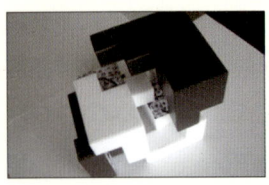 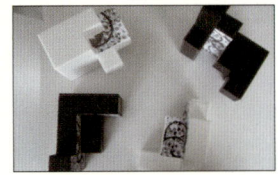

그림 43. 학생 작품

빛과 그림자에 의한 형태 읽기

시각의 단순화 과정에 의해 부가적 요소들을 배제하고 나면, 매스와 볼륨으로 구성된 순수한 3차원적 형태를 파악하는 것이 가능해지는 동시에 이들 형태에 의해 창출되는 음영의 미를 감상할 수 있다.

　빛과 그림자, 즉 명암은 공간의 깊이를 나타내는 우수한 매개체이다. B. 클라인트(B. Klient)는 형상을 채우는 하나의 요소로서 명암을 설명하는데 이러한 명암은 대기 원근법의 작용에 의해 사실적인 물체의 윤곽과 공간의 깊이를 만들어 낸다. 즉 물체의 윤곽은 거리가 멀어질수록 경계가 흐려진다는 원리에 따라 명암에 의한 3차원 형태를 읽을 수 있다.

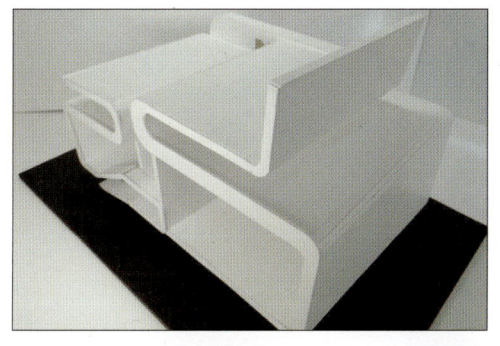
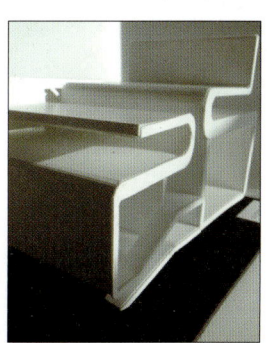
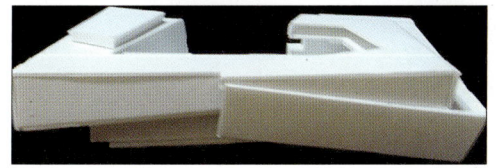
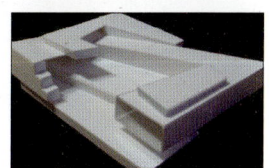

그림 44. 빛과 그림자에 의해 전달되는 입체적 형태미

투명성과 불투명성에 의한 형태 읽기

모든 물질에는 고유의 성질, 즉 물성이 있다. 이러한 소재의 성질은 '변형'이라는 역학 작용을 통해 더 확실하게 드러나도록 할 수 있다. 재료의 '물성'은 사물 특유의 느낌을 가장 강력하게 소통할 수 있는 입체조형만이 가지는 표현 도구이다.

　공간조형에서 우선적으로 고려해야 할 하나의 물성은 빛을 투과시키는 것과 관련된 속성, 즉 투명성에 관한 것이다. 빛을 투과하는

정도에 따라 모든 물질은 투명(transparent)과 반투명(translucent),
불투명(opaque)으로 구분할 수 있다.

이러한 투명성과 관련된 물질의 특성으로 입체적 형태를 읽을
수 있다면, 공간조형에서 다루어지는 기본적 입체 형태에서 다양한
변화를 이끌어 낼 수 있다. 형상을 채우는 요소로서의 물질성은
만지거나 무게를 느낄 수 있는 한편, 눈으로 명확히 경계가 확인되므로
촉각적 물질감과 시각적 물질감이 동시에 만족될 수 있다.

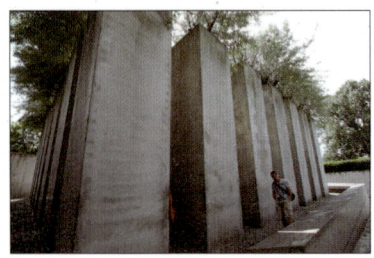

그림 45. 가시적 재료로서의 물질성이 충분히
발산되는 옥외 조형물, 베를린 유대인박물관

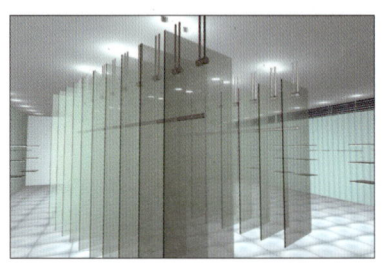

그림 46. 투명한 물질성으로 현대적인 감각을
나타내는 실내 공간

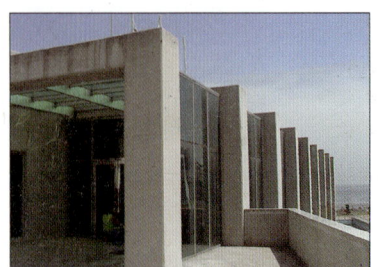

그림 47. 투명성과 불투명성 소재의 대비적 조합에
의해 서로의 물성을 확실히 드러내는 공간조형,
호미곶등대박물관

비물질적 조형

세계의 전시 관련 일선 기업들이 주도하는 산업 전시회로 알려진
유로숍(Euroshop)의 최근 조형 경향을 살펴보면 스판덱스 섬유나
비닐처럼 유연한 경량의 신재료 사용으로 부유성과 개방성과 같은
비(非)물질적 표현이 두드러짐을 알 수 있다. 또한 유리, 플라스틱,
아크릴, 와이어 메시 등 투명에 가까운 물성을 이용한 투영 효과와
조명을 이용한 이미지 투사에 의한 무게감의 배제를 통해서도

비물질적 조형 경향이 나타난다.

반투명한 연질의 소재들에 의한 부드럽고 유연한 3차원 형태는 견고한 자재로 구축된 기존의 단단하고 경직된 물질감을 배제한다.

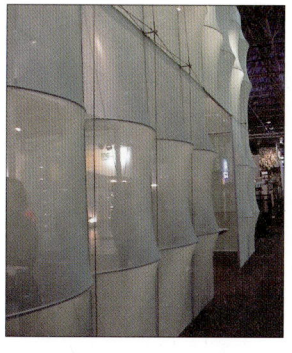
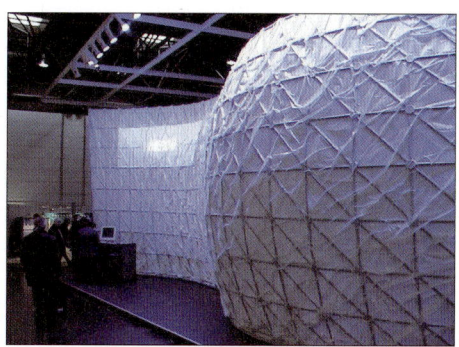

그림 48. 반투명 스판덱스 섬유와 섬세한 프레임의 조합에 의한 입체감

그림 49. 가볍고 유연한 재질의 구성에 의한 유동적 형태 표현

LED 조명이나 레이저 등에 의해 입체적 형태 자체를 빛이라는 비물질적 존재로 변신하게 한다.

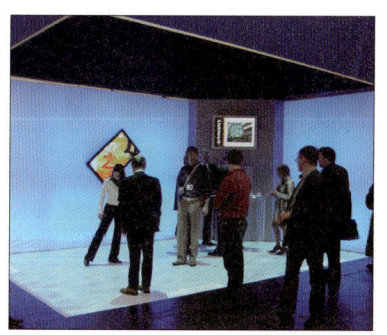
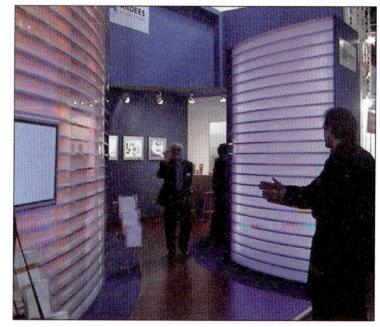

그림 50. 푸른색 조명으로 처리된 벽과 바닥

그림 51. 시간에 따라 색의 조합이 변화하는 벽체

대비의 관계

다수의 조형 요소들이 구성되는 경우, 각 요소 고유의 성질들이 영향을 주어 서로의 관계를 다르게 만든다는 것을 알 수 있다. 다양한 물성의 조합을 통해 조화로운 질서를 창출하는 것은 흑백 논리처럼 단순한

문제만은 아니다. 우선 동질적 요소나 이질적 요소들로서 어떠한 관계들을 만들어 낼지 생각하고 물성 차이에 대한 단계적 고려에 의해 어느 정도의 대비 관계를 취할지 선택해야 할 것이다.

매스란 일반적으로 묵직한 무게감과 파워 있는 남성미를 나타내는 것으로 소통된다. 이와 상반된 성격을 가진 조형 요소를 인접시킴으로써 이러한 매스의 특성을 더욱 돋보이게 할 수 있다. 주변의 관계를 어떻게 형성하는가에 따라 요소의 특성들도 다르게 전달된다.

쿱 힘멜블라우(Coop Himmelblau)가 설계한 BMW벨트(BMW Welt)[9]에서는 유기적인 거대한 매스의 주변을 예리하고 섬세한 사선들이 역동적으로 얽힌 채 둘러싼다. 도쿄포럼에서 보이는 기하학적 매스의 조합 역시 상대적으로 섬세한 선들로 조밀하게 이루어진 패턴과의 대비적 만남에 의해 매스감을 드러낸다. 이들을 통해 무게감과 위압감과 같은 매스 고유의 특성들이 이질적인 가벼움이나 섬세함과 같은 성질을 가진 요소들과 결합되어 더욱 매력적으로 증폭되어 나타난다는 사실을 알 수 있다.

9 —
차량 인도 센터 외에 산업 문화 회견장, 콘서트 홀, 레스토랑, BMW 라이프스타일숍 등으로 구성된 건물로 BMW 본사와 뮌헨 공장 사이에 위치한다. 소용돌이치는 물살 같은 형태의 '더블 콘(Double Cone)'과 1만 4,000 제곱미터에 달하는 유리와 강철로 뒤덮인 지붕 '클라우드 루프(Cloud Roof)'로 잘 알려졌다.

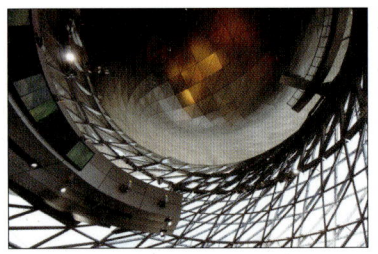

그림 52. 유동적 매스와 선들의 대비, BMW벨트

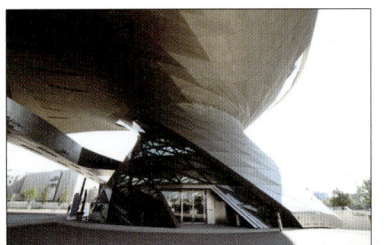

그림 53. 복잡한 선과 단순한 매스의 대비, BMW벨트

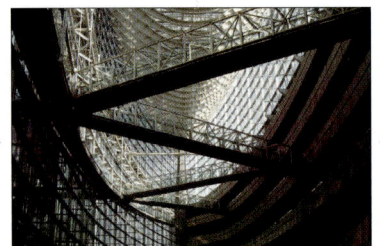

그림 54. 기하학적 매스와 선들의 대비적 관계, 도쿄포럼

구마 겐고의 조형언어를 살펴보면, 각재들로 이루어진 단선형 기둥의
군집과 이웃하게 함으로써 이와 대비되는 상자 모양의 단순하고
간결한 매스의 특성을 드러내고 있다. 그러나 두 요소 간의 부드러운
만남을 유도하기 위해 여기서 나타나는 대비의 정도는 그리 강하지
않게 설정했음을 알 수 있다.

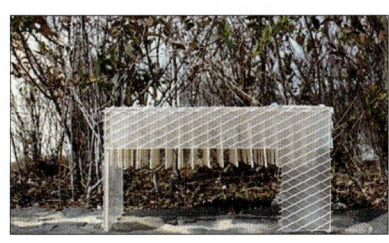
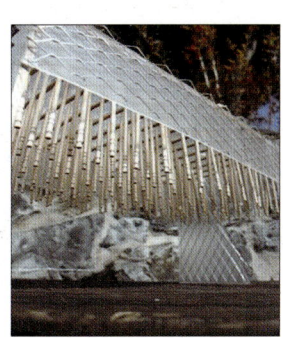

그림 55. 단선형 기둥의 군집과 직육면체 매스의 대비 관계

한편 스튜디오엠(Studio M)의 에어스페이스(Airspace, 도쿄)는 정직한
상자 형태의 매스에 자유로운 곡선의 조합으로 이루어진 타공 패턴을
접목해 대비의 관계를 만들어 낸다. 외피에 보이드 형상을 접목한
섬세하고 가벼운 표면 처리는 단호한 직육면체 매스와 이웃하게
함으로써 서로의 특성을 색다르게 경험할 수 있는 절묘한 조화를
이끌어 낸다.

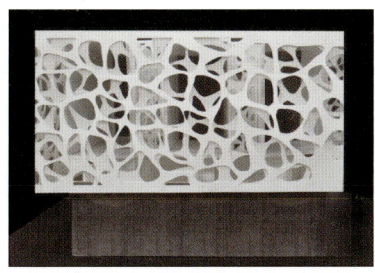
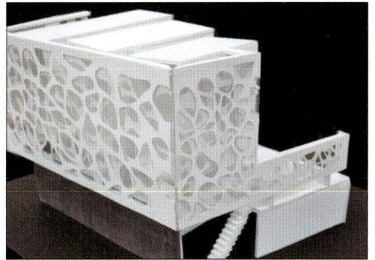

그림 56. 복잡한 타공 패턴과 단순한 직육면체의 대비 관계

즈비 헤커(Zvi Hecker)[10]의 바르샤바 현대미술관(Museum of Modern Art in Warsaw) 조형 작품은 자연의 결정 구조를 응용해 두툼한 기하학적 매스와 이와는 이질적으로 처리된 볼륨의 인접에 의한 대비 관계를 보여 주는 예라고 할 수 있다.

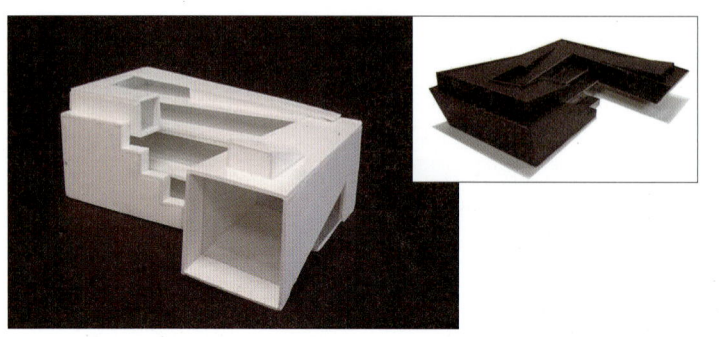

그림 57. 매스의 평탄한 외부 처리와 대비 관계를 이루는 내부 볼륨

10 —
1931년 폴란드에서 출생해 이스라엘의 건축가로 활동하는 그는 자연의 결정 구조를 구성하는 방법을 응용해 독특한 작품 세계를 선보인다. 매스로 둘러싸인 나선형 결정과 같이 내부 공간의 형태를 제시하는 입체 구성이 돋보인다.

공간의 정의

일반적으로 공간이란 아무것도 존재하기 않는 영역 또는 어떤 물체가 존재할 수 있도록 물리적으로 비어 있는 범위로 정의되는데 이는 모든 방위에 대해 경계가 없고 제약이 없는 상태로서의 무한 공간을 의미한다.

인간은 무한한 공간을 목적과 편리에 맞춰 정확한 크기와 형태를 가진 유한한 공간으로 정의해 사용한다. 공간은 보거나 만져지지 않고 비어 있는 것이지만 명확한 크기와 형태를 가지도록 물체에 의해 정의된다. 눈으로는 공간 자체를 볼 수 없기 때문에 우리는 대신 보거나 만질 수 있는 물질을 읽음으로써 공간을 파악하게 된다. 공간을 정의하는 것은 역설적이게도 공간과 반대의 개념인 물질로서 가능하다. 따라서 공간 디자이너는 선, 면, 입체 등 솔리드 형태들을 다루지만 궁극적인 목적은 그들을 활용해 오히려 자신이 원하는 크기와 형태의 공간, 즉 보이드 형태를 창조하는 것이다.

이렇듯 공간을 창출하는 행위란 궁극적으로 다양한 솔리드 형태로 보이드 공간을 정의하는 것이다.

기초조형 Communicating 과제

볼륨 정의하기

가로, 세로, 높이의 치수가 동일한 정육면체 볼륨의
공간을 정의해 보자.

- **1단계: 기본 도형에 의한 정의**

  아래 그림과 같이 5x5x5센티미터로 주어진
  정육면체의 볼륨을 기초 조형 요소인 선, 면, 입체 등
  도형을 사용해 다양하게 정의할 수 있다. 동일한
  각 공간은 선이나 면만으로 정의될 수도 있지만
  선, 면, 입체의 다양한 조합에 의해서도 정의될 수
  있다. 이런 경우 조형 요소가 가지는 특성들이
  서로 견주어 드러남을 읽는다면 더 정확하고
  세심하게 의도하는 공간들을 정의할 수 있게 된다.

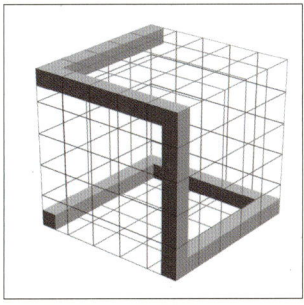

그림 58. 선으로 정의된 정육면체
볼륨의 공간

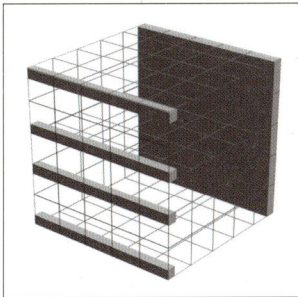

그림 59. 선과 면으로 정의된 정육면체
볼륨의 공간

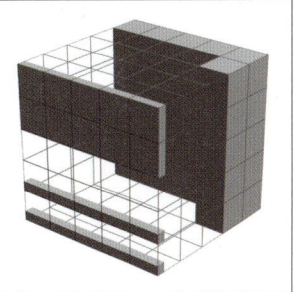

그림 60. 선, 면, 매스로 정의된 정육면체
볼륨의 공간

- **2단계: 관계에 의한 정의**

  1단계 연습을 통해 기본 도형이 가지는 특성들이
  공간의 정의에 어떻게 사용되는지를 익혔다.
  2단계에서는 동일한 정육면체 볼륨을 대상으로
  선, 면, 입체 등 다양한 조형 요소를 사용해 그들 간의
  관계에 주목해 정의하도록 한다. 처음에는 단순한
  관계에서 출발해 점차 복잡한 관계로 진행해 보면,
  각 요소 간에 작용하는 균형, 비례, 리듬 등 관계를
  형성하는 조형 원리를 파악할 수 있다.

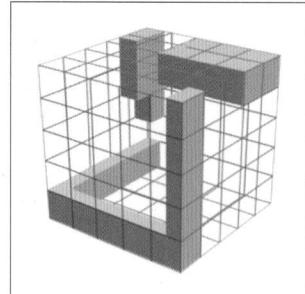 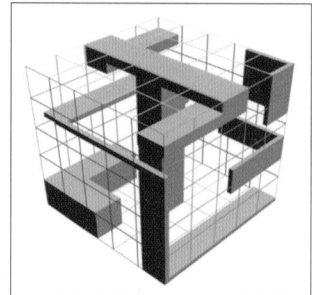 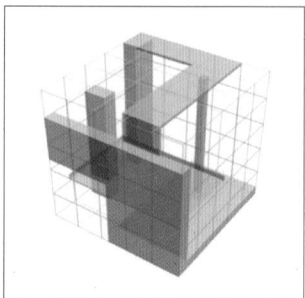

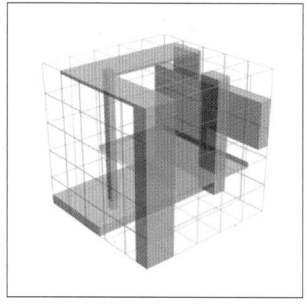 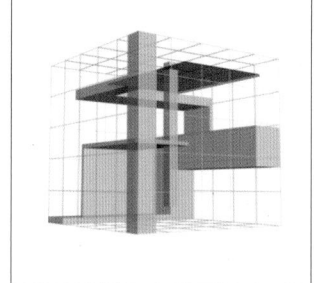 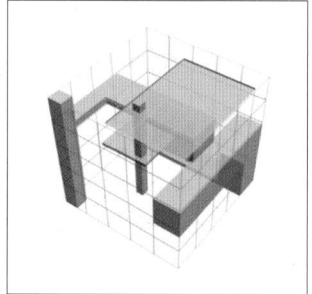

그림 61. 큐브 퍼즐, 학생 작품

- **3단계: 내적 볼륨의 정의**

  내적 볼륨이란 외부에서 보이지 않는 내부에서
  생성되는 볼륨을 의미한다. 외부는 단순한
  직육면체의 매스를 유지하되 내부에는 매우
  다이내믹하게 분화된 크고 작은 볼륨을 생성해 보자.
  단위 공간의 연속과 차단으로 다양하게 분화된
  내적 볼륨을 정의할 수 있다.

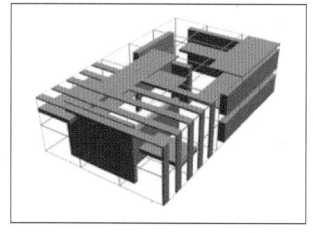 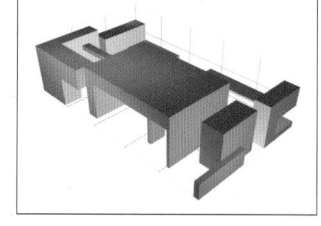 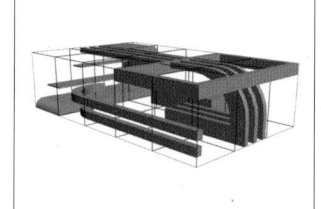

그림 62. 큐브, 학생 작품

비례의 관계

형태를 이루는 부분 간 크기의 관계를 비례라고 한다. 공간조형에서
크기의 설정에 따라 만들어지는 비례 관계는 자칫 그 중요성을
지나치기 쉬우나, 보는 이에게 극적인 느낌의 소통이 가능한
매우 강력한 조형 도구로 이용될 수 있다.

고대 그리스 시대부터 그 중요성을 깨달은 여러 건축가,
예술가들은 완벽한 아름다움을 정복하기 위해 수학적으로 이상적인
비례를 산출하기도 했다. 정면을 5칸, 측면을 3칸으로 지어 5:3의
균형 잡힌 비례를 가지는 무량수전과 1:2 비례가 적용된 일본의
다다미에서도 이러한 의도를 찾아볼 수 있다. 선험적 인식에 따라 비례
감각이 형성된다는 점에서 자신에게 익숙한 비례가 시각적 친밀감으로
더 좋은 느낌을 줄 수 있다. 그러나 때로는 익숙한 미의 기준을
침범하는 것이 새로운 미의 감각을 만들어 내는 시도가 되기도 한다.

면 분할하기

5x5센티미터의 정사각형에 한 개의 수직선과 네다섯
개의 수평선을 사용해 20가지의 서로 다른 면 분할을
해 보자. 선의 위치를 약간씩 움직여 비례의 관계가
다르게 나타나는 것을 관찰한다. 면 분할을 마친 다음
원하는 부분을 검게 칠해 다양한 표정을 만들어 본다.
무난한 느낌에서 극적인 느낌까지 시도하다 보면
느낌의 차이가 매우 다양함을 알 수 있으며 비례와 균형,
리듬에 대한 이해가 깊어진다.

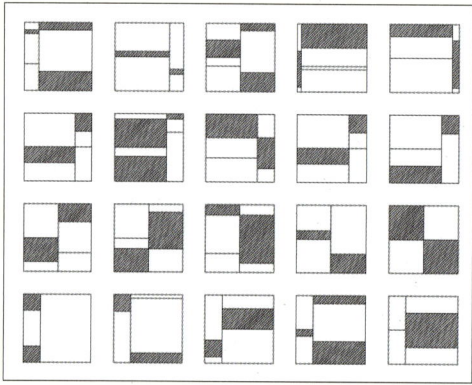

그림 63. 면 분할, 학생 작품

창작 의도와 표현

이제까지는 조형의 기본적 구조와 요소들 간의 관계를 파악하기 위해 공간을 읽는 법과 정의하는 과정에 대한 이해를 높이고자 했다. 이를 바탕으로 작가의 창작 의도에 따라 공간조형에서의 기본적 구조에 조형 메시지를 더하는 사례들을 통해 조형의 송신자들이 전달하는 내용과 방법에 대해 살펴보고자 한다.

조형언어의 송신과 수신

공간조형을 다루는 사람들의 조형적 사고와 의도는 '형(形)'이라는 틀에 담겨 전달된다.

원시 시대부터 인간은 필요에 의하거나 혹은 필요에 의하지 않더라도 어떠한 형상을 지어내는 일을 즐겼다. 그들은 자신이 사용 가능한 다양한 재료와 도구를 이용해 내면에 있는 형상을 꺼내어 시각적으로 포장해 왔다. 이러한 시각적 포장의 과정 속에 창작 의도가 개입되며 무언가를 전달하려는 시도가 구체화된다.

공간조형에서의 표현이란 송신자의 생각과 감정이 형태를 통해 구체적으로 실현되는 것이며 이들이 수신자에게 전달됨으로써 조형의 소통이 이루어진다.

공간조형을 다루는 자들, 이들 조형언어의 송신자들은 대중과 무엇을 소통하려고 하는 것일까? 그리고 수신자들은 조형언어를 통해 어떤 메시지를 습득하는 것일까?

양식과 조형언어

예술사회학자인 H. 텐(H. Taine)은 인종, 지리적 환경, 시대라는 세 가지 사회적 조건에 의해 예술이 성립된다고 말했다. 공간조형 역시 역사의 흐름 속에서 동시대와 동일 지역에서 삶의 결과물로 분출되는 다양한 메시지를 담고 있으며, 우리는 이러한 시간과 장소를 넘어서는 다양한 메시지로서의 조형 결과물을 만날 수 있다.

고대에는 육체적 힘이 상위 개념의 가치로서 인정되었으며
이러한 조형 메시지는 이집트 카움움부신전과 같은 조형 형태에서
찾아볼 수 있다. 당시 육체적 힘의 의미는 생계 수단이자 영토 확보를
위한 전투에서의 승리의 상징과도 같았다. 선명하고 강하게 드러나는
짙은 그림자로 전달되는 깊은 보이드 볼륨의 존재와 속이 꽉 찬 듯이
묵직함이 느껴지는 돌기둥 매스 사이에서 생성되는 양적 대비는
강력한 권력과 힘의 메시지를 송신한다. 반면 현대 건축의 상징으로
일컬어지는 미스 반 데어 로에(Mies Van der Rohe)가 설계한
바르셀로나 파빌리온(Barcelona Pavilion)은 슬림한 콘크리트 평면의
비대칭적 배치를 통해 20세기 이성주의자들의 섬세하고 차분한
정신적 교감을 제시한다.

— 양식

양식(style)이란 용어는 라틴어의 스틸리우스(stilius)에서 유래한 것으로
과거 서체 혹은 문체를 의미했다. 양식이란 일관된 개성적 특성이
있다는 의미로서 고대, 중세, 근대를 거쳐 현대에 이르기까지 시간과
공간에 따르는 조형 표현의 특징을 일컫는 용어로 사용되고 있다.
양식 속에 나타나는 조형언어는 각 지역과 시대의 특성을 표출하고
시공간을 넘어선 문화적 패러다임의 소통을 가능하게 한다.

— 조형언어

공간조형에 사용되는 각 요소와 그들의 관계는 그에 해당하는
시각적 메시지를 만들어 내며 정교하면서도 다양한 의미를 전파할 수
있다. 송신자와 수신자라는 상호 관계 속에서 소통되는 시각언어를
조형언어라고 한다. 우리는 일상의 시각적 경험에 의해 혹은 조형
교육에 의해 이러한 언어를 습득하고 구사하게 된다. 모든 공간조형은
이러한 상호작용적인 소통의 기능이 있다.

조형언어를 적절히 구사하기 위해서는 각 사물에 대한 관습적
태도를 버리고 관찰과 사고를 통해 형태의 다양한 변형을 상상할 수
있어야 한다. 조형 요소와 그들의 관계를 조작해 무엇을 표현할 수

있는지, 이들을 통해 무엇을 수신할 수 있는지를 살펴보는 작업으로 조형언어가 향상될 수 있다.

조형언어와 메시지

조형을 통한 소통의 구조 속에서 송신자들은 더 명확한 언어로 자신의 메시지를 전달하려고 노력한다. 그들은 자신의 메시지가 더 많은 사람에게 수신될 수 있도록 적절한 조형 요소와 관계들을 다룬다.

명상과 평안

일본의 건축가 안도 다다오는 빛이나 물 같은 자연의 요소를 공간에 도입함으로써 고요함과 평안함을 수반하는 정적 조형언어를 만들어 낸다. 그의 공간은 숨막힐 듯한 적막감이 장악하는 듯하지만 이와 동시에 범우주적 기를 발산하는 듯한 생동감도 함께하는 것을 느낄 수 있다. 일정한 두께의 간결한 매스를 고집하는 그의 조형언어에서 명상과 같은 정신적 이야기를 위해 물질을 강조하지 않겠다는 태도를 읽을 수 있다.

대표작 '빛의 교회'에서 실내로 조용히 흘러 들어오는 얕은 분산광으로 전해지는 정신적 세계는 그의 다른 작품인 '히메지문학관' 수면의 조용한 그림자로 나타난다. 또한 '아와지 유메부타이'에서 이는 목적지에 이르는 과정으로 나타나 계단, 조약돌 등과 함께 물에 대한 경험을 담아낸다. 그가 위치시킨 물은 인위적으로 단속된 물이라기보다는 쉴 새 없이 변화하는 자연의 속성을 담는 물이라고 할 수 있는데 그는 이를 '흐르듯 흐르지 않는'이라는 모호한 개념으로 설명한다.

엄격함과 비엄격함, 형태와 내용, 자연과 문화, 본질과 우연, 정신과 육체, 이론과 실체, 양과 음 등 강한 대비적 양극을 포용하는 그의 조형언어는 명상을 통한 평안에 이르는 우수한 건축 공간에 대한 경험을 누릴 수 있게 한다.

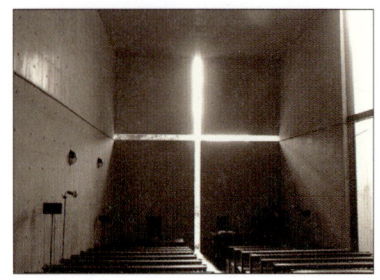

그림 64. 빛의 교회, 이바라키시

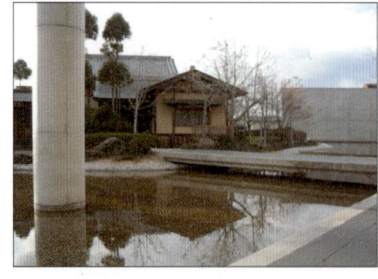

그림 65. 히메지문학관

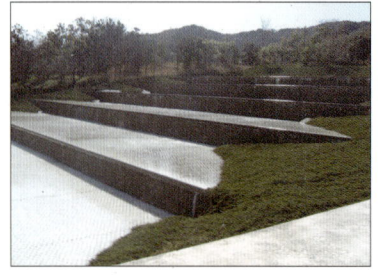

그림 66. 아와지 유메부타이, 효고현

비통과 상처

안도 다다오의 조형언어가 평안과 명상과 같은 정신적 수도(修道)의
과정을 보여 준다면, 다니엘 리베스킨트는 비통한 사건에 관한 처절한
기억들을 회상시키는 조형언어를 쏟아 낸다.

　　그가 설계한 베를린 유대인박물관(Jewish Museum)은 지그재그
모양의 은빛 아연 외관과 유리 파편이 박힌 듯이 매스를 손상시키는
불규칙한 창문의 이미지를 먼저 떠올리게 한다. 그는 수평, 수직의
보편적 언어를 버리고 예각, 사선과 같은 날카롭고 위험한 언어를
사용함으로써 비참한 역사의 사건을 회상하게 하는 메시지를
내외부 공간 곳곳에 배어나게 했다. 온전한 모습을 훼손시킨 듯,
마치 부분 부분이 찢긴 듯한 형태의 처리와 도발적이고 복잡한 상징적
구조를 통해 작가는 아무런 저항도, 주장도 못 하고 역사의 수레바퀴
속에서 흔적 없이 사라진 영혼들의 무언의 외침을 조형으로 승화하는
듯하다. 그의 조형 메시지는 여리고 상심한 감성을 전파함으로써
개관 전에 이미 35만 명이 방문할 정도로 화제가 되었다.

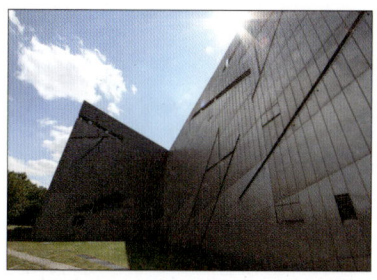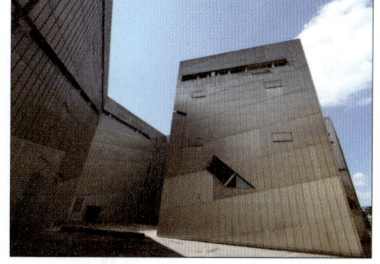

그림 67. 은빛의 지그재그 형태의 외관과 유리 파편이 박힌 듯 불규칙한 창문의 베를린유대인박물관

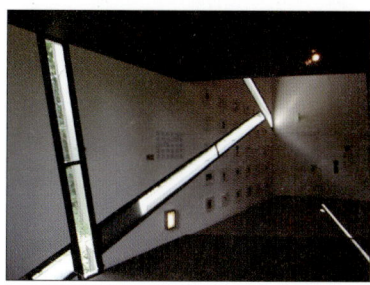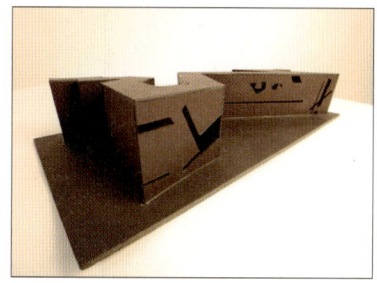

그림 68. 마치 부분부분이 찢긴 듯한 형태를 표현한 베를린 유대인박물관

생물체와 자연의 원리

자연은 종종 조형 작업의 주요한 표본이 된다. 일본의 전통 건축에서 많은 부분을 택해 자신의 작업으로 이어 가는 건축가 나이토 히로시(內藤廣)가 설계한 마키노도미타로기념관은 자연 원리와 생물체의 유기적 조합에서 그 조형 의도를 찾을 수 있다. 일본 식물학의 기초를 마련한 마키노 도미타로(牧野富太郎)의 식물 채집 활동의 본거지로서 고지현에 위치한 좁은 산등성이의 여유가 없는 대지에 기념관을 설립한다는 장소 문제에서 이 조형 작업은 출발하게 되었다.

우거진 숲 속의 좁은 대지에 위치해야 한다는 공간적 조건과 식물학을 사랑한 인물에 대한 이야기를 담는 공간이라는 내용적 조건에 의해, 건축가는 생물체가 가지는 유기적 구조와 시간에 따라 자라나고 사라진다는 자연의 섭리를 나타내는 조형물을 만들기로 방향을 설정했다. 주변의 자연환경을 최대한 보존하기 위해 대지의 모양에 따라 건물의 매스를 분절한 결과 그의 작품은 꽤 복잡한 형상의 평면도와 단면도를 가지게 되었다. 분절된 외관의 매스에

걸맞게 실내 공간도 어류의 뼈와 같은 생명체의 분절적 집합의
원리를 따라 대단면 집성재를 사용한 가구조를 중심으로 조성되었다.
중정을 둘러싸는 이들 가구조는 연결에 의해 형태가 확장해 가는
방법으로 이루어졌는데 마치 생물체가 성장하는 원리를 표현한
듯하다. 거대한 자연 속에 존재하는 하나의 생명체처럼 자연의 섭리를
거스리지 않으려는 기념관 건물은 오랜 기간이 흐른 뒤에는 주변의
자라난 수목에 의해 자신의 모습을 점점 잃어 결국 숲의 일부분으로
사라지도록 하는 것이 건축가의 의도라고 전해진다.

흐름과 유동성

'흐름(fluid)'이란 액체가 흘러내리는 상태를 말한다. 시간에 따라
변화하는 유동성 액체 상태를 정지된 공간 속의 영속적 형태로
담아내려는 것과 같이 공간에 시각과 속도의 개념을 도입하는 시도는
1980년 전후 해체주의(De-construction)의 다양한 실험과 작업에 의해
가시화되었다.

　　자하 하디드(Zaha Hadid)는 프리츠커 건축상을 수상한 최초의
이라크 출신 여성 건축가로서 '흐름'의 상태를 공간에 접목하는 독특한
자신만의 조형언어를 구사하는 것으로 알려졌다. 그녀가 설계한 로마의
국립현대미술관(MAXXI – National Museum of the 21st Century Arts)은
마치 고속도로 입체교차로를 연상시키는 듯 속도감을 동반한 유동적인
흐름의 조형을 내세운다. 이러한 움직임의 순간을 영속화하려는
조형 메시지는 주변의 다양한 공간에서 여러 다른 모습들로 발견된다.

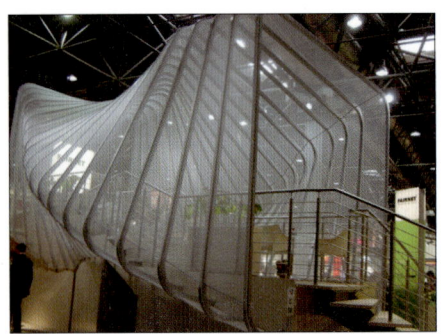

그림 69. 다소 완화된 속도감을 동반한 유동적 조형 메시지

사라짐과 비워짐

현대 테크놀로지의 발전은 '소형화'와 '경량화'라는 현대적 감각을 생산해 냈다. 이러한 감각적 경향의 확산으로 공간조형에서도 물질감을 사라지게 하는 표현들이 두드러진다. 이의 하나로서 투명성과 반투명성 같은 모호한 상태로 주변과 공존하는 건물 외피에 대한 관심이 커지고 있다.

활발하게 조형 활동을 벌이는 디자이너 배대용은 작품 '매스리스 하우스(Massless House)'에서 건물의 존재를 지운다. 자연 속에 위치한 '매스리스 하우스'는 전면이 모두 반사 유리로 되어 있으며, 건축물의 모든 표면이 거울과도 같이 주변의 자연 경치를 반사함으로써 매스의 존재에 자연 경관이 자연스럽게 연결되는 듯한 착각이 들게 한다.

건축 매스가 개입함에도 건축물의 경계선과 존재감이 사라지게 하는 조형 의도는 건물 주변 경관을 전혀 방해받지 않고 연속시킴으로써 대지에 새 건물이 들어섬에 따라 생겨나는 환경적 부하를 최소화한다. 즉 사라짐과 비워짐에 의한 비물질적 표현에 의존해 기존의 풍광을 변화시키지 않으려는 조형 의도가 송신됨을 읽을 수 있다.

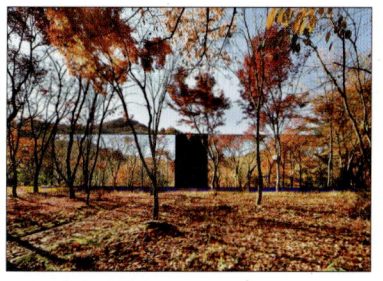 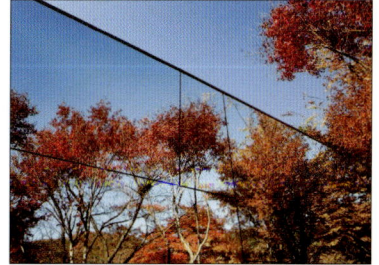

그림 70. 매스리스 하우스

자존적 폐쇄성

건축가 마리오 보타(Mario Botta)의 건축물은 멀리서도 지각될 수 있을 것처럼 대지 위에 우뚝 서 있는 듯한 모습의 자존적(self assurance) 조형성을 취한다. 스위스 출신인 그는 자국의 문화적이며 역사적인 도메인 속에 깊이 조형의 뿌리를 내리고 있다. 그의 건축물은 대부분

기념비적인 과거형 메시지에 현대적 형태 요소를 적절히 조합한다. 고전적 건축물에서 흔히 볼 수 있는 좌우 대칭의 평면과 매스가 그의 작품에서 일관되게 나타나며 이에 원, 삼각형, 사각형 등의 기본적인 기하학적 도형을 즐겨 도입한다. 외부의 침입이 어려운 중세 시대 요새와 같이 두터운 벽체와 내부 공간을 파악할 수 없을 정도로 최소화된 오프닝을 가진 그의 작품들에서 우리는 물리적 혹은 시각적 침투를 허용하지 않으려는 완고한 조형 메시지를 읽게 된다.

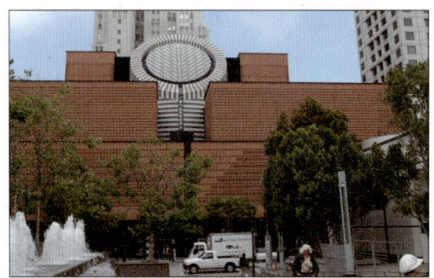

그림 71. 샌프란시스코 현대미술관

디지털 매체와 문화

컴퓨터 프로그래밍에 의해 제어되는 다양한 미디어를 통해 디지털 시대를 표현할 수 있는 것처럼, 공간조형에서도 디지털 감각을 표현하는 조형언어에 의해 동일한 메시지가 전달될 수 있다. 디지털 부호를 연상시키듯이 작은 크기의 원 혹은 사각형이 규칙적으로 반복되는 패턴 언어는 동시대적 감각을 공감하게끔 디지털 메시지를 소통하고 있음을 알 수 있다.

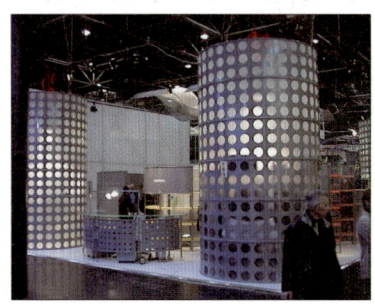

그림 72. 메탈 펀칭에 의한 디지털 감각 표현

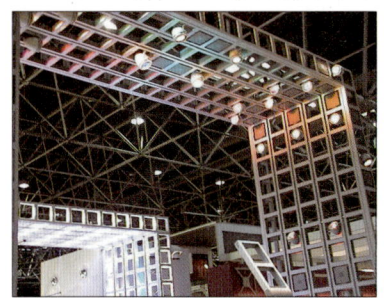

그림 73. 프레임 구조로 디지털 감각 표현

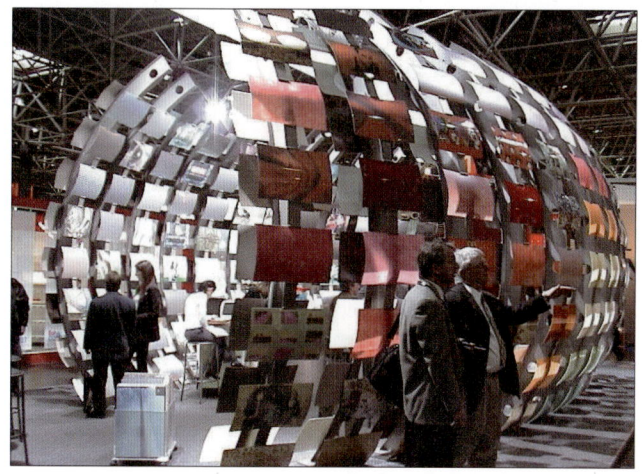

그림 74. 메탈 조각의 구성에 의한 디지털 감각 표현

인공적으로 만들어지는 패턴은 관련된 문화와 역사, 삶의 이야기를 상징적으로 담아냄에 따라 매우 구체적인 메시지까지도 전달할 수 있는 조형언어로서 역할을 한다.

　디자이너 김백선의 '화풍(花風)'이라는 조형 공간은 '경복궁으로의 초대'라는 콘셉트를 배경으로 제작되었다. '화풍'은 말 그대로 꽃바람을 뜻한다. 꽃바람은 향기를 날려 벌과 나비를 부르고 씨앗을 날려 다시 꽃을 피운다. 그는 '꽃바람'을 형상화한 패턴의 목구조 조형물을 설치해 우리 문화가 전 세계에 퍼지게 되기를 기원하는 조형 메시지를 담아냈다.

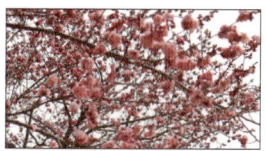
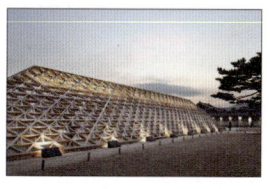
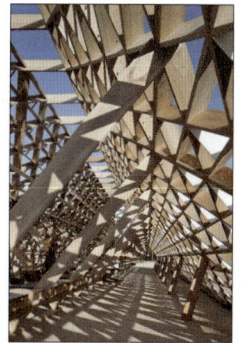
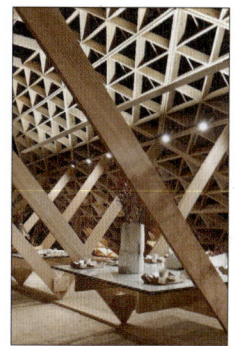

그림 75. 디자이너 김백선의 조형 공간 '화풍'

공공 정보와 공간조형

공공 정보와 조형적 소통

공간조형의 창작 의도를 파악해 보는 것과 같이 주변의 공간조형에서
공공 정보로서의 의미를 찾아볼 수 있다.

오늘날 공간에서는 공공성의 측면이 매우 강조된다. 이러한
상황에서 자칫 우리의 환경은 과도한 디자인 결과물과 정보의 홍수로
인해 무기력해질 수도 있다. 지나친 공공 정보는 사용자들이 원하는
정보를 찾아내는 데 기여하기보다는 오히려 방해하는 불순물로
작용하기도 한다. 사용자에게 필요한 공공 정보가 잘 소통될 수 있도록
환경 디자이너는 정보 제공자로서의 책임과 의무를 충분히 인식하고
조형 작업을 해 나가야 할 것이다.

길찾기를 위한 장소 정보로서의 공간조형

대형화와 고밀도화로 나아가는 현대 도시의 대부분 공간은 다양한
기능의 공간이 연결되어 점차 커다란 복합 구조의 성향을 가진다.
이렇게 복잡한 공간 구조 속에서 사용자는 자신의 위치나 방향을
잃게 되어 길찾기(wayfinding)의 어려움에 직면하는데 특히 지하철역,
종합병원, 학교, 쇼핑몰과 같은 공공장소에서 빈번하게 나타난다.

'길찾기'라 함은 자신의 출발지에서 목적지를 찾아가는 행위로서,
이와 관련된 환경 정보를 인지하고 판단하며 검토하는 모든 심리적
과정을 포괄하는 것이다.(R. Passini, 1985)

길찾기를 위해서는 자신이 위치하는 현재의 장소를 정확히
파악하는 것이 절대적으로 필요하다. 크고 복잡한 공간에서 길찾기가
어려운 것은 자신의 위치에 대한 장소 인지가 힘들어지기 때문인데,
이러한 장소 인지를 돕기 위한 길찾기 정보를 소통하는 데 공간조형이
기여할 수 있다.

장소 인지의 원리

일반적으로 길찾기가 어려운 공간이란 아래 왼쪽 그림과 같이 자신의
위치를 알 수 있는 단서가 제공되지 않는 경우이다. 오른쪽 그림과
같이 전체 공간을 몇 개의 구역으로 나누어 시각적으로 다르게
차별화한다면 위치를 파악하는 데 좋은 단서가 될 수 있다.

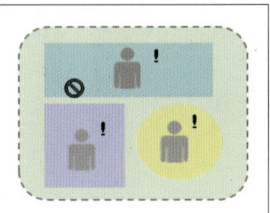

그림 76. 지역 비차별화와 지역 차별화

이처럼 조닝(zoning)이 전혀 이루어지지 않았거나 미흡하게 이루어진
공간에 비해 조닝이 확실히 이루어진 공간에서는 보행자의 장소 인지가
용이해진다.(Garlling et al, 1986) 또한 단순하고 반복적인 디자인으로
구성된 공간이나 구역 간의 차별화가 이루어지지 않은 공간에서는
지각이나 인지의 효율도 낮아진다.(Abu-Obeid, 1998)

기초조형에 의한 조닝 디자인

조닝 디자인(zoning design)이란 하나의 공간을 여러 개의 소구역으로
구분하고 각각의 구역을 패턴이나 색채, 재료 등으로 차별화해 위치와
경로에 관한 장소 인지를 돕는 것을 지칭한다. 보행자들은 조닝이
이루어진 구역들의 경계를 지나갈 때, 두 구역 간의 공간적 특성
변화를 쉽게 지각함으로써 길찾기에 필요한 정보를 얻을 수 있다.

패턴 정보

우선 바닥에 나타나는 다양한 패턴으로 구역(zone)을 구분할 수 있다.
구역별로 다르게 패턴이 적용되었다는 사실, 즉 패턴으로 된 장소
정보를 파악할 수 있다면 자신의 위치를 쉽게 찾아낼 수 있다.

일반적으로 바닥면에 적용되는 패턴은 서로 다른 색채나 형태를 가진
두 가지 이상의 재료를 혼합해 일정 면적에 적용함으로써 나타난다.
지하철역과 같은 공공 공간에서는 구역에 따라 다양한 영역 패턴이
적용되는 것을 볼 수 있으며 이는 위치를 파악하는 데 필요한
공공 정보로 활용될 수 있다.

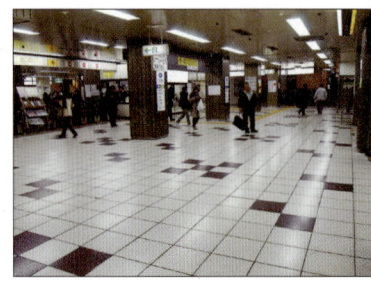 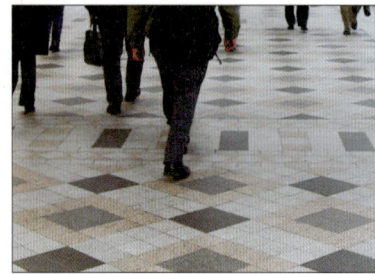

그림 77. 구역별로 달리 적용된 지하철역 바닥 패턴, 신주쿠역

색채 정보

지하철에 사용되는 빨간색, 파란색, 초록색 등 지하철 노선 색으로
복잡한 노선 정보를 혼동 없이 효과적으로 소통할 수 있다는 점에서
색채는 정보 소통에 매우 유리한 조형 요소임을 알 수 있다. 이는
색채의 식별성과 주목성 그리고 전달성과 같은 색이 가지는 기능적
특성에 의한 것이다. 동일한 평면 구조가 계속되는 고층 건물에서
엘리베이터 로비의 색을 다르게 한다거나 대규모 지하 주차장에서
구역별로 색을 다르게 적용하는 것 모두 사용자의 현재 공간적 위치를
알려 주기 위해 색채 정보를 활용하는 것이다.

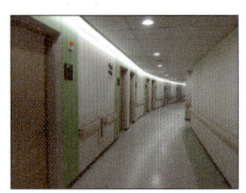 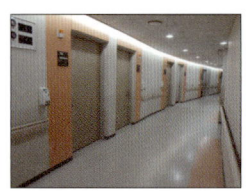 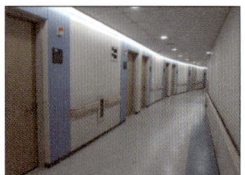

그림 78. 종합병원의 층별 색채 정보, 해운대 백병원

지하철역과 같은 공공 공간은 내국인뿐 아니라 외국인의 사용 빈도도 높기 때문에 색채와 같은 글로벌 언어에 의한 환경 정보 제공이 더 적극적으로 이루어져야 한다. 홍콩 지하철역에서는 고채도의 원색들을 각 역의 벽면에 과감히 도입한 것을 볼 수 있는데 이는 문화적 배경과 관련되기도 하지만, 가장 쉽게 접근할 수 있는 색채로 이용객에게 장소에 대한 정보를 제공하려는 조형적 배려로 해석할 수 있다.

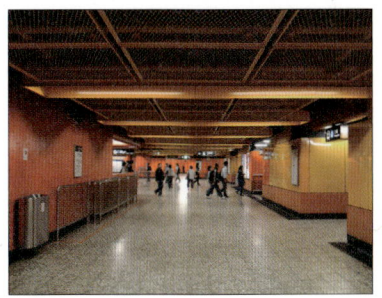

그림 79. 빨간색과 주황색으로 이루어진 홍콩 노스포인트역

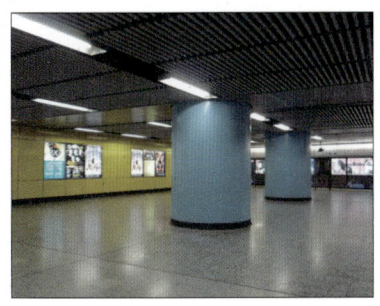

그림 80. 하늘색과 노란색으로 이루어진 홍콩 애드미럴티역

기초조형에 의한 유도 표지 디자인

'유도 표지(marked trails)'는 복잡한 공간에서 길을 찾는 데 가장 직접적인 도움을 줄 수 있는 환경 정보이다. 이는 교차로가 없는 고속 도로를 타고 직장에 출근하는 경우나 잠수부들이 물속을 탐험할 때 밧줄에 의존하는 경우와 같이 주변과 식별되는 연속적인 표지를 계속 제공함으로써 길을 안내하는 방법을 가리킨다.

일반적으로 '선'이나 '도형'을 도입한 유도 표지는 비교적 쉽게 위치, 방향에 대한 정보를 인지할 수 있도록 해 준다.

다음 그림과 같이 대형 전시장 바닥에 방향을 표시하거나 대규모 종합병원에서 진료실을 안내하기 위해 복도 바닥에 색상 코드를 표시한 사례를 주변에서 자주 볼 수 있다. 공공 환경으로서 사용 빈도가 증가하는 지하철의 경우, 환승하려는 사용자들에게 각각 다른 노선의 색으로 유도 표지를 제공해 쉽게 목적하는 노선에 이를 수 있게 한다.

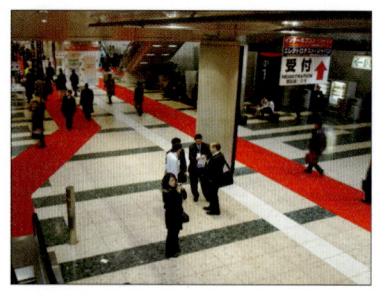

그림 81. 붉은색과 흰색으로 방향을 지시하는 유도 표지, 도쿄 빅사이트

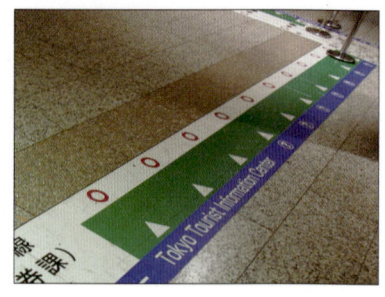

그림 82. 색채와 도형의 조합에 의해 방향을 지시하는 유도 표지, 도쿄 시청사

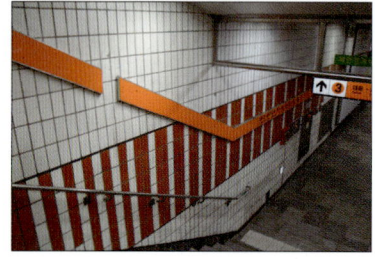

그림 83. 노선의 색으로 방향을 지시하는 지하철역 유도 표지, 서울 을지로3가역

기초조형에 의한 랜드마크 디자인

랜드마크(landmark)란 대지(land)와 표지(mark)의 합성어로, 비행기 조종사가 육표나 부표에 의존해 길을 찾는 것처럼 보행 환경에서 필요한 위치들을 파악하는 데 도움을 주는 주요 표지를 의미한다.

보행 환경에 나타나는 수많은 형태 사이에서 어떤 것이 랜드마크가 될 수 있는지 때로는 모호하다. Z. 페포니스(Z. Peponis, 1990)는 랜드마크를 체계적인 추상적 패턴으로부터 구별될 수 있는 기준점(reference points)이라고 정의하는데, 이는 곧 전체 조형의 맥락에서 시각적으로 구별되어 나타나는 대상을 의미한다.

랜드마크는 일반적으로 목적지를 찾는 길찾기 행위에서 현 위치를 파악하고 경로를 기억해 바른 판단을 하도록 도와주는 인지적 기능을 한다. 해, 달, 꽃과 같이 인지하기 쉬운 사물을 형상화하거나 주목성이 강한 색채로 형상화한 랜드마크 조형은 보행자에게 해당 장소의 위치를 알려 주며, 이후 다시 해당 지점에 왔을 때 쉽게 기억을 떠올릴 수 있는 심적 이미지 생성에 도움을 준다.

　　기억 속에 저장된 공간적 표상(spatial representation)이 강할수록
공간 인지에 도움을 주기 때문에 눈에 잘 띄며 기억하기 쉬운
랜드마크일수록 강한 심적 이미지가 생성된다는 사실을 여러
연구자들이 밝혔다.(Chen & Stenny, 1999; Hunt, 1984)

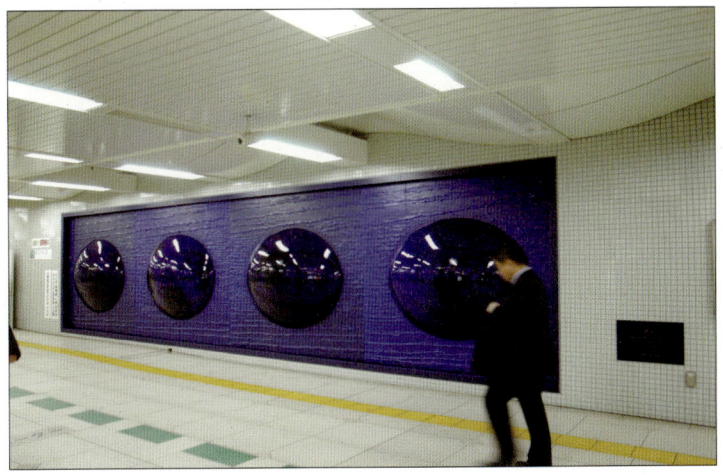

그림 84. 주목성이 높은 색채를 적용한 랜드마크, 우에노역

랜드마크 정보

랜드마크 조형은 그 대상을 쉽게 연상하거나 그 의미를 쉽게 읽어
내도록 표현할 수 있다. 산업, 문화, 인물, 역사 등 해당 지역이나
장소와 관련된 내용은 모두 랜드마크 조형의 대상이 될 수 있다.
설치된 장소와 관련된 역사적·문화적 의미들을 상징하는 랜드마크는
사람들의 마음에 나름의 인상을 남기며 그 장소나 도시의 특성을
기억하게 해 준다.

　　일반적으로 각 지하철역에는 장소의 아이덴티티를 연상하게
하는 랜드마크적 조형물이 설치되어 사용자들이 원하는 역의 위치를
파악하거나 역 구내의 특정 장소를 기억하도록 돕는다. 이는 지루하고
삭막해지기 쉬운 지하의 공공 환경을 풍요롭게 하는 심미적 기능도
함께 충족한다.

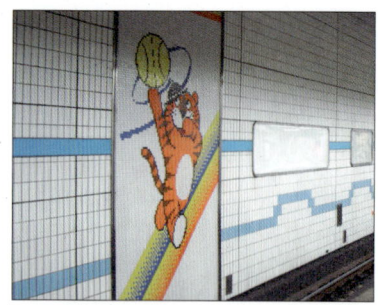

동대문운동장역

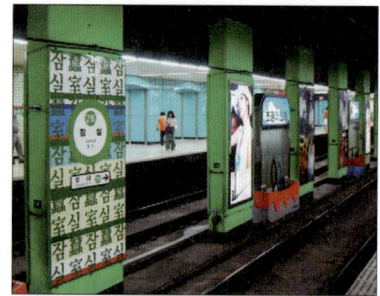

잠실역

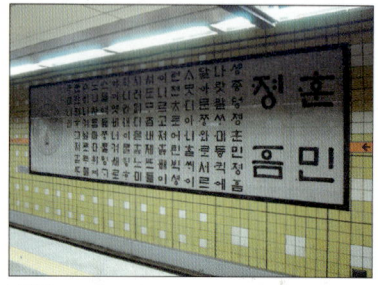

교대역

그림 85. 각 역의 특성을 나타내는 랜드마크 조형물, 서울 지하철역

홍콩의 지하철역 다수에는 한문 캘리그래피가 적용되어 있으며
올림픽역에는 올림픽의 각종 종목을 일러스트레이션으로 표현한
슈퍼그래픽이 장소 정보를 알려 준다. 한편 오사카는 목련 등 봄의
풍경을 담은 동양화와 전통 건축물의 격자 문양으로 된 조형물 등
랜드마크적 조형물을 설치해 사용자의 장소에 대한 기억을 돕고 있다.

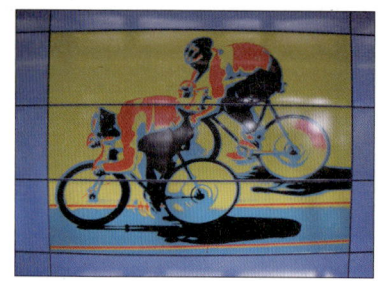

그림 86. 홍콩 올림픽역의 랜드마크 조형물

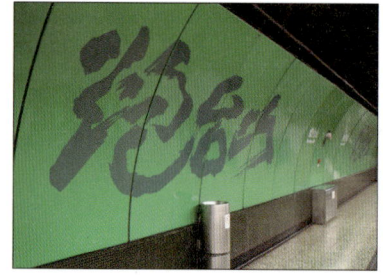

그림 87. 홍콩 포트리스힐역의 랜드마크

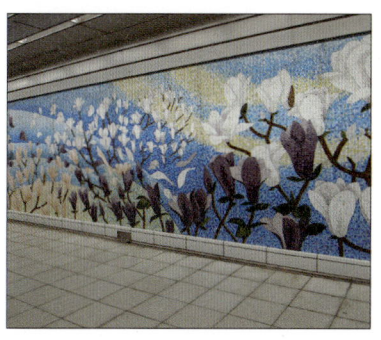

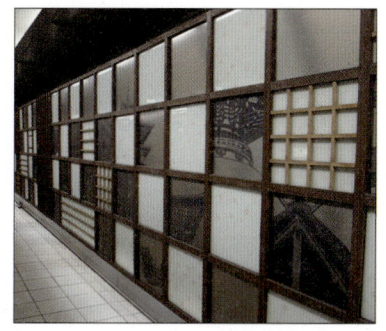

그림 88. 오사카 가모욘초메역   그림 89. 오사카 다니마치로쿠초메역

방향성을 잃기 쉬운 지하 공간에서 이러한 랜드마크 조형물은
그 장소를 다시 기억할 수 있도록 하는 소중한 환경 정보를 문화적
감성으로 소통한다.

테마와 랜드마크

오늘날 대형 복합 쇼핑몰과 같은 경우 길찾기를 돕는 방편으로 테마를
도입해 더 확실하게 구역을 차별화하는 조닝 디자인을 도입하는데
각 구역은 해당 테마를 표현하는 랜드마크 조형에 의해 쉽게 구별된다.
테마를 달리해 조닝 디자인을 한다는 것은 각 장소가
표출하는 장소적 특성을 테마라는 구체적이며 흥미로운 콘텐츠로
끌어들임으로써 이용객에게 재미와 즐거움을 선사하는 동시에
전달력을 높여 현재 위치에 대한 단서를 쉽게 소통한다는 장점이 있다.
서울에 있는 코엑스 쇼핑몰은 산 정상에서 물이 흘러내려 바다에
이르는 과정을 따라 산마루길, 수풀길, 폭포길, 오솔길, 강변길, 호수길,
계곡길, 열대길, 바닷길 등 총 아홉 개의 테마를 가진 구역으로 구성해
사용자들이 테마에 따라 위치를 쉽게 인지하도록 돕는다. 연잎을
형상화한 기둥은 호수길을, 나뭇잎을 형상화한 천장은 오솔길을,
열대 식물의 열매를 형상화한 조명은 열대길을, 파도를 조형화한
벽면은 바닷길을 각각 표현했다.

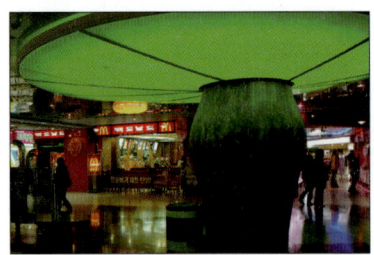

그림 90. 호수길의 테마존

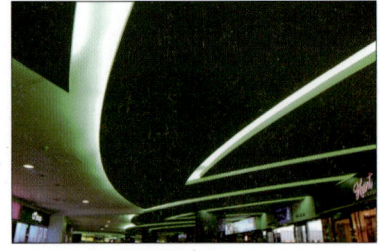

그림 91. 오솔길의 테마존

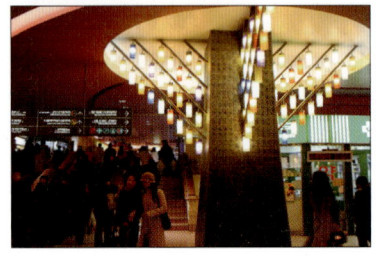

그림 92. 열대길의 테마존

이와 같이 복잡한 공간 구조 속에서 조형을 통한 랜드마크의 설정은
해당 위치에 대한 확실한 표상을 기억하게 함으로써 매우 유용한 장소
정보의 역할을 감당한다.

사용자가 발견하기 쉽고 이해하기 쉽도록 각 장소의 특성을
조형언어로 구체화하는 일 역시 조형을 통해 대중과의 소통을 높이는
방법의 하나로서 오늘날 복잡한 구조의 공공 환경에서 필연적으로
요구되는 과제이다.

도시 환경과
공간 커뮤니케이션

도시 환경과 공간 디자인 요소

변화하는 사회적 요구와 사용자의 다양화
– 가변성(flexibility)을 적용한 공간
– 사용자 요구(needs)를 위한 차별화와 유형화
– 인간에게 편의성을 제공하는 지능적 공간

하드웨어 중심의 공간에서 유연한 공간으로
– 요구에 반응하는 유연한 공간 개념의 중요성 증대
– 소프트웨어적 요소, 콘텐츠 중요성 증대
– 정적인 방식에서 동적인 방식으로 공간에 반응

유희적 공간 요구 증대
– 사용자의 요구와 필요 사항이 공간을 이루는 디자인 요소로 존재
– 감성적 체험의 중요성 증대
– 공간을 사용하면서 사용자가 이야기를 만들어 나가는 경험

표 1. 공간 환경 개념의 변화

현대 사회에서 디자인이 적용되는 분야는 매우 광범위하다. 특히
인간의 생활 환경을 다루는 공간 디자인 분야는 궁극적으로 삶의
질(quality of life)과 직결된다. 인간의 생활 환경은 과학기술과 예술
그리고 무엇보다 문화를 바탕으로 형성되기 때문이다. 특히 공간
환경은 심리적으로 우리의 행동 유형과 사고방식에 중요한 영향을
주므로 문화적 배경을 근거로 한 감성적 접근이 필요하다. 현대의
공간 디자인은 형태, 재료, 조명, 색채 등의 물리적인 구성 요소들과
정보기술(information technology) 및 과학기술(science & technology)과의
결합을 통해 개인적 기호 표현 수단으로서 다양한 문화적 취향을
표현한다. 이러한 시대적 흐름은 공간 디자이너의 궁극적 목표를
우리가 거주하고 생활하는 쾌적한 환경 조성을 통해 이용자의
만족감(user satisfaction)을 극대화하는 것으로 변모시킨다.
공간 디자이너가 생활 공간의 쾌적성 추구, 기능적 해결, 이용자의
감성적 충족을 위한 환경을 제안하려면 사용 목적에 부합하는
공간의 기능을 부여하는 것 이상으로 이용자의 요구 사항을 철저하게
분석하고 수용한 미적 합리성을 제시해야 한다. 나아가 공동체를
이루어 살아가는 우리의 삶과 환경에 대한 문제를 재인식하고 생활

방식의 변화에 따른 사회적 요구와 시대적 변화를 반영하는 것이
이상적이다. 이렇게 제시된 아이디어를 통해 결과적으로 우리는 미적
욕구를 환경과의 조화 속에서 발견하고 생활 환경을 순화시키게 된다.

공간 환경과 형태

공간 형태의 생성(form generation)은 2차원과 3차원 그리고 4차원
조형 요소들의 결합으로 가시화되어 형 혹은 형태로 창조된다. 공간은
조형 요소의 일관성을 통해 창조되며 점, 선, 면 등의 기본적 요소에서
출발해 형태, 양감, 질감, 색채 등에 의해 풍부해지며 조화, 변화, 균형,
비례, 반복 등으로 질서를 갖게 된다. 완성된 형태는 구성 요소와
조형 원리를 이용한 연출된 상황을 보여 준다. 각 요소는 전체의 질서
안에서 조직적으로 구성되어 일관되고 통일된 공간의 전반적인
환경을 구성한다.

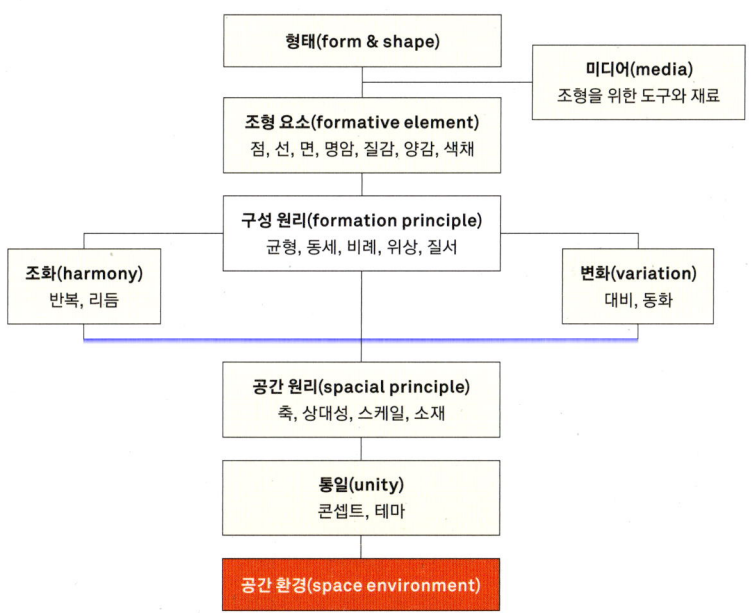

그림 1. 공간 환경과 조형 요소의 관계도

에릭 바인하커(Eric Beinhocker, 2007)는 디자인된 대상들은 임의로
만들어지지 않는다고 말했다. 그 대상들이 일정한 수준의 복잡성,
질서, 구조를 내포하기 때문일 것이다. 목적에 대한 적합성과 복잡성의
결합은 디자인된 것과 그렇지 않은 것을 구분하는 중요한 근거
기준이 된다. 이러한 적합성과 복잡성 구조가 허락하는 범위 안에서
공간 디자이너의 사상과 철학은 모든 디자인 요소를 통해 표현된다.
디자이너의 조형적 사고를 기반으로 한 형태화 단계는 구상, 기술 적용,
형태 표현으로 분류할 수 있다. 형태는 공간에 존재하는 면과
그 면들의 내부적 관계를 3차원 형상으로 체계적으로 규격화한
개념이다. 디자인 과정에서 형태에 대한 인식은 실체적인 구조의
탐구와 구상 단계에서 이루어진다. 탐구와 구상 단계는 대상 자체의
근본적인 구조적 원리를 파악하고 체계화하기 위한 분석과 표현이
핵심이다. 또한 구상 과정을 통해 최종 결과물의 지배적인 형태의
속성을 결정하게 된다. 모든 입체적 형태는 단위 모양을 형성하는 기본
구조(basic structure)에 의해 만들어진다. 기본 구조는 반복과 결합으로
다른 형태들과 관계를 맺는다. 단순화된 기호(sign)와 모양이 형태의
구조 형식을 형상화하고 양감을 형성하며 기하학적 형태를 구성한다.

빅토리아 클로스 볼(Victoria Kloss Ball, 1992)은 형태의 결정
단계는 기능성(functionality), 물리적 강도(strength), 실용성(practicality)
그리고 형태가 전달할 수 있는 은유적 메시지(metaphor message)가
중요함을 강조했다. 형태를 구체화하는 디자인 프로세스의 종합적인
접근과 해석이 요구되는 이유는 공간 형태와 이미지 대상 분석의
과정이 형상화된 대상에 결합되어 구체적으로 드러나기 때문이다.
공간 디자인의 단계별 조형적 접근 과정은 디자인 주제와 관련 있는
조형언어의 추출 과정과 형태화 작업 과정으로 이루어진다.
특히 아이디어 구상 단계에서 언어의 의미와 개념을 정립하는 것이
무엇보다 중요하다. 정립된 개념은 형태의 질서와 세부 기능을
부여하는 표현 단계 과정을 통해 콘셉트와 아이디어 설정, 이미지
구상, 스케치 작업, 형태의 3차원적 분석, 상대적 크기와 스케일, 색채,
소재와 질감 효과에 의한 디자인 표현의 상호적 관계를 형성한다.
이러한 상호적 관계는 아이디어 발상에서 최종 조형화 단계를

구상 단계, 기술 적용 단계, 형태 표현 단계로 설명할 수 있다.
이때 상호 관계를 극대화하기 위해서는 각 단계에서 활용될 수 있는
기법과 소재의 다양한 조합을 시도해 디자인 시퀀스(sequence)를
구체화하는 과정이 필요하다.

1단계	탐구와 구상 imaginative approach	① 의도 단계: 이미지의 형식	· 심상적 상을 근거로 하는 이미지 형성 · 대상의 인식과 조형언어 형성
		② 질서 부여 단계	· 시각적 상상에 의한 아이디어 발상 · 사물의 이미지 표현 · 작가의 표현을 통해 재구성된 질서 부여
		③ 발견 단계: 보편적 기능	· 일반성을 찾아가는 방법 · 기초적 형상화 단계 · 공간 기능의 기본 원리 추구
2단계	기술적 접근 technological approach	① 탐구 단계: 실체적 구조	· 대상 자체의 구조 원리 탐색과 체계화 과정 · 조형적 대상을 구조적으로 분석 · 체계화 방법과 과정의 적용
		② 수립 단계: 전형(type)과 체계	· 기술적 단계의 구조적 원리 추출 · 일관성 있는 원리 형성 · 디자인의 원형 구축 과정
3단계	형태와 기능의 표현 formative & functional approach	① 인식 단계: 물질적 환경 문제	· 조형적 대상과 주변 환경의 관련성 탐구 · 형태와 기능의 관계성 추구 · 공간의 구성에서 특히 중요하게 다루어짐
		② 개발 단계: 인간과의 관계 상호성	· 환경적 측면에서 형의 형성 · 형체화되는 과정의 새로운 가능성 제시 · 디자인 과정은 창조적 기반과 상호 관계로 고찰

표 3. 공간 디자인의 표현 과정(김선영, 2000)

형태의 물리적 특성

공간 디자인 작업에서 형태를 구성하는 원리와 요소는 매우 다양하다.
형태의 개념은 공간 속에 존재하는 면과 그 면들 간의 체계적 관계를
3차원 형상으로 규격화하는 과정이라고 정의할 수 있다. 따라서
공간의 형태를 인지하는 과정은 3차원 공간 안에서 형태와 축을
근거로 이루어지는 지각 현상과 관계가 있다. 공간의 지각에는 1차원,
2차원, 3차원의 공간 축(spatial axis)과 한 개의 시간 축(temporal axis)이

작용한다. 형태의 기준선이 되는 축은 공간 구성의 절대적인 질서, 즉 형태와 공간에 체계(hierarchy), 질서(order), 방향(direction)을 부여한다. 축의 설정은 공간 구조의 기본 방향을 설정하고 통제와 단순화 작업의 기준이 된다. 또한 시점의 이동 경로와 방향 제시 등 공간을 지각하는 중요 기준이 된다. 시간 축은 시간의 흐름에 따라 규칙적 또는 불규칙적으로 작용하는 비가시적인 규정적 도구이다. 길이와 방향성을 갖는 선형의 시간 축은 운동의 흐름을 유도하며 공간의 배열을 창출한다.

형태의 상대성은 공간의 스케일, 깊이, 거리에 의해 결정된다. 형태의 상대성은 공간의 크기와 규정을 위한 비교 개념으로서 시각적 형태와 구성의 비례를 통한 아름다움을 부여한다. 스케일은 특정한 측정 단위로 결정된 형태의 크기와 치수로서 상대적 크기(relative scale)로 인한 형태의 관계성과 형태적 상호작용의 비교를 의미한다. 상대적 크기와 스케일은 물리적 환경과 인간의 관계를 정의하는 인체공학적인 적정 치수를 제안하는 것이 좋다.

디자인의 형상적 아름다움은 기본 요소인 점, 선, 면으로 표현되기도 하지만 소재의 특성과 소재 자체의 속성에 의한 형태적 미가 디자인의 핵심이 되기도 한다. 현대 디자인에서 소재의 선택은 최종 결과물의 의미와 가치에 직접적으로 영향을 주기도 한다. 따라서 명확한 재료의 선정을 위해서는 심리적, 기술적, 구조적 연구의 선행이 요구된다. 즉 형태와 축, 크기 등을 결정하는 조형 행위를 통한 재료의 직접적인 체험 과정으로 재료의 순수한 물성을 이해하고 표현하는 것은 매우 중요하게 다루어져야 한다. 재료의 질감은 촉각적 질감(tactile texture), 시각적 질감(visual texture), 장식적 질감(decorative texture)으로 분류할 수 있다. 질감의 공감각적 표현은 형태를 보완하고 재료의 종류와 색상을 통합적으로 표현하게 된다. 디자인 결과물을 위한 재료와 소재 선정은 물리적 측면과 심리적 측면에서 신중하게 검토해 선정하는 것이 중요하다.

공간 디자인과 조형적 표현

로슨(Lawson)과 마요(Mayo)의 1994년 연구 결과에 따르면 디자인 모티브는 디자인 개념으로서의 추상적 아이디어를 의미한다. 언어적 사고 체계를 기반으로 하는 디자인 개념은 형태, 색채, 재료, 질감에 관한 경험과 미학을 기반으로 조형적 사고와 디자인 주제와의 관계성을 이끌어 낸다. 이때 주어진 대상 공간의 3차원적 계획 기준을 형성하게 된다. 이 과정에서 공간 디자이너는 언어적 개념을 근거로 구성의 질서 원리들의 변용과 구체적인 질서 체계를 부여하며 공간 구성을 위한 최종적 원리를 구축한다. 디자인 개념에 입각한 주제의 실천적 구상 단계는 구현 형식을 필요로 하며, 입체의 분석과 이해, 크기의 상대성 개념과 스케일, 소재와 색채와 질감 효과, 기능성 등을 중심으로 최종 결과물을 구체적으로 표현하게 된다.

공간 커뮤니케이션

예술가, 건축가, 디자이너는 물리적 요소를 이용해 이용자와의 다양한 커뮤니케이션을 시도한다. 시각적 구성 원리를 이용해 의도하는 메시지를 함축하는 이미지와 제품 그리고 공간 환경을 창조한다. 메시지는 의도된 진술, 아이디어, 상호 교류형 감정으로 정의할 수 있다. 공간을 구성하는 다양한 형태는 시각적 질서 체계와 통일성 속에서 사물과 환경의 기능적 관계 그리고 의도된 메시지의 전달을 위해 체계적으로 결합된다. 이러한 결합 과정은 디자이너의 창조적 능력에 따라 많은 차이를 보이며 다양한 커뮤니케이션 모델을 형성하게 된다. 커뮤니케이션은 언어와 텍스트뿐 아니라 기호, 코드, 상징의 물리적 형상과 형태적 조합 또는 기호, 코드, 상징의 조합을 위한 시스템으로도 가능하다.

    이러한 기호 체계는 의미를 갖는 상징들과의 결합 방식으로 구성된다. 예술가, 건축가, 디자이너는 메시지를 전달하는 디자인 요소와 상징으로 구성된 시각적 언어를 이용해 의미를 전달한다. 이러한 비언어적 기호(nonverbal code)[1]는 사용되거나 결합되는 방법에 따라 상징적 의미를 지니는 시각 요소 혹은 이미지들로 형성된다. 상징과 상징들의 구조적 관계를 만들기 위한 전제 조건은 기호와

1 —
찰스 왈쉬레거와 신디아 부식-스나이더(Charles Wallschlaeger & Cynthia Busic-Snyder, 2005)는 비언어적 기호를 사물적 표현(object representational), 추상적 표현(abstract representational), 추상적 비표현(abstract nonrepresentational)의 유형으로 분류했다.

관계를 이해하는 사람들로부터 유사한 해석과 반응을 유발하는
공감대의 형성이라고 할 수 있다.

1. concept development	2. spatial dynamics	3. materiality	4. color on form	5. media play	6. presentation
abstractive theme keyword image map sketches	drafting drawing paper folding form Study	various material	color plan color rendering	photographs light effect digital environment	panel portfolio
project idea development	2D into 3D form	experiencing supplies	color expression	visual techniques	presentation discussion

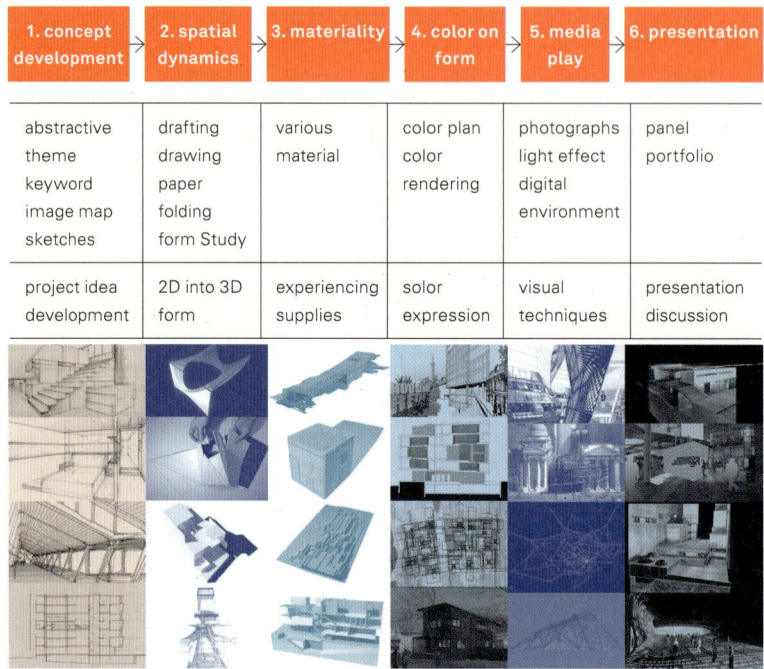

그림 2. 공간 디자인의 프로세스와 조형적 표현의 관계 1

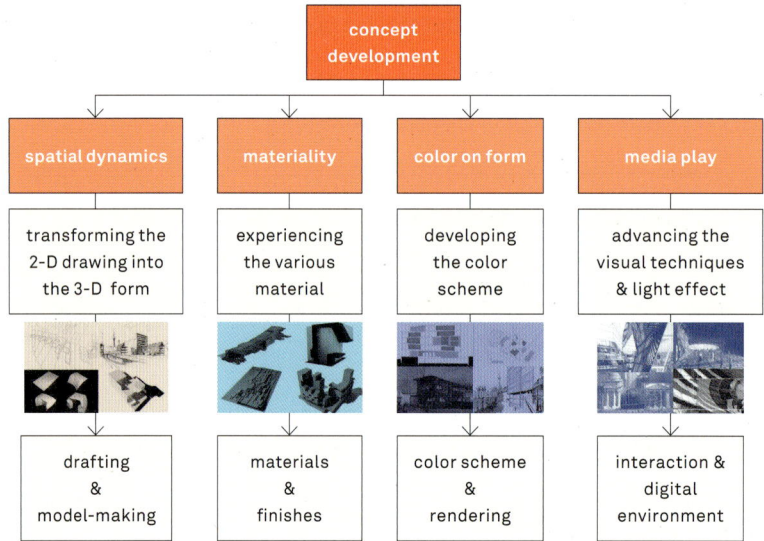

그림 3. 공간 디자인의 프로세스와 조형적 표현의 관계 2

출처 source	(암호화)	메시지 massage		경로 channel	(해독)	수신자 receiver
커뮤니케이션 숙련도 태도 지식 사회문화적 배경	→	요소 구조 내용 논법	→	시각 청각 촉각 후각	→	커뮤니케이션 숙련도 태도 지식 사회문화적 배경

표 3. 벌로(Berlo)의 휴먼 커뮤니케이션 모델

도시 이미지와 오브제

디자인 기호와 조형언어

디자인은 문화적 기반을 근거로 기존의 개념을 넘어서서 새로운 창작물을 생성하는 능동적 활동과 주어진 목적에 적합한 조형물을 실체화하는 과정의 산물이다. 이 과정은 관념적인 것이 아니며 어떠한 분야의 디자인이든지 실체와 분리되어 고려되지 않는다. 디자인은 여러 조형 요소 중 의도적으로 선택된 요소들을 기능과 목적에 부합되도록 합리적으로 재구성한다. 이때 디자인은 심미성과 기능성에 대한 접근을 시도하며 필연적으로 이 두 가지의 가치 규범을 다루게 된다.

디자인은 시각적 기호를 통해 문화적 의미를 내포하는 표현 형식의 결과물이다. 디자인의 의미를 효과적으로 전달하려면 기존의 디자인이 어떠한 사회문화적 관습 속에서 형성되었는가를 우선 파악해야 한다. 디자인의 어원적 의미는 이미 존재하는 기호를 해석해 새로운 기호를 창조하는 행위로 해석할 수 있다. 기호란 기존의 전통과 문화에 바탕을 두고 형성되는데 일반적으로 사회적 관습에서 비롯된다. 디자이너에게 일차적으로 요구되는 것은 이러한 기호 의미의 파악이다. 디자이너의 시각적 메시지와 형태 창조의 욕구에 따라 콘셉트 혹은 메시지가 전달된다. 성공적인 시각적 메시지의 전달을 위해서는 메시지의 계급 구조(hierarchy) 혹은 체계적인 형태 만들기 과정(form-making process)이 요구된다. 이미지, 기호, 상징 등의 형식으로 구성된 시각언어들은 무의식적으로 심상에 작용해 은유적인 시각적 사고(visual thinking)를 진행시킨다. 이미지의 자극을 통해 사고 작용이 진행되는 시각적 사고는 그림, 영상과 같은 이미지들을 인지하고 이해하며 비평적으로 수용하는 능력이 수반되어야 한다. 이러한 객관적인 해석 능력은 창의적이고 능동적으로 시각언어를 제작할 수 있는 능력과 직결된다.

하나의 양식으로 범주화될 수 있는 조형언어들을 분류하면 디자인 요소와 세부 등 기본 목적을 수행하는 통합적 개념이 된다. 또한 디자인 작업의 방향 제시와 구성 방법의 기초 원리를 형성한다. 역사적으로는 표현 양식을 통해 조형언어의 개념이 시각적으로 연계되어 형태와 양식으로 구현되기도 했다. 이러한 경우 조형언어는 언어의 상대적 개념과 표현 양식을 함축한다. 조형언어 디자인의 전반적인 개념화 작업에 주요한 원리로 작용하는 조형언어의 추출 과정은 시각적 매체와 언어적 사고 체계로 구성된다. 이러한 조형언어들은 디자인의 다양한 분야에서 다루게 되는 기법과 최종 결과물에 대한 연출 방향을 설정하는 데 근거가 된다.

조형언어는 작가가 조형 의지를 표현하려는 대상의 연출 방향을 결정하는 시발점이라고 할 수 있다. 디자인에서의 조형 작업은 조형언어를 형태로 구체화하는 과정으로, 조형언어가 구성 방법의 전제가 된다. 즉 조형언어는 사고를 정립하는 틀로 작용하게 된다. 절제와 변용의 원칙으로 작용되며 이미지의 특성과 미적 구성 요소의 원리 도출 과정과 직결된다. 결과적으로 조형언어는 형태의 추출을 위한 1차적 원리로 작용하며, 2차원적 평면 구성 계획안, 3차원적 형태 구성, 그리고 디자인 세부의 모든 과정을 통합적으로 연계하는 아이디어의 핵심 작용을 하게 된다. 조형언어는 디자인 콘셉트 개발을 위한 사고 과정과 형태 추출 작업에서 핵심적인 역할을 한다. 또한 최종 결과물에 적극적으로 적용되며 일관성 있는 평가의 기준이 된다.

도시 이미지 형성 기호

도시의 경관은 우리에게 총체적인 도시의 경험(total urban experience)을 제공한다. 도시의 경관을 형성하는 디자인 요소들은 도시 이미지를 구성하는 상징 요소로 기능한다. 디자이너, 건축가, 미술가들이 창조한 조형물, 건축물과 디지털 미디어 등의 툴(tool)이 결합된 도시 경관을 구성하는 다양한 오브제는 도시와 환경 그리고 인간과의 상호 교류를 유발한다. 각 도시는 도시의 정체성을 표출하는 이미지 형성을 위해 로고, 심벌, 슬로건 등 차별화된 시각 이미지를 개발한다. 도시의 이미지는 도시의 심상을 의미하는 개념이다. 여기에 지역적 특성을 가미한 도시 브랜드 이미지(city brand image)는 도시의 정체성(city identity)을 상징하며 장소 마케팅에서 중요한 역할을 한다. 도시 브랜드 이미지 형성의 소극적인 사례는 개발된 시각 이미지를 지속적으로 홍보와 마케팅에 활용하는 것이다. 그러나 공간으로 전달되는 도시의 이미지는 문화적 특성과 결합되어 입체적이고 체험적인 방법으로 더욱 적극적으로 다가온다.

도시의 이미지를 3차원으로 해석한 장소 마케팅 전략인 브랜드스케이프 환경(brandscape environment)[2]은 감성 중심의 패러다임 변환에 따른 공간 환경의 중요성과 도시의 경험을 강조했다. 건축물 자체와 연속적 경관을 상징화해 도시의 이미지를 형성하게 된다. 브랜드스케이프의 의미는 브랜드에 대한 정보 제공과 문화 교류를 위한 다양한 콘텐츠를 제공하는 공간 환경이라고 할 수 있다. 도시의 브랜드 아이덴티티 구축을 위한 건축적 시도로서 시각적 요소뿐 아니라 다양한 공간적 체험을 제공하며 도시의 자산 가치를 높여 집객 효과가 우수하다.

케빈 린치(1960)는 도시 이미지의 형성 요소를 통로, 경계, 구역, 결절점, 랜드마크로 분류했다. 그가 제안하는 다섯 개의 이미지 형성 요소의 정의를 살펴보면 다음과 같다. 통로는 도로, 산책로와 가로 등의 보행로와 운하, 철길 등 사람들이 그것을 통과하면서 도시를 관찰하거나 다른 환경 요소를 배열하거나 관계를 구성하게 하는 영향력 있는 요소이다. 경계의 개념은 통로가 아닌 도시의 선형적 요소로서 해안, 개발지의 경계 등 영역적 구분을 하거나 연결하는 선이다. 특히 수로, 벽체 등 도시의 경계를 구분하거나 생성된 지역을 묶는 역할을 하는 중요 요소이다. 구역은 도시 중간의 영역적 특성과 면적의 범위로 정의할 수 있다. 관찰자가 심리적으로 그 안으로 들어가 있으며 고유의 특질들로 식별되거나 인식되는 요소이다. 통로와 구역 중 지배적인 요소에 의해 도시의 이미지에 차이가 발생하기도 한다. 결절점은 관찰자가 속하거나 출발점이 되는 접합점의 개념으로

2 —
홍성용(2007)은 브랜드스케이프를 브랜드(brand)와 경관(scape)의 합성어로 설명했다.

통로의 교차점 형태를 보인다. 전형적인 통로의 집합점인 결절점은 연결과 교점의 역할을 하며 구역의 핵으로서 통로의 개념과도 연관된다. 집중된 구역의 핵심으로서 방사형 중심점이 되며 대부분의 도시 이미지에서 발견되거나 지배적인 특징을 갖는다. 랜드마크는 결절점과는 달리 관찰자가 외부에서 바라보게 되는 점 기준이다. 상업 공간의 파사드 등 여러 각도와 거리에서 보이며 위치의 참조가 된다. 환경의 정체선과 구조를 보여 주는 단서가 되기 때문에 도시를 인지하는 과정에서 가장 의존도가 높은 요소라고 할 수 있다.

형성 요소	형태적 특성	기능
통로	- 도로, 산책로, 통과로, 운하, 철길 등 사람들이 통과하는 요소	- 도시를 관찰하고 다른 환경적 요소들을 배열하거나 관계를 구성하게 되는 영향력 있는 요소
경계	- 통로가 아닌 도시의 선형적 요소 - 해안, 개발지의 경계 등 영역적 구분을 하거나 연결하는 선	- 수로, 벽체 등 도시의 경계를 구분하며 생성된 지역을 묶는 역할
구역	- 도시 중간에 영역적 특성 - 면적의 범위로 나타남	- 관찰자가 심리적으로 그 안으로 들어가 있으며 고유의 특질들로 인해 식별되거나 인식되는 영역
결절점	- 관찰자가 속하거나 출발점이 됨 - 접합점으로 통로의 교차점이 됨	- 집중된 구역의 핵심으로서 방사형 중심점 - 대부분의 도시 이미지에서 발견되며 지배적인 특징을 보임
랜드마크	- 도시의 실체적 이미지를 구성하는 도시 경관의 단위 시설 혹은 건축물	- 결절점과는 다른 의미의 점 기준으로 관찰자가 외부에서 바라봄 - 건축물의 파사드 등 여러 각도와 거리에서 보이며 위치 참조 - 환경의 정체선과 구조를 보여주는 단서가 되며 도시를 인지하는 과정에서 의존도가 높은 요소

표 4. 케빈 린치의 도시 이미지 형성 요소

퍼블릭 커뮤니케이션

도시 환경의 공공성과 공공 공간

도시 어메니티(amenity) 환경 구축을 위한 공공 디자인의 성공적인 활성화는 도시 브랜드 이미지의 구축과 더불어 국가의 문화 경쟁력 상승에 기여한다. 공공 디자인은 도시 환경, 도시 색채 계획, 경관 조명, 사인 시스템, 오픈 스페이스, 스트리트 퍼니처, 조경, 환경시설물 등과 문화, 예술, 미디어, 기술, 산업 등과의 유기적·연계적·통합적 관점으로 실행하는 것이 이상적이다. 도시의 상징성과 지역성을 고려한 공공 디자인이 확산되면 문화의 균등 발전, 대중의 문화적 욕구 충족과 더불어 국가 문화 능력의 증진에 기여하는 디자인의 세계화를 실현할 수 있기 때문이다.

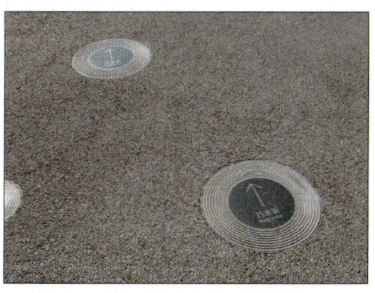
그림 4. 도쿄 미드타운의 공공 사인 디자인

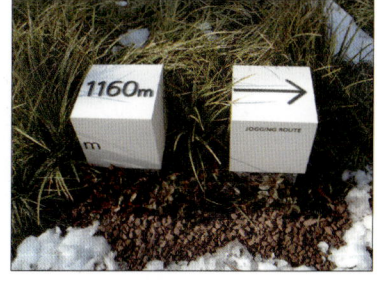
그림 5. 도쿄 미드타운의 공공 사인 디자인

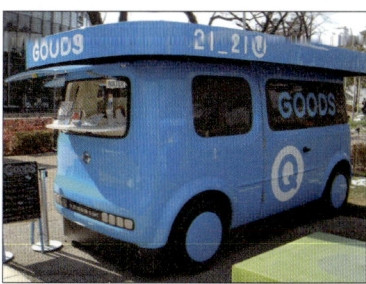
그림 6. 도쿄 미드타운의 가로판매대

공공성

알리 마다니푸르(Ali Madanipour, 2010)에 따르면 공공(public)의 라틴 어원적 의미는 사람들(people), 특히 사회와 국가와의 관계를 의미한다. 공공의 개념은 맥락적으로 광범위한 의미를 내포한다. 공공은 형용사로서 전체(whole), 불특정 다수(open to all), 공동체 혹은 지역 사회 구성원 모두가 공유하거나 접근 가능한(accessible to or shared by all members of the community), 개방된(performed or made openly) 등의 의미가 있다. 추가 의미로는 일반 대중(people in general)의 사용을 위해 정부에서 제공되는 것을 지칭한다. 명사적 의미로 사람들을 의미하며 국가 혹은 지역 사회를 나타내기도 한다. 무엇보다도 공공은 특정 관심 분야를 공유하는 사람들의 집단을 의미한다. 따라서 공공 공간은 불특정 다수 전체가 접근 가능하고 공동체와 지역 사회 구성원들이 공유하며 대중의 사용을 위해 대중에게 권한이 주어진 공간으로 설명할 수 있다.[3]

공공 공간

현대 도시 환경에서의 공공 공간은 인간의 상호작용을 촉진하는 장소이다. 도시에서의 사회적 행위는 공공 공간을 매개로 전개된다. 현대 도시의 공공 공간은 보행자를 위한 장소 만들기(place-making)라는 공간화 작업이 전제되면서 사회적·문화적 기능이 확대되고 있다. 즉 사람들의 접촉과 교류를 통해 휴식과 여가 활동을 행하면서 도시의 경관을 즐기는 공간으로 정의할 수 있다.

　　공공 공간은 서구 광장과 동양의 대로(大路)의 의미를 융합한 보행 환경으로 형태적으로는 건물 내외부의 광장과 보행 영역, 가로변 공개 공지 등 유기적인 공유 공간의 개념으로 확대해 적용할 수 있다. 도시 환경 맥락에서 공공 공간의 정의는 보행자 가로, 광장, 녹지 등을 포함하는 보행을 위한 공간을 뜻한다. 포괄적 의미의 공공 공간은 도시의 자연, 도시 기반, 문화적 요인으로 개방된 공간의 형태를 뜻한다. 대표적 형태로는 오픈 스페이스(open space), 광장(plaza) 등이 있다. 현대 도시 환경에서는 대중에게 개방된 공적 공간과 사적 공간을 포함한다. 이러한 공간은 이동 행위를 내포하는 동시에 이용자에게

3 —
벤과 가우스(Benn & Gaus, 1983)는 접근(access), 단체(agency), 목적(interest) 기준에 근거한 실증적 방법으로 공공 공간과 공공성(publicness)을 정의한 바 있다.

다양한 의미와 행위를 파생한다. 인간의 소통을 전제로 하는
공공 공간은 일상생활과 축제 등 공동체를 결속하는 의식적인 행위를
수행하는 장소이다.[4] 즉 공공 공간은 도시 문화의 상징적 공간으로
물리적으로는 도로에 의해 단절되지 않아야 한다. 인접한 주변
시설과의 연계성 구축을 위한 출입구와 보행로가 제공되어야 하며
도시민들의 생활 방식(lifestyle)과 매우 밀접한 영역 형성이 필수적이다.

4 ―
일상적인 생활 방식이나 일정한
축제 과정은 사람들이 물리적
공간을 점유하는 방식의
일종이다.

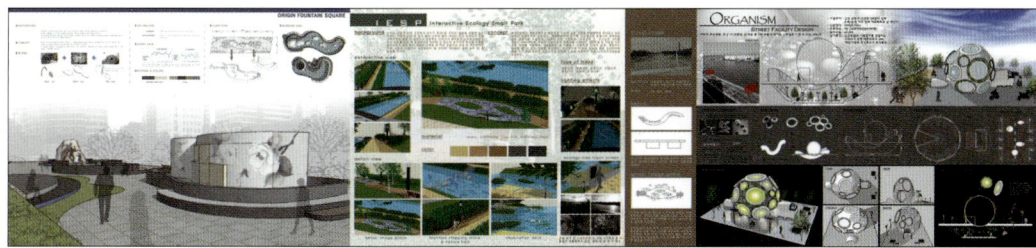

그림 7. 이용자 편의를 고려한 공공 공간 디자인

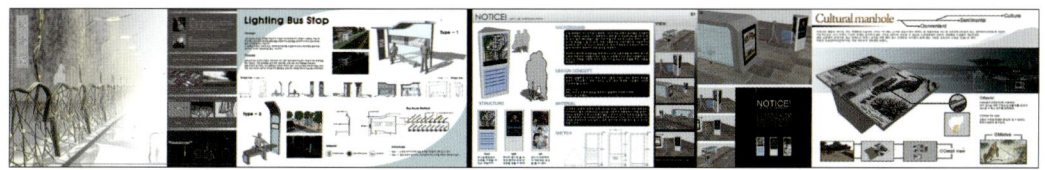

그림 8. 공공 공간의 기능성을 고려한 공공 시설물 디자인

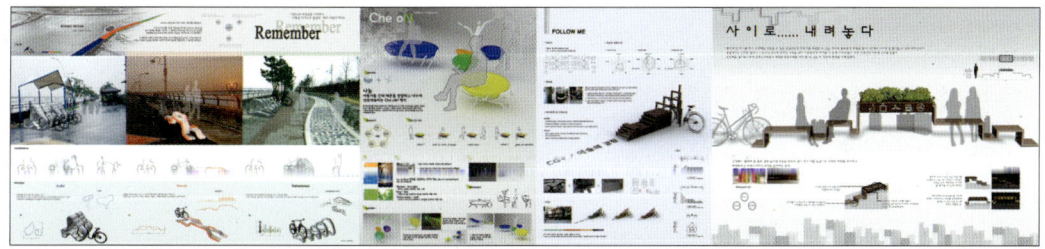

그림 9 도시 환경 개선을 위한 공공 시설물 디자인

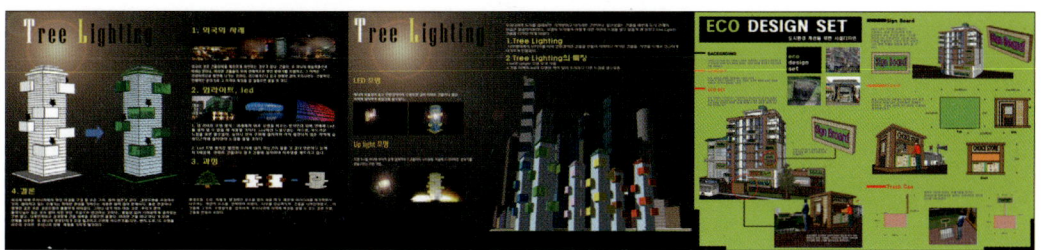

그림 10. 건축 입면과 조명을 이용한 공공 환경 디자인

오픈 스페이스와 광장의 공공성

사회적 열린 공간인 오픈 스페이스는 도시의 사람들이 만나고
교류하며 휴식과 레크리에이션을 행하고 가로 경관을 즐기는 장소성을
갖는다. 공간의 형태는 건물 내외부의 광장, 가로변의 작은 공원,
보행자를 위한 포켓 공원 등 도시 환경과 건축물이 만들어 내는 크고
작은 개방 공간으로 형성된다. 오픈 스페이스는 이용자의 교류와
문화적 특성을 고려한 공간의 개방성과 장소 만들기라는 접근 방식을
통해 도시의 공공성을 부여받는다. 오픈 스페이스의 공공성은 도시
환경이라는 맥락에서 도시민의 삶의 질을 향상하는 데 중요한 역할을
한다. 도시의 확장이 자본 경제의 개발 논리로 집중되고 디지털 문화와
사이버 공간의 출현으로 장소 개념에 대한 인식이 흐려지는 가운데
물리적 공공 영역에 관한 해석은 매우 중요하다고 할 수 있다. 특히
개인, 지역, 나아가 국가의 정체성을 보호하기 위한 수단으로서 도시의
모습을 반영하는 열린 공간, 즉 오픈 스페이스의 활용은 도시 환경의
공간 커뮤니케이션을 가능하게 하는 중요한 요소이다.

동서양의 오픈 스페이스

서구 역사에서 오픈 스페이스는 시민들의 만남, 문화적 교류, 사회적
접촉을 위한 공간을 의미한다. 그리스의 아고라(agora), 로마의
포럼(forum) 형태에서 유래한 오픈 스페이스는 중세 시대에는
시장 광장, 교회 앞마당(piazza, place, square)의 형태로 발전했다.
산업혁명 이후 도시 규모의 확장으로 공원과 녹지가 등장했으며
이들은 오픈 스페이스를 상징하는 공간이 되었다. 동양의 경우 광장의
의미를 갖는 공간보다 가로와 길로 연결되는 도시 패턴이 특징적이다.
여러 가지 유형의 마당과 연결되며 이러한 연결 통로에의 장, 시장 골목
등이 중요한 오픈 스페이스의 기능을 수행했다. 특히 우리나라의
저잣거리[5]는 중요한 오픈 스페이스 중 하나였다. 전통 한옥은 마당을
에워싸며 공간의 구성 방식을 달리하는데 한옥의 개방성은 마당을
중심으로 내부 공간과 외부 공간이 긴밀한 관계를 형성한다.
한옥 마당은 한옥의 마루와 방으로 연결되는 다목적 공간으로
활용되었다. 길로부터 적절한 프라이버시를 제공하는 폐쇄된

5 —
가게가 늘어선 거리

공간이면서 동시에 동선을 집적하는 역할을 했다. 근대 도시에서는
필지의 형태, 크기, 방향을 중심으로 길과 필지가 만나는 방식을 통해
새로운 건축 유형이 나타났다. 이러한 지형과 필지의 지역적 특성이
근대 도시와 마을을 구성하는 중요한 조건이 되었으며 길과
마당으로 이어지는 개방된 공간은 다양한 교류와 의미를 부여받았다.
현대 도시의 오픈 스페이스와 광장은 이러한 역사적인 동서양의
공간 개념을 융합한 형태로 구성되는 것이 특징이다.

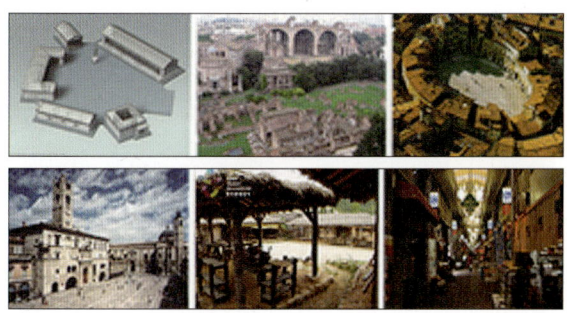

그림 11. 동서양 오픈 스페이스와 광장 형태

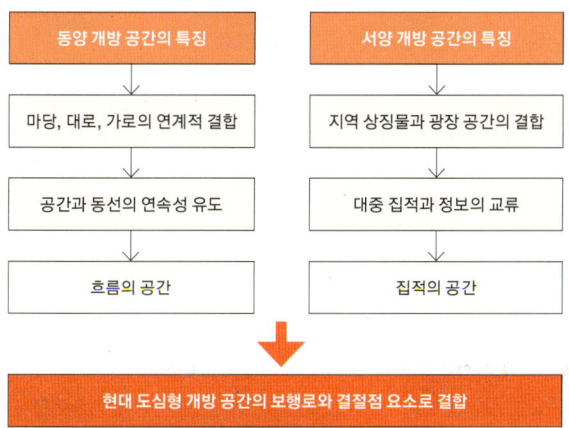

그림 12. 동서양 오픈 스페이스 개념과 광장 디자인

도시의 개방 공간, 오픈 스페이스

도시의 오픈 스페이스는 도시 계획과 빌딩 건축의 과정에서 어떠한 지역에 어떤 목적으로 쓰일 것인가에 대한 기획 차원의 검토가 필요하다. 도시의 오픈 스페이스는 주로 광장의 형태로 나타나는데 대중의 집적을 전제로 하는 공연 공간을 포함하는 경우가 일반적이다. 따라서 대중에게 문화적 교류를 유도할 수 있는 물리적 공간 계획이 필요하다. 행위의 장소와 교류의 장소를 접목하는 외부 공간의 가변성과 주변 건축물의 내부 공간을 연계하는 공간 활용 프로그램이 요구된다. 특히 가변성과 개방성이 중요한 공간 요소로 작용한다. 최근 대형 건축물의 부설 광장은 행위와 교류를 위한 문화적 복합 기능과 공공성 기여에 중요한 역할을 한다. 광장의 기본 기능인 이동과 체류, 대기 기능뿐 아니라 건축물의 내외부를 연계하는 공간의 확장성으로 보행자를 유도한다. 이러한 보행자 유도는 매우 중요한 디자인 조건으로, 대중을 위한 개방 공간은 불특정 다수인 대중의 능동적 참여가 이루어질 때 공간의 의미가 부여되기 때문이다. 따라서 문화적 요소 도입, 공연 프로그램, 전시 등의 콘텐츠 개발이 공간 디자인 계획과 병행되는 것이 중요하다. 공간의 시각적 개방성과 물리적 개방성 확보를 위해 경량재, 투명 소재, 조명 효과 등을 활용한 시각적인 공간의 노출을 통해 심리적으로 개방된 환경을 제공하고 공유 의식을 전달해야 한다. 보행자를 유도하기 위한 물리적 개방성은 녹지 환경(green space)과 건축물, 가로와의 결절점에 개방 공간의 경계선과 보행로를 연계해 결합시키도록 계획하는 것이 중요하다.

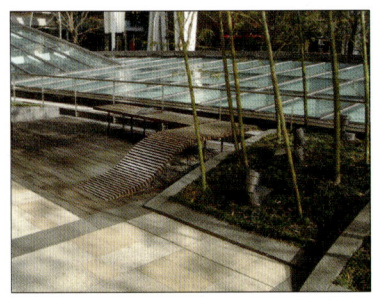

그림 13. 도쿄 미드타운의 오픈 스페이스와 공공 시설 디자인

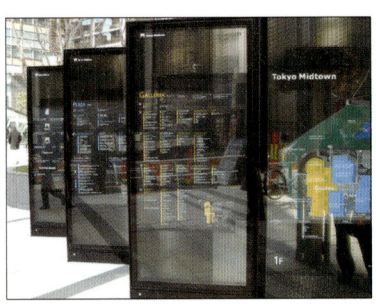

그림 14. 도쿄 미드타운의 사인 시스템 키오스크

오픈 스페이스의 기능

오픈 스페이스는 도시민에게 각종 레크리에이션 장소를 제공하고
자연을 보존하며 도시 성장을 유도하는 역할을 하게 된다. 도시민에게
일광, 공기, 물, 토지, 수목 등 자연적 요소를 제공하므로 도시민은
오픈 스페이스를 통해 심신의 건강과 시각적·청각적·촉각적 위안을
제공받는다. 도시의 오픈 스페이스는 본질적으로 생활 공간에
내재해야 기능적으로 활성화된다. 즉 시민들이 정기적으로 지나가는
장소나 도시 근교에 위치하거나 일상적으로 통과하고 머물 수 있는
기존 시설과의 공간적 결합이 필요하다. 이러한 구조적 특성은 경관상
장소의 특징을 부여하며 도시민의 휴식에 도움을 주게 된다. 도시
내 거주자에게 가장 쉽게 체험되는 오픈 스페이스를 제안하려면
이용자에게 연속성을 부여하고 공간의 접근성을 확보해 궁극적으로
도시민의 이용률을 높이는 방안을 모색하는 것이 중요하다.

기능성	본질적으로 도시민의 생활 공간에 내재해야 한다.	1. 여러 구성 공간이 체계적인 연관성을 갖는다.
연계성	일상적으로 통과하고 머물 수 있는 공간의 개방성을 갖는 기존 시설과 공간을 적절히 결합한다.	2. 도시 경관상 장소의 식별 요소가 될 수 있는 장소의 이미지(image of place)가 명료하게 표현하는 시각적 요소와 선형(線形)의 오픈 스페이스를 결합한다.
결절점	도시 경관상 장소의 특징을 부여한다.	3. 이용자에게 연속성을 부여하고 이동성을 제공한다.

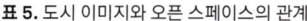

표 5. 도시 이미지와 오픈 스페이스의 관계

오픈 스페이스의 구성

이상적인 오픈 스페이스의 구성은 공간의 접근성과 개방성 확보와
가변적 요소를 적용한 체계적인 연관성 구축이 중요한 조건이다.
도시 경관에서 결절점의 위치와 문화적 아이콘을 전달할 수 있는
시각적 요소의 배치를 통해 장소의 식별 요소가 되는 장소의 이미지를
전달하게 된다. 건축물과 공간이 계획적으로 구획된 오픈 스페이스는
보행자 전용 가로, 자동차 도로, 자전거 도로, 공원 도로 등의 연결로로
이어진다. 연결로는 방사형이나 선형으로 구성되며 도시민에게
생활 공간 속에서 수시로 오픈 스페이스를 체험하도록 유도하는

동선을 제공한다. 즉 이용자들에게 연속성을 부여하고 이동성을
제공한다. 이동성 측면에서 보면, 도시라는 환경적 특성상 도시민에게
가장 쉽게 체험되는 공적인 오픈 스페이스는 가로(街路)라고 할 수 있다.
따라서 거리 자체에 보행자 전용으로 확보된 오픈 스페이스의 제공이
고려된 도시 계획으로 보행자를 위한 가로 환경을 조성하도록 하는
것이 필요하다.

공간의 접근성	오픈 스페이스와 전이 영역
공간의 가변성	실내외 공간 개방성
결절점	광장 형태와 주변 환경과의 연계성
문화 아이콘	문화 벨트 조성

표 6. 오픈 스페이스의 특징

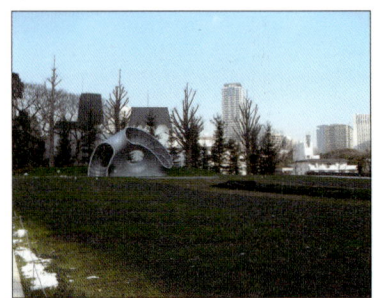
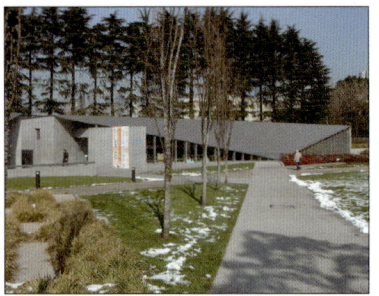
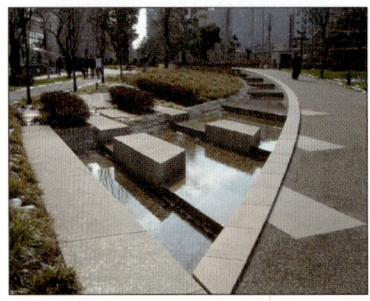

그림 15. 도쿄 미드타운의 옥외 오픈 스페이스와 박물관

오픈 스페이스의 복합적인 기능 수행을 위해서는 다음과 같은 사항이
디자인 과정에서 고려되어야 할 것이다. 첫째, 도시민 동선 패턴의
철저한 분석이 선행된 공간 계획, 다양한 문화 체험을 위한 연속적
공간 배치이다. 둘째, 대중의 집적을 위한 광장 공간은 문화 시설,
상업 시설, 주차 시설 등의 편의 공간과의 연계성을 확보해야 한다.
각 공간의 종류와 기능, 대중과의 접촉 빈도에 따른 위치 관계,
각 공간의 상호 관계를 고려한 오픈 스페이스의 위치 선정과 연결
보행로를 계획한다. 셋째, 오픈 스페이스와 주변 연계 시설과의 관계를
보여 주는 그래픽 요소를 제공한다. 그래픽 요소들은 건축 구조물,
공간 색채 계획, 시설 아이덴티티 계획과 더불어 공간의 시각적 인지
요소로 작용한다. 이러한 그래픽 요소에는 공간 간의 이동 편의성을
고려한 위치 관계 및 각 시설의 관련 프로그램을 명확하게 전달하는
시각 전달 프로그램, 사인 시스템 등이 있다. 도시의 이미지와 직접
연관되는 디자인 요소로서 도시를 인식하고 이해하는 핵심 요소라고
할 수 있다. 공간을 상징하는 로고와 심벌은 도시의 브랜드를 홍보하는
인상적인 이미지를 제공한다.

유형	배치 형태	세부 사항
중정형		· 건물에 의한 영역성이 가장 잘 보존되는 형태 · 휴식과 정적인 생활을 영위할 수 있는 폐쇄된 형태 · 가로에서의 외부 공간이 단절될 가능성과 건물의 대면성이 높음 · 답답한 느낌을 주기 쉬우며 대지 규모가 작을 때 이상적인 형태
일자형		· 건물에 의한 영역성이 가장 낮음 · 통니식, 시식식으로 숨식임을 씽씽아른 롱식인 형태
클러스터형		· 중정형의 변형 · 건물 간의 접촉을 촉진 · 주변 영역과의 격리감을 야기 · 공간의 규모가 클 때 이상적
불규칙형		· 주변의 건물이 사행, 불규칙하게 배치 · 부정형 대지, 곡선 도로에 면한 건물의 배치 · 평행, 직각 배치보다 자유롭고 변화 있는 외부 공간 형성

표 7. 오픈 스페이스의 형태적 구성

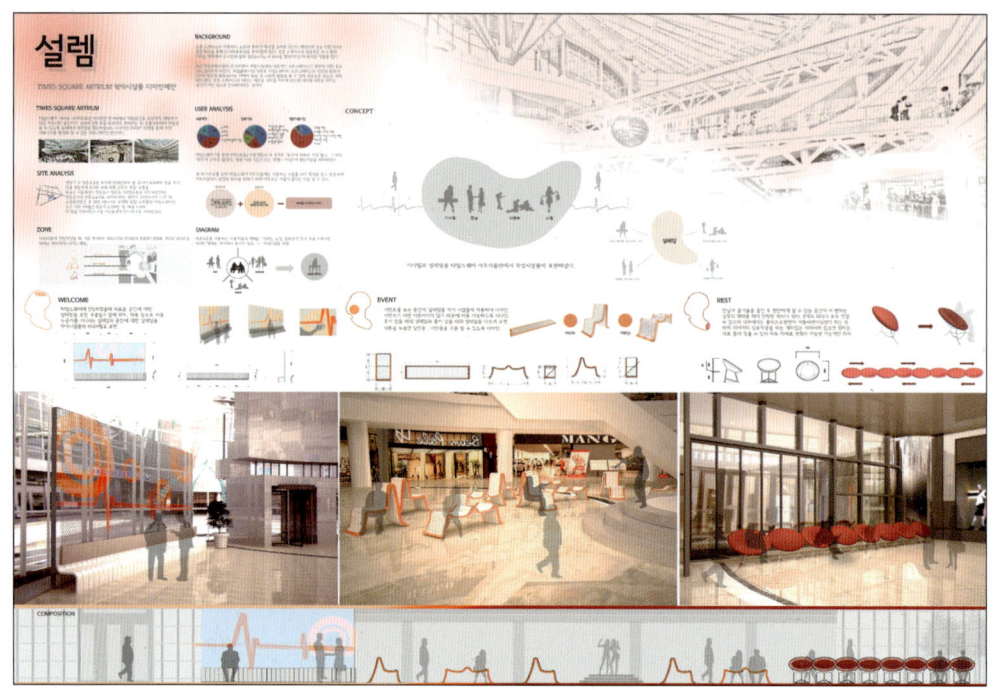

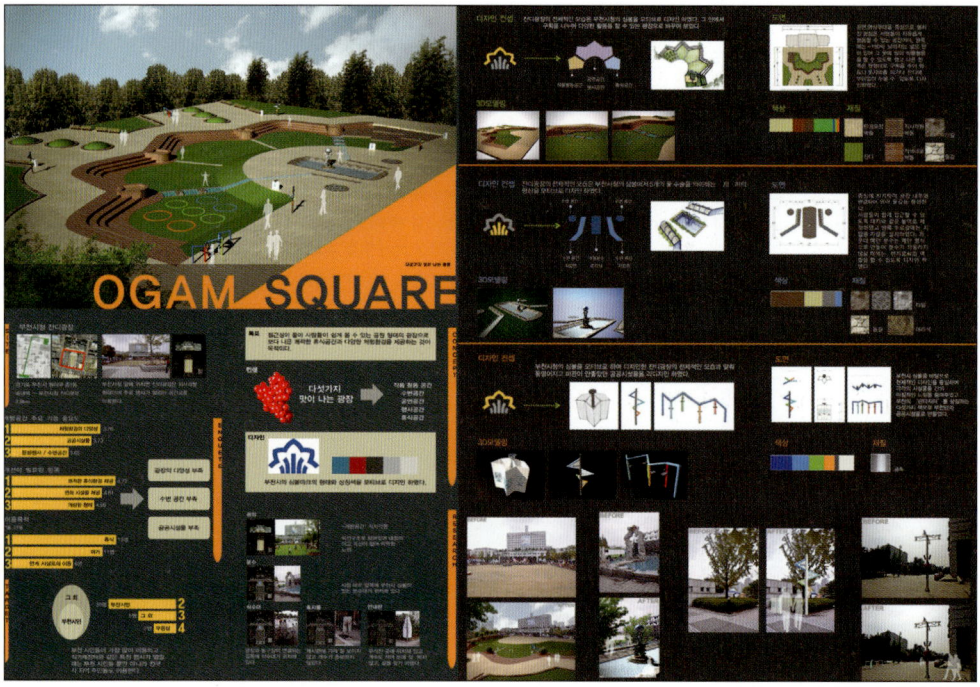

그림 16. 도시민의 교류와 소통을 위한 오픈 스페이스 디자인

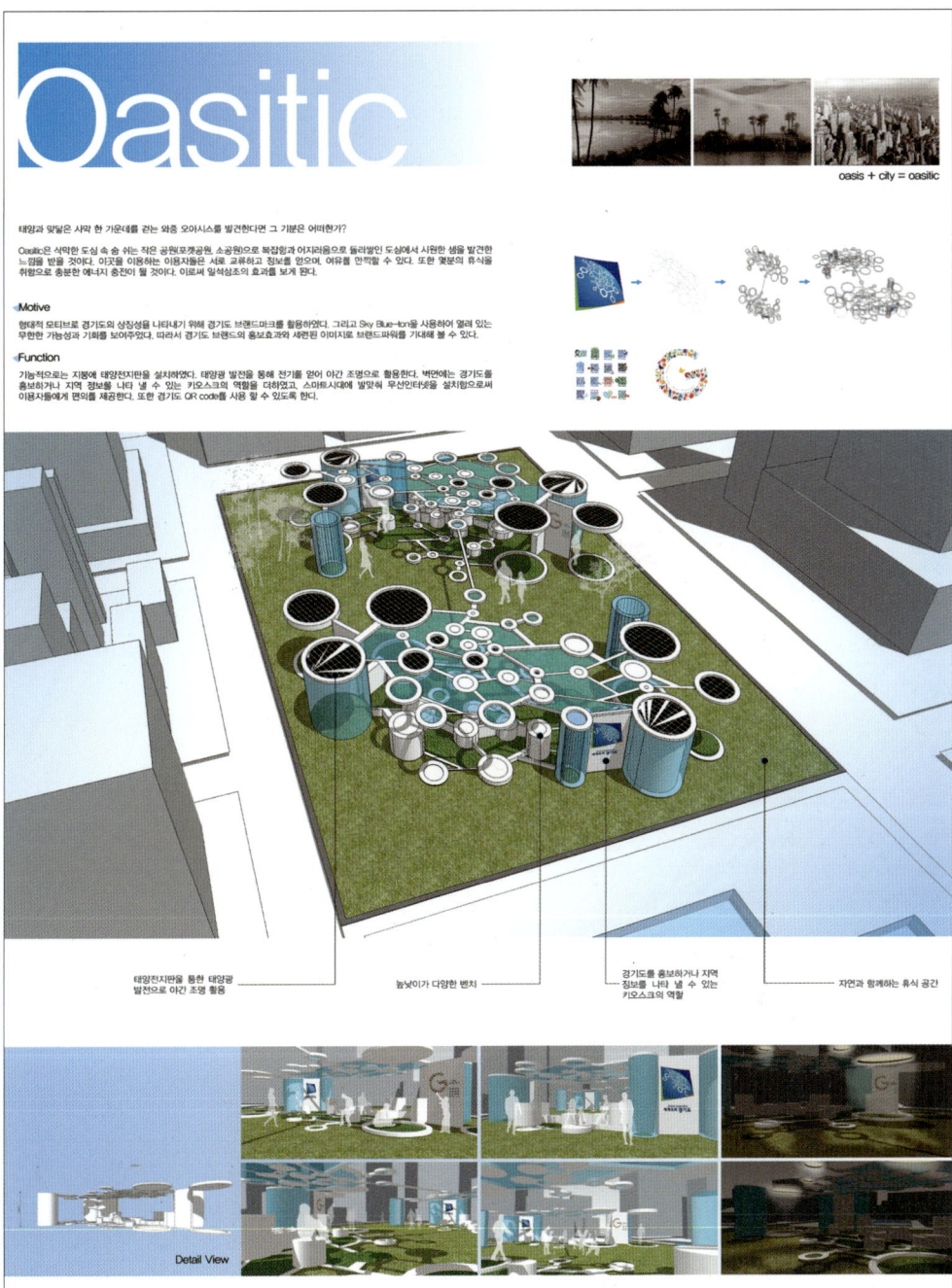

그림 17. 도시민의 휴식을 위한 오픈 스페이스 디자인

현대 도시의 공공 공간, 광장

도시의 광장은 대표적인 공공 공간으로, 새로운 공간의
형성이라기보다는 기존 공간과의 연계를 통해 실외뿐 아니라
실내로 유입되는 확장된 개념으로 이해하는 것이 바람직하다.
불특정 다수의 이용자 교류와 개별 단위 공간 간의 연계성을 통해
공공 커뮤니케이션을 가능하게 하는 매개 공간의 성격을 갖는다.
현대 도시 환경에서 광장 공간은 문화적 공감대의 형성에 기여함과
동시에 역으로 각 개인의 정체성을 찾아가고 유지하는 데 절대적
기능을 수행한다. 다양한 공간과의 관계를 형성하게 되는 광장은
각 단위 공간의 적절한 규모와 배치 계획으로 합리적인 보행자 동선을
유도하는 디자인 계획이 중요하다. 특히 실내 광장은 각각의 단위
공간과 함께 건물의 정체성(building identity)을 함축해야 한다.

광장 형태	공간적 특징
폐쇄형 광장 closed square	· 그리스, 로마, 17~18세기에 많은 기하학적 형태의 배치 · 폐쇄된 공간에 면하며 동일한 건축 양식이 반복되어 나타남 · 한 가지 형태의 건물이 광장 둘레에 반복되며 개별 동의 척도 차이, 구조적 고저에 의한 변화, 수평 지역의 길이와 폭, 분수 등의 위치에 따라 리듬감 있는 변화와 공간적 감동을 전달함
주도형 광장 dominated square	· 중세 말과 바로크 시대에 출현한 형태로 중심 건물을 직접 향한 형태 · 한 개의 특정 건물 또는 건물군이 공간을 향한 압도감을 전달하며 주위의 저층 건물군이 연결되는 형태 · 건물의 전망과 특정 건물의 흡입력은 광장에 공간적 긴장을 야기함
다핵형 광장 nuclear square	· 르네상스 시대에 출현한 형태로 중심부 주위에 공간이 형성 · 주위의 이질적 인자를 하나의 시각적 단위로 묶는 강한 수직 요소인 기념물, 분수, 오벨리스크가 중앙에 위치 · 주위 공간에 긴장을 유발하며 광장의 인상을 활기 있게 조성 · 광장이 너무 확대되면 focal volume의 규모가 상대적으로 줄어 광장의 통일성이 약해져 중앙 초점의 시각적 효과가 제한되므로 다핵 광장의 규모는 제한적임
군집형 광장 grouped square	· 단위 공간이 조합된 대규모 구성 · 두 개 이상의 광장이 연결 또는 연관됨 · 크기와 형태가 다르나 하나의 직선 축을 따라 몇 개의 광장이 전개되는 형태 · 작은 광장이 큰 광장의 한쪽에 위치하며 각각의 축이 직각으로 만나는 형태 구성 · 직접적으로 물리적 연계는 없으나 상호 연결되어 두 개의 광장이 거리를 두고 떨어져 있어도 일관성 있는 형태로 나타나는 경우도 있음
무정형 광장 amorphous square	· 공간의 한정이 없으며 19세기 다양한 절충적 부흥이 교회, 법원, 극장 등의 시각적 중요성을 과도하게 강조하거나 양식적 순화(樣式的 醇化, stylistic purification)의 무리한 시도로 적절한 건물을 제거한 결과 생겨난 광장의 형태

표 8. 폴 주커의 광장 형태와 공간적 분류

6 —
기원전 2세기부터 등장한
그리스의 설계된 광장은
히포다무스(Hippodamus)에
의한 격자 형태 도시에서
비롯했다. 프랑스와
이탈리아에서는 르네상스
초기 알베르티(Alberti) 이후
건축가들의 건축물 및 도시
광장 설계에 의해 우수한
광장이 다수 창조되었다.
그리스의 광장 아고라는
시민 생활의 중심적인 활동
공간으로, 행정과 상업 시설의
집적 및 많은 예술 활동이
행해졌다. 로마 시대의 광장
포럼은 정치 집회, 상품 교역,
축제 행사의 장이었다. 기원전
27년 이후 공화정 시대에는
정치·경제·사회·문화·종교적
역할을 수행했다. 중세의 광장
피아차(piazza)는 도시민의
생활 중심지였다. 바로크
시대의 광장은 도시 공간의
다양하고 정교한 기능과
형태를 표현했다. 바로크
전성기의 이탈리아 도시
설계는 다이내믹한 매스와
볼륨으로 방문자의 동선을
적극적으로 유도하며 극적인
경관(dynamic vista)을
연출했다.

7 —
케빈 린치(1960)의 통로는
도시를 관찰하거나 환경적
요소를 배열하는 도로 및
가로이다. 결절점은 도시의
심상과 이미지를 제공하는
중요한 요소로서 개념적인
교차 혹은 집합으로서의
중심점(anchor point)이다.
랜드마크는 환경의 정체성과
구조를 제시하는 단서로서
기능한다.

광장 디자인의 유형

도심형 광장은 도시민에게 모임의 장을 제공하는 일상생활과 밀접한 관계를 형성한다.[6] 광장의 생성 과정은 자연적으로 생성된 경우와 인공적으로 설계된 경우로 분류된다. 역사적으로 자연적 생성 광장은 주요 교통로의 교차점, 교량, 교회의 전면 공간 등 독특하고 아름다운 형태의 광장이 구심적인 역할을 했다. 그리스와 유럽 중부의 중세 시장에서 나타나는 전형적인 광장은 수세기 동안 촌락(村落)의 초원(草原), 시장터 등의 지속적인 발전으로 일정한 공간 형태를 이룬 것이다. 광장의 기능은 전정(前庭) 광장, 기념비 광장(monumental setting), 시장 광장(market place of forum), 교통 광장(traffic place), 근린 광장(domestic place), 위락 광장(recreation square)으로 분류된다. 역사적으로 광장의 기능은 변화해 왔기 때문에 특정한 기능이 일정한 광장 공간의 형태로 규정되는 것은 아니다. 광장 형태의 분류는 다양한 분석과 접근 방법이 있으며 폴 주커(Paul Zucker)는 심미성과 역사성을 중심으로 폐쇄형 광장, 주도형 광장, 다핵형 광장, 군집형 광장, 무정형 광장으로 분류하거나 혼합된 원형적 형태로 구분했다.

도심형 광장의 복합적 기능

도심형 광장은 기존 시설을 연계하고 기능을 활성화하기 위한 계획적 접근이 필요하다. 광장에서의 활동 범위와 시각적 흥미 유발은 광장 기능의 활성화에 매우 중요한 요소가 된다. 광장의 시각적 흥미 유발 요소는 도시 경관의 미적 가치를 체험하는 감상적 측면의 통로와 상징성을 내포하는 랜드마크를 의미한다. 현대 도시 경관에 관한 연구에서 케빈 린치는 다섯 개의 도시 이미지 요소 중 통로와 결절점, 랜드마크는 오픈 스페이스의 가로와 광장 및 상징물로 해석될 수 있다고 했다.[7] 많은 동선의 교점이 집중되고 접합되는 결절점인 도심형 광장은 상업적 활동과 문화적 특성을 반영한 대중의 빈번한 활용을 유도해야 한다. 따라서 도시에서 필요한 대중 집적의 장소, 이벤트를 위한 공간, 극장, 영화관, 레스토랑, 카페와 같은 위락 시설, 쇼핑 시설, 업무 시설이 군집된 주변 공간, 주거 시설 주변의 자연적인 반공용 공간, 도시 교통 교차로와 관련된 주변 시설과의 연계를 중심으로 계획해 복합적 기능을 수행하도록 한다.

실내 광장과 대중건축운동

건축물 내부의 실내 광장(indoor plaza)[8]은 공공과 개인, 이용자와 거주자, 분할과 점유로 이어지는 상대적 공간[9] 개념에서 시작되었다. 유럽 문화에서 나타난 실내 광장은 도시 보존 계획의 일환으로서 후기 산업 자본주의 사회에서 도시의 역사적 연속성을 표현하기 위한 방안이었다. 대형 공공 공간의 실내 광장에 외부 공간에서의 생활 행태를 실내 환경으로 재구축해 인본주의적 가치를 실현하기 위한 유럽 전통적 사고와 자본주의 상황을 공간적으로 해석한 것이다.[10] 실내 광장은 메인 공간을 중심으로 발코니와 창들이 실내 입면에 할당되어 다양하게 연출되며 적극적인 외부 공간 처리 기법이 시도되었다. 각 방향의 전개 면을 마치 외부 광장 주변의 건물 입면처럼 처리한다. 또한 노천 카페 등의 상업 공간을 배치해 실내 광장에서 보이는 입면들의 외부성을 더욱 강조한다. 광장 바닥은 옥외 광장에서 사용되는 포도(鋪道)의 패턴으로 연출하고 가로수와 가로등을 설치해 외부 공간의 실내 유입 효과를 증폭한다.

    미국의 실내 광장은 유럽과 달리 상업적인 목적에 의해 연출되었으며, 유럽식 실내 광장의 디자인 코드를 차용해 역사적 연속성을 배제한 세트(set) 개념의 공간 요소를 사용했다. 대중 상업 문화를 중요한 경제 운용 방식으로 채택한 미국의 실내 광장은 소비의 경제 효과를 이루려는 상업 시설의 일부분으로, 양식적 측면이 무의미하게 소품화된 건축 어휘들과 옥외의 조경 환경을 유입한 실내 공간의 연출이 특징이다. 대형 상업 공간을 활용하거나 테마 파크(theme park) 개념을 이용해 실내 광장을 연출하며 라스베이거스나 디즈니랜드와 같은 상업적 놀이 시설의 공간에 적용된다. 이러한 공간을 통해 이용객은 다양하고 흥미로운 공간 체험을 경험하게 된다. 이러한 공간 연출은 역사적 연속성이라는 시대사적 문제의 해결 방안으로 나타났던 유럽의 실내 광장과는 다른 공간 연출 기법이라고 할 수 있다. 유럽의 고전적 건축 어휘들이 역사적 연속성을 배제한 세트 개념의 공간 요소로서, 팝 건축 혹은 포스트모더니즘 경향을

8 —
실내 광장은 각 개별 단위 공간의 연계적 매개 공간으로 서로 다른 영역의 점유를 가진 장소들 사이에 존재하는 도구적 역할을 수행한다.

9 —
상대적 공간 개념은 세계 2차 대전 이후 시작된 현대 건축의 대중 건축 운동에서 기인한다. 균질적 표현에서 탈피해 다양한 공간 가치를 인정하는 대중 건축 운동은 실내 구조에 복합적 공간 개념과 아트리움(atrium) 구조로 대변되는 다층식의 실내 구조를 형성한다. 공간 축의 비틀림, 중첩 등 기능성 추구에서 탈피한 빈 공간(void space)을 생성하는데 이러한 공간은 실내 광장의 모태가 된다. 탈모더니즘 대중 건축 운동으로 유럽과 미국은 현대 도시에서 대중 집적과 문화 교류 기능을 수행하는 공공 공간으로서의 실내 광장을 표현하게 되었다.

10 —
1956년과 1959년의 국제근대건축가회의 (CIAM)에서 제기된 유럽식 탈모더니즘의 서막으로 유럽 고도(古都)의 물리적 도시 구조의 보존 운동이 본격화되었다. 이러한 운동은 대형 공공 공간에 유럽 고도의 광장과 골목길 같은 도시 외부 공간을 이식하는 상대주의적 공간 형태의 유입으로 나타났다. 특히 네덜란드를 중심으로 나타난 1960~1970년대 구조주의(structuralism) 건축은 대형 실내 광장의 대형 공간을 최초로 도입한 상대주의 공간을 형성했다. 구조주의 건축에서의 실내 광장은 1980년대 해체 공간기를 거친 뒤 형성된 대형 문화 시설에 적극 적용되어 치밀하게 연출된 혼란의 구조주의적 구도를 보여 주었다.

보인다. 강한 채광 효과, 조경을 이용한 쾌적함의 연출, 상업적 의도를
나타내는 조형 요소들이 공간 디자인 요소로 공존한다. 아트리움
구조의 대형 공간을 실내 광장으로 구성하거나 연못과 교각, 노천형
카페, 에스컬레이터 등 옥외 공간을 연상하게 하는 공간 요소들을
활용하는 것이 특징이다.

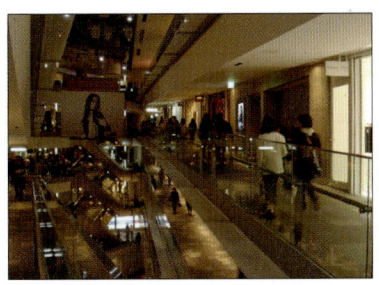 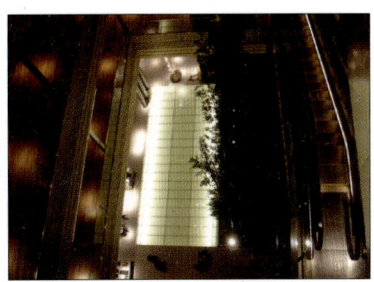

그림 18. 도쿄 오모테산도힐스의 실내 아트리움   그림 19. 도쿄 미드타운의 실내 아트리움

오픈 스페이스와 광장 디자인 사례

현대 도시 환경에서는 동서양의 오픈 스페이스 개념이 적절히 조화된
형태의 오픈 스페이스와 광장이 나타난다. 즉 공간의 구성 형태와
공간의 연속성이라는 관점에서 살펴보면 서구적 개념의 광장 공간을
포함하거나 동양적 개념의 가로 혹은 대로변을 포함하며 공간의
연속성은 결절점을 중심으로 실내외 공간이 혼용되어 형성된다.

인공 수로와 오픈 스페이스: 청계 광장

인공 수로를 중심으로 선형 형태를 갖는 청계천은 자연 요소와 도시
건축물이 공존하는 도시형 오픈 스페이스이다. 선형으로 배치된
개천을 중심으로 소형 결절점이 주변의 시설과 교각으로 연계되는
구조를 보인다. 세종로 교차점에 위치한 조형물과 청계 광장을
시점으로 대로 형태를 구성하며 교각과 소형의 결절점이 주변 시설과
지역을 연계한다. 도시 내부의 열섬 현상을 완화하는 청계천의
순기능과 새로운 문화 벨트의 구축은 도시형 오픈 스페이스의 문화적
기능을 제시한다. 한국을 상징하는 청색, 적색, 황색으로 우주와의

조화를 의미하는 상징 조형물 〈스프링(Spring)〉은 알루미늄 조각 200여
개를 용접해 제작되었다.[11] 조형물 하단에는 조형물의 내부로 진입하는
직경 4미터의 둥근 입구가 있으며 내부 저면에는 샘이 설치되었다.
청계천의 시작점인 청계 광장은 동아일보 건물과 파이낸스빌딩의
중심 위치에 있으며, 세종로 사거리와 근접해 광화문과 시청 일대의
기존 문화 시설을 즐길 수 있는 보행권을 확보한다. 주변 지역의 상업
시설, 업무 시설, 문화 시설로 연결되는 교각은 보행자에게 연계 동선을
제공한다. 신문박물관, 조흥금융박물관, 일민미술관, 시립미술관,
교보문고, 동대문풍물벼룩시장, 동대문 노점상, T샘 등 복합 문화 공간
지대를 형성한다. 서울의 첨단 이미지 구축을 위한 디지털 기술의
활용과 청계천 주변 지역의 연계를 통해 도시민과 방문객에게 무형의
정서적 가치를 제공한다. 즉 청계천을 중심으로 하는 다양한 상권과
문화권 확산 효과와 더불어 도시민에게 휴식 공간을 제공하는 도심형
오픈 스페이스 기능을 실행한다고 볼 수 있다.

11 —
〈스프링〉은 높이 20미터,
무게 9톤의 조형물로, 작가
올덴버그(Claes Thure
Oldenburg)는 봄과 용수철
그리고 탄생이라는 여러 가지
의미를 함축한다고 밝혔다.
원류는 아니지만 물의 원천이라
보고 삼각뿔이 솟아올라
하늘과 맞닿은 물의 시작과
물을 의미하는 보름달을
형상화했다고 한다.

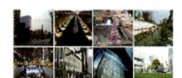

서울시청계천복원사업부, 2005   청계 광장 앞 동아일보 신문박물관
청계 광장과 세종로 교차점   청계천 시점부
청계천의 야경   일민미술관
올덴버그의 조형물   서울광장
청계천의 다양한 조형물

복합 기능	기능성	연계성	영역성	결절점	형태 구성
업무 + 상업 + 문화 지역 + 내천	· 일상적 생활 공간에 내재 · 청계천이라는 내천을 중심으로 업무와 상업 시설 및 문화 공간이 밀집 · 도시의 정체성과 생태계 복원과 친환경 도시 구성	· 기존 시설과의 연계성 · 세종로 사거리를 시점으로 광화문, 종로, 을지로, 동대문 등 기존의 주변 상권과 문화 지역 5.4킬로미터를 연계 확장	· 교차로에 시점부의 청계 광장과 수직적 조형물 · 지면의 단차, 개천과 교각들은 주변의 수직형 빌딩과 형태적 차별화	· 결절점과 연계 동선	· 일자형 오픈 스페이스 + 불규칙 배열 광장 · 교각을 이용한 주변 지역과의 연계 · 개천의 역사적 의미 부여 · 주변의 다핵 광장 연계 가능성

표 9. 청계천의 시점부 청계 광장과 주변 문화 공간

복합 문화 시설의 다핵 광장: 예술의전당

12 —
대지 면적 7만 1,026평, 연건평
3만 6,407의 복합 문화 시설로
문화적 주체성을 확립하고 한국
문화 예술의 국제적 연대성을
높이기 위해 1982년부터
추진된 예술의전당 건립 계획에
따라 1984년 국제 지명 공모를
통해 건축가 김석철의 작품이
당선되었으며 1993년 2월에
완공되었다.

예술의전당[12]은 도시민을 위한 공연, 전시, 자료, 교육 활동, 문화 예술공원, 예술센터가 독자적인 영역을 형성하는 복합 문화 시설이다. 예술의전당은 예술의 대중화와 예술 프로그램 기획 시스템 구축, 예술의전당 브랜드 마케팅 강화로 시민을 위한 문화 강좌 개설 운영 등의 문화 서비스를 제공한다. 오페라하우스, 음악당, 서예관, 미술관, 예술자료관으로 구성되며 한국 정원, 장터, 놀이마당, 우면지, 미술광장, 음악광장 등의 광장과 오픈 스페이스를 갖춰 예술 공원의 기능을 수행한다. 외부와 고립된 시설들은 다양한 실내외 광장을 중심으로 연계되는 다핵 광장의 구조를 보여 준다. 오픈 스페이스로서의 문화 광장 기능을 수행하는 음악광장, 미술광장, 계단광장의 계획은 각 시설 위치의 중심축을 기준으로 방사형 접근이 용이해 주변 시설과의 연계성을 극대화한다. 이러한 오픈 스페이스는 이용자가 보행하는 주축을 기준으로 자연스럽게 연계 공간을 인지하게 되어 이동이 편리한 구조를 보여 준다. 또한 각 시설의 로비와 라운지 등 실내 공간과도 자연스럽게 동선이 연계되는 장점이 있다. 개방형 중정 형태의 중앙광장과 분수대로 구성된 오픈 스페이스는 휴식 공간을 제공하고 각 시설로의 연계 동선을 유도한다. 중앙광장은 지면의 단차로 각 시설의 영역성을 부여하며 이용객을 집결하는 매개 공간의 역할을 실현한다. 연계 시설로의 동선 흐름을 유지하기 위해 각 시설의 1층에는 로툰다, 대형 로비 공간 등을 배치했으며 건물 외면을 투명하게 처리해 시각적 연속성을 부여했다. 음악당과 서예관이 보이는 음악광장은 행사, 이벤트, 야외 영화제 등의 야외 공연과 기획 프로그램을 위해 이용된다. 계단광장은 계단 구조물을 착석 시설물로 활용하며 팝 콘서트, 아마추어 아티스트, 해프닝 등 대중적 프로그램을 위한 공연 공간으로 활용된다. 미술관과 자료관 사이에 위치하는 미술광장은 예술의전당 주출입구와 이어져 조각 공원으로 활용된다.

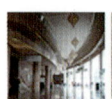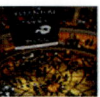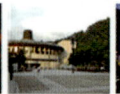

김석철, 1993
오페라하우스 로툰다
오페라하우스와 미술광장
예술의전당 외부 전경

복합 기능	기능성	연계성	영역성	결절점	형태 구성
복합 문화 공간 + 상업 시설	· 오페라하우스, 음악당, 한가람 디자인미술관, 미술관, 서예관, 야외 무대, 예술자료관 등이 문화 지역을 형성	· 미술광장, 음악광장, 계단광장을 중심으로 각 시설로 동선 연계 · T자형 교차로 상단 부분에 고립. 외부 지역과의 연계성이 낮음	· 오페라하우스를 축으로 외부 중앙 광장에서 각기 다른 기능의 문화 시설로 연계 · 건물의 정면성과 지면 단차로 접근성이 낮음	· 결절점과 연계 동선	· 불규칙 배열 + 군집된 광장 형태 · 각 시설 1층 전면의 시각적 개방성 · 실내 로비와 실외 광장 연계 · 지역과 고립된 위치는 주변 대로와 연결

표 10. 예술의전당 주요 시설과 광장

개방형 중정 광장: 쌈지길 아트스페이스

서울 인사동에 있는 복합 문화 공간 쌈지길 아트스페이스는 가로의
구현을 통해 지역의 장소성을 제시한다. 총면적 4,065제곱미터, 지상
4층 높이의 쌈지길 아트스페이스는 전통에 대한 새로운 해석과 문화적
접근을 시도했다. 지역의 전통과 문화 예술을 매개로 전통에 대한
새로운 인식을 전달하며 도시민의 감성을 자극한다. 지역의 역사적
맥락을 잇는 건축적 특징은 '길'이라는 모티브로 설계되어 전통과
인사동의 맥락이 반영되었다.[13] 도심 재개발의 대안으로 철거될 기존
가게들을 입점시켜 상업적 콘텐츠와 저잣거리의 모티브를 다양화했다.
쌈지길 아트스페이스는 중정형 오픈 스페이스를 에워싸는 가로의
구조를 일정한 동선과 마당 공간으로 형성한다. 우리나라의 전통 생활
공간인 마당을 중앙에 삽입해 다양하고 역동적인 공간을 제안한다.
중앙의 중정형 오픈 스페이스는 상업적 기능과 문화적 공간의
연속성을 강조한다.

13 —
건축가 최문규와 미국 건축가
가브리엘 크로이즈(Gabriel
Kroiz)가 공동 설계했다.

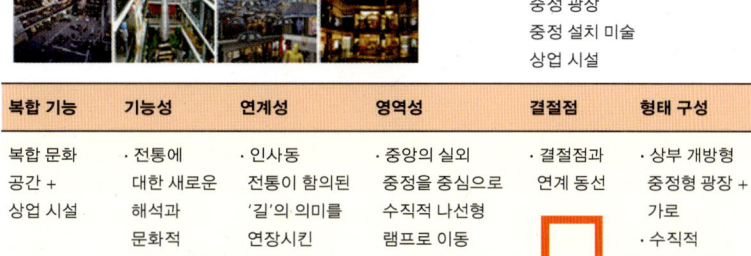

최문규 & 크로이즈, 2004
중정 광장
중정 설치 미술
상업 시설

복합 기능	기능성	연계성	영역성	결절점	형태 구성
복합 문화 공간 + 상업 시설	· 전통에 대한 새로운 해석과 문화적 접근을 시도한 공간 · 전통 생활 공간인 마당을 중앙 중정 형태로 삽입	· 인사동 전통이 함의된 '길'의 의미를 연장시킨 재개발 건축 · 복합 문화 공간으로서 중정과 회랑으로 지상 4층 지하 2층 연계	· 중앙의 실외 중정을 중심으로 수직적 나선형 램프로 이동 · 대지 면적 1,503.2제곱미터 · 건축 면적 894.06제곱미터	· 결절점과 연계 동선	· 상부 개방형 중정형 광장 + 가로 · 수직적 클러스터형 · 입면의 투명성으로 공간의 확장과 설치 공간

표 11. 쌈지길 아트스페이스 개방형 중정 광장

폐쇄형 중정 광장: 오모테산도힐스

일본 도쿄에 위치한 오모테산도힐스는 이 지역에 대규모 재건축과
재개발 프로젝트로 기획된 복합 상업 단지이다.[14] 오모테산도힐스는
중앙 개방형 구조의 차별화된 실내형 오픈 스페이스와 광장 디자인을
보여 준다. 약 3만 4,060제곱미터의 대지에 오모테산도 길을 따라
인근 가로의 맥락을 잇기 위해 기존 아파트 높이를 고려해 6층의 건축
입면을 구성했다. 나선형 램프가 선형의 중정을 감싼 공간 디자인이
특징적인 건축물의 내부는 유기적으로 연계된 통로로 제공되는 동선에
따라 새로운 시점을 제공한다. 입점 숍들은 기존 아오야마아파트와
같이 패션, 문화, 예술과 관련된 브랜드 숍으로 구성해 주변 지역과의
역사적 맥락을 잇고 있다.

14 —
모리빌딩에서 운영 주체를
맡고 일본의 세계적 건축가
안도 다다오가 설계를
담당했다.

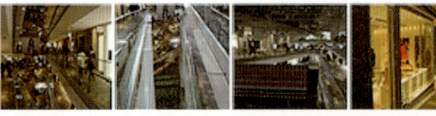

안도 다다오, 2004
오모테산도힐스 중정
현수형 설치 시설
선형의 중앙 광장
브랜드 숍

복합 기능	기능성	연계성	영역성	결절점	형태 구성
상업 시설 + 공동 주택 + 실내 중정	· 대규모 재건축과 재개발 프로젝트로 기획된 복합 공간 · 대지 면적 6,050제곱미터 건축 면적 5,000제곱미터 총면적 3만 4,060제곱미터	· 기존 아파트 높이를 고려하고 인근 가로의 맥락을 잇는 입면 · 오모테산도 길을 따라 지상 6층의 건축 입면 구성	· 중앙의 빈 공간과 나선형 램프가 중정을 완만하게 둘러쌈 · 경사로는 타원의 나선형 수직 이동 동선 제공	· 결절점과 연계 동선	· 폐쇄된 중정형 광장 + 가로 · 건축물의 내부 통로와 동선을 자유롭게 연계해 이동에 따라 새로운 시점을 창조

표 12. 오모테산도힐스의 폐쇄형 아트리움

복합 문화 시설 단지형 오픈 스페이스: 롯폰기힐스

복합 문화 시설 단지인 롯폰기힐스는 현대와 전통, 동양과 서양,
문화와 예술, 생활과 오락이 자연스럽게 융합된 도쿄의 상징
공간이라고 할 수 있다. 도쿄의 비즈니스, 상업과 엔터테인먼트
사업의 중추 지역인 롯폰기 지역 중심부에 있으며 호텔, 박물관,
쇼핑몰, 멀티플렉스 영화관, TV 아사히, 공원 등 다양한 시설이
결합된 '도시 속의 도시'이다. 핵심 시설인 모리빌딩을 중심으로 문화
예술, 엔터테인먼트, 음식, 패션 등 도시민의 라이프스타일을 반영한
도시형 오픈 스페이스를 제시한다. 여섯 개의 원으로 표현된 로고
디자인은 롯폰기힐스의 공간 구성 요소인 사무, 주거, 레저, 문화, 쇼핑,
엔터테인먼트를 상징한다. 롯폰기힐스의 가장 중요한 특징은 녹지와
정원으로 구성된 자연 요소의 도입이라고 할 수 있다. 전통 일본식
정원의 형태를 취한 4,300제곱미터 규모의 모리정원을 비롯해 영국식
정원, 키친가든 등 아름다운 조경을 갖추었다. 또한 롯폰기힐스 주변의
공공 공원은 6만 8,000개의 가로수와 관목으로 구성되어 계절의
변화를 보여 주는 녹원을 형성한다. 최상의 공연 프로그램을 관람할 수
있는 야외 공연장 롯폰기힐스아레나는 조형물처럼 연출된 원형 무대와

조명 시설이 열린 공간을 제공해 객석뿐만 아니라 무대를 에워싼 건물 곳곳에서 공연 관람이 가능하도록 계획되었다. 철저하게 디자인 계획된 녹지와 정원 그리고 보행자 동선을 고려한 산책로는 현대적인 도시 경관을 형성하며, 고유한 상품과 매장으로 구성된 200개가 넘는 상업 공간과 섬세한 건축 세부는 각각의 독특한 구성 건물의 콘셉트를 전달한다.

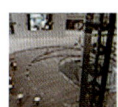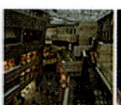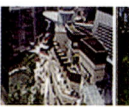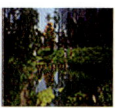

The JERDE Partnership, 2003
롯폰기힐스아레나 무대
모리정원
롯폰기힐스몰
힐사이드

복합 기능	기능성	연계성	영역성	결절점	형태 구성
주거 + 업무 + 상업 + 문화 공간 + 녹지	· 주거 공간, 상업 지역, 문화 공간을 포함하는 생활 공간에 내재 · 중앙 개방 공간과 무대 공간, 녹지 공원으로 차별화	· 모리타워를 축으로 보이드 공간 + 나선형 램프 + 교각 · 주거·상업· 문화·업무· 비즈니스· 녹지, 옥외 공간의 원스톱 리빙 (one-stop-living)	· 실내외 다양한 중정과 지하 공간부터 지상 공간을 연결하는 곡선의 나선형 램프로 수직 이동 · 대지 면적 28.4에이커	· 결절점과 연계 동선	· 수직적 클러스터형 + 가로 + 연결 교각 · 가로 + 아트리움 · 모리정원 녹지와 야외 무대 활용

표 13. 롯폰기 힐스의 광장과 연계 상업 시설

문화시설과 녹지광장: 예르바부에나센터[15]

미국 샌프란시스코 다운타운에 위치한 예르바부에나센터(Yerba Buena Center)는 예르바부에나가든(Yerba Buena Gardens)인 에스플라나드광장(Esplanade Garden)을 중심으로 다양한 문화 시설이 클러스터형으로 연계되어 구성된다. 중심부의 녹지 공원 에스플라나드광장은 광장의 기능을 수행하며 주변 연계 시설의 실내 로비와 주출입구로 이어져 도시민에게 휴식 공간을 제공한다. 광장과 대면하는 예르바부에나아트갤러리는 지역 문화를 효과적으로 활성화하기 위해 예술인들의 전시와 활동 후원, 시각 예술의 전시 보급, 교육 프로그램과 강연 등을 제공한다.[16] 주입구에서 이어지는

15 —
1993년 개관한 3.3에이커 면적의 예르바부에나센터는 로말도 주르골라(Romaldo Giurgola)가 디자인한 에스플라나드광장을 중심으로 마키 후미히코(槇文彦)의 아트갤러리(Yerba Buena Art Gallery)와 제임스 스튜어트 폴셰크(James Stewart Polshek)의 아트시어터(Yerba Buena Art Theater)로 구성되었다. 미션가(Mission Street)를 가로지르는 교각 과 연결 보도는 어린이박물관, 모스코니컨벤션센터 남북관으로 연결되어 시민, 관람객과 관광객에게 다양한 인근 문화 시설로의 접근 편의성을 제공한다.

16 —
건축가 마키 후미히코와 샌프란시스코 소재 RMW(Robinson, Mills & Williams) 건축 디자인 회사가 설계한 전시 공간으로 총면적 5,000제곱미터에 이른다.

아트갤러리의 실내 광장은 높은 천장의 메자닌(mezzanine) 구조로
되어 있으며 에스플라나드광장을 향한 이중 유리 외벽은 자연
채광의 유입을 도모한다. 또한 옥외 광장과 주변의 자연 경관을
시각적으로 들여오는 역할을 한다. 아트 갤러리의 실내 광장은
에스플라나드광장 공연 무대의 연장 공간 혹은 백스테이지 공간으로
활용되기도 한다. 갤러리 측면의 예르바부에나아트시어터는 크기와
높이가 다른 육면체 형태의 건물이 결합되었다. 공간의 기능과 구조를
건물 형태에 접목한 극장 건물로 사적 영역의 폐쇄성과 공적 영역의
개방성을 건물 디자인에 반영했다. 통일된 마감재와 그리드 패턴의
반복 사용으로 건물 전체에 시각적 균형감을 부여했다.[17] 시어터
내부의 로비 공간은 에스플라나드광장과 모스코니컨벤션센터 북관,
소니엔터테인먼트메트리온[18]으로 이어지는 옥외 산책로와 연결되어
공간의 개방성과 접근성을 극대화한다. 에스플라나드광장을 대면하는
소니엔터테인먼트메트리온의 동쪽은 건물 전면 외벽을 유리로 처리해
건물과 광장의 상호적 관계를 형성한다. 건물에서 광장으로 직결되는

17 —
총면적 4,212제곱미터의
블랙박스형 극장 건물로 다양한
형태의 공연 상연을 목적으로
설계되었다.

18 —
SMWM(Simon Martin-
Vegue Winkelstein
Moris)과 게리 에드워드
헨델 어소시에이츠(Gary
Edward Handel
Associates)가 디자인 설계한
소니엔터테인먼트메트리온은
지역의 문화적·지리적 장점과
소니의 기업 전략이 부합된
브랜드 엔터테인먼트 복합
시설이다.

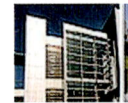 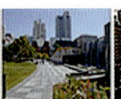 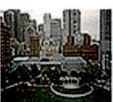 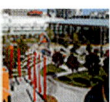

로말도 주르골라 외, 1993
예르바부에나아트갤러리와
현대미술관
연계형 산책로와 교각
어린이 박물관
예르바부에나아트시어터

복합 기능	기능성	연계성	영역성	결절점	형태 구성
녹지 + 문화 공간 + 상업 + 업무 공간	· 도시 중심의 녹지 공원 / 공연 / 전시 / 상업 시설의 연계 / 인공 폭포, 녹지 등 자연 요소 제공	· 옥외 광장과 건축물, 각 건물의 공공 공간을 활용한 실내 광장 연계 · 문화 및 상업적 기능의 도시형 광장 문화벨트	· 에스플라나드 광장을 중심으로 주변 시설로의 확산 방사형 동선 · 대지 면적 3.3에이커로 녹지와 인공 폭포의 경관 조성	· 결절점과 연계 동선	· 수평적 클러스터형 · 에스플라나드 광장 녹지와 야외 무대 활용 · 다양한 랜드마크와 에스플라나드 광장 결절점으로 구성

표 14. 예르바부에나가든과 연계 문화 시설

출입구는 광장과 주변 시설과의 연계성을 높이며 1층의 유리 외벽은 시각적으로 에스플라나드광장을 실내로 유입해 자연 친화적 공간을 구성한다. 건물의 실내 광장은 방사형과 수직형 동선을 유도해 소규모 단위 공간으로의 원활한 이동을 가능하게 한다. 중정형 실내 광장은 발코니의 자유로운 중첩으로 대형 공간의 위압감을 감소시키며 수직 이동 시 시각적 유희를 제공하는 것이 특징적이다.

기초조형 Communicating 과제

- **현대 도시 환경에서 이용자 교류와 소통을 위한
  오픈 스페이스와 광장 디자인 요소는 무엇일까?**

  오픈 스페이스와 광장은 실내외 공간을 연계하며
  문화 교류의 구심적 역할을 한다. 이러한 기능을
  위해서는 기존 시설과의 접근성을 고려한 공간
  계획이 필요하다. 오픈 스페이스와 광장 공간에
  대해 시각적으로 흥미를 유발하는 것은 공간
  기능을 활성화하는 데 매우 중요한 디자인 요소가
  된다. 시각적 흥미 유발은 도시 경관의 미적
  가치를 체험하는 감상적 측면의 가로, 보행로 등의
  통로와 상징성을 갖는 랜드마크로 표현된다. 이때
  랜드마크는 도시 경관을 구성하는 축이 되는데
  도시의 이미지를 구성하는 환경 요소로 작용한다.

도시 이미지와 미디어 파사드

디지털 환경과 공간 디자인

공간과 디자인의 상호 소통 관계 구축, 실험성을 구현하는 장소적
의미로서의 공간 개념은 그 자체로서 통합적인 작품의 성격을 갖는다.
공간 디자인 분야에서 디지털 환경(digital environment)은 점차 핵심적인
표현 요소로 부각되고 있다. 디지털 테크닉의 도입은 디지털을 활용한
디자인 표현 방법과 영역을 광범위하게 확장한다. 이러한 디지털
환경은 영역 간의 경계 흐리기(blurring) 현상으로 나타나며 특히
디자인의 총체적 통합이 공간을 주제로 실현되는 새로운 물리적
가능성을 제안한다. 디지털 환경의 발전은 유비쿼터스 기술(ubiquitous
technology), 지능형 공간(smart space) 개념 등의 확산과 더불어 일상적인
물리적 환경과 가상 시뮬레이션(virtual simulation) 등의 공간과 인간,
공간과 공간, 공간과 미디어, 공간과 제품 간의 상호작용(interaction)을
가능하게 했다. 이처럼 새로운 기술 환경(technology environment)과
결합하는 공간 디자인은 도시 환경에서 감성과 기술의 접점
역할을 수행한다.

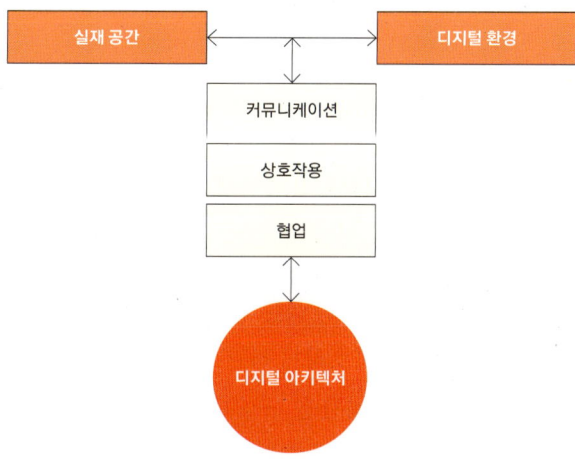

그림 20. 디지털 환경과 물리적 환경의 결합

디지털 환경은 전반적인 디자인 교육 과정에 영향을 미친다. 실재 공간에서 가상 공간으로 디자인 범위가 확대됨에 따라 디자인 교육의 방법 변화를 요구하게 된다. 공간 디자인 측면에서 보면 디지털 환경은 현대의 기하학적 사고인 표준화와 단순화의 패러다임에서 탈피해 공간 디자인의 근본적 개념과 표현 양상에 급격한 변화를 초래했다. 유클리드 기하학에 기초한 공간 형태의 기본적 접근에서 벗어나 연속적이고 유기적인 형태에 가치를 두기 시작하는 계기가 되었다고 할 수 있다. 즉 비례와 균형의 기능적 조합이 아닌 진화하고 변형되는 유기적인 복잡성과 스토리를 공간 형태로 표현할 수 있는 가능성을 보여 준다. 디지털 스토리텔링 기법을 공간 디자인에 도입한 가상 환경의 설정과 구성은 제작 과정에서 스토리텔링 과정의 시놉시스가 전반적인 디자인 콘셉트를 결정하게 된다. 이때 스토리텔링의 콘텐츠[19]는 물리적인 건축물 디자인과 결합되어 디자인의 일부분으로 존재한다. 스토리텔링 기법을 적용한 공간 시뮬레이션(spatial simulation)과 디자인 프로세스가 결합되어 디지털 가상 콘텍스트(digital & virtual context)를 구현하는 것이다. 결과적으로 물리적 공간에서의 디지털 기술 구현은 스토리텔링 콘텐츠와 결합되어 우리에게 다양한 공간 개념을 제시한다.

정보 전달 매체, 건축 표피

도시 속의 건축 표피(facade, surface, skin)는 다양한 미디어와 결합되어 브랜드 광고 등의 다양한 홍보물과 실시간 뉴스 및 정보 콘텐츠를 도시민에게 제공한다. 건축 표피를 이용한 간판, 전광판, 채널 사인의 형태는 기능과 의미가 점차 확장되어 건축과 도시 환경의 중요한 이미지 요소로 간주된다. 이러한 확장된 개념은 건축의 표면과 일체화되어 건축과 미디어의 경계를 모호하게 하는 특징이 있다. 건축물의 외관은 역사적으로 도시의 경관을 구성하는 중요한 디자인 요소였다. 현대 도시 건축물의 입면은 도시 생활에 필요한 다양한 정보를 전달하는 수단으로서의 정보 전달 매체(communication media)의 특성을 가진다. 건축물의 파사드는 미디어와의 결합으로 대중과

19 —
콘텐츠의 유형에는 거주자의 정보와 주변 환경(landscape)의 변화에 반응해 스스로 변화하는 디지털 변형 공간(digital transformative space), 인문학적 스토리텔링이 공간 디자인 기법을 응용한 사례로 건축물과 이용자 사이의 상호작용을 유발하는 정보 교류를 대화(dialogue)의 형식으로 표현하는 디지털 상호작용 공간(digital interactive space), 슈퍼 스트럭처(superstructure)로 계획된 외관의 피막(skin fabric)이 도시의 환경적 요소(urban infrastructure)들에 의해 컴퓨터로 구현된 공간(computational space)이 있다.

상호작용하는 인터페이스 개념을 전달한다. 건축 표피로서의 미디어 파사드는 시공간적으로 변화하는 정보와 이미지를 끊임없이 방출하는 과정에서 파사드와 도시 환경의 새로운 관계성을 구축하게 되었다.

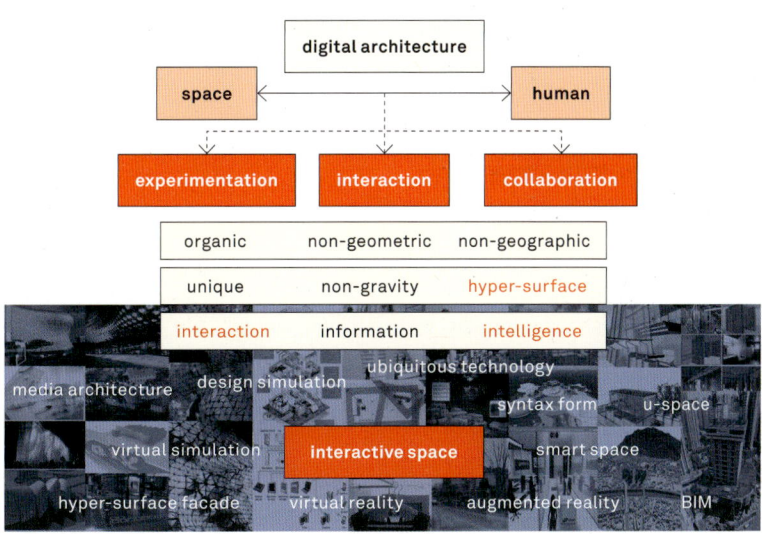

그림 21. 디지털 건축 공간과 인간의 인터랙션, 실험성, 협업 관계

도시의 기호와 상징

도시의 상업적 간판과 각종 상호 등의 기호와 상징이 전달하는 메시지는 도시 경관에서 중요한 역할을 한다. 사인과 심벌을 대상으로 상업 대로변(commercial strip)을 구성하는 건축물의 파사드와 간판으로 형성된 도로 경관의 일부는 도시민들에게 거대한 기호 체계를 인식시킨다. 1992년 뉴욕은 엔터테인먼트 도시의 아이콘으로 타임스스퀘어를 재인식시키기 위해 사인 계획을 진행했다. 화려한 간판과 전광판을 요구한 사인 계획의 역규제는 관광객의 관심과 호기심을 자극했으며 공간의 상징성과 더불어 공간의 경제적 가치를 배가했다.

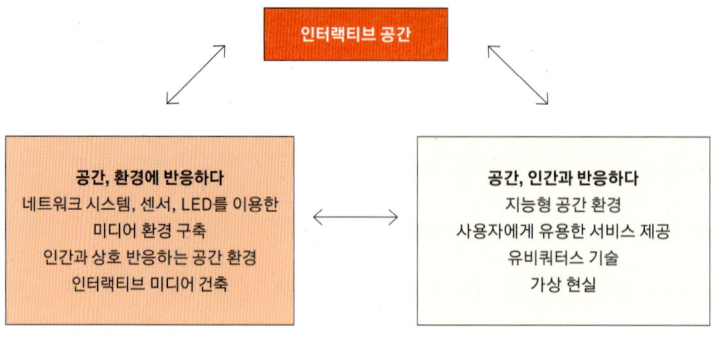

그림 22. 공간, 환경, 인간의 상호작용

로버트 벤투리(Robert Venturi)는 저서 『건축의 복합성과 대립성(Complexity and Contradiction in Architecture)』과 『라스베이거스의 교훈(Learning from Las Vegas)』에서 건물의 외벽은 단순한 커튼월이나 내부 기능의 표출이 아닌 공간의 내부와 외부의 프로그램 요구에 의해 표현되어야 한다고 말했다. 즉 상징적 의미의 기능보다 대중에게 친숙하고 인간의 욕구를 표출하는 포괄적인 의미의 건축을 주장한 것이다.[20] 또한 그는 1977년 도시 기호 체계의 구조와 전달 방식에 관해 가로 경관의 상징성 획득 방법을 라스베이거스를 근거로 진행한 건축 커뮤니케이션 형상 연구에서 면밀히 검토했다. 그의 연구는 도시의 전달 매체적 체험 요소로서 도시의 어느 특정 경관이 어떠한 메시지를 어떻게 전달하는지에 관한 문제를 도시 경관 요소로 다루는 것이다.

20 —
벤투리는 건축에서의 복합성은 다의성(ambiguity)이라며 순수 입방체의 개념을 탈피한 풍부한 병치(juxtaposotion) 개념적 건축 공간을 주장했다. 이는 일상으로부터 내부와 외부적인 요구를 수용하는 복합체적인 다의적 건축의 제안을 의미한다.

인터랙티브 미디어 파사드의 디자인 요소

미디어의 사전적 의미는 어떤 작용을 한쪽에서 다른 쪽으로 전달하는 역할을 하는 것으로 대중 매체, 매개체, 매체 등의 단어로 순화되어 사용된다. 미디어는 미디엄(medium)의 복수형으로 매개물, 매체 혹은 중간물이나 수단 등의 의미를 갖는다.[21] 넓은 의미로는 사람의 신체를 포함한 감각 기관은 물론 우리가 연구해 개발한 기술 혹은 도구까지 포함하는 개념이다. 즉 미디어는 정보를 전달하는 데 사용되는 매체를

21 —
불특정 다수의 대중에게 대량의 정보를 전달하는 텔레비전, 영화, 인터넷, 지면 광고, 잡지 등을 지칭한다.

지칭하는데 정보의 보존이나 전달 그리고 전달을 위한 소통의
전송 수단이자 표현 수단이 된다.

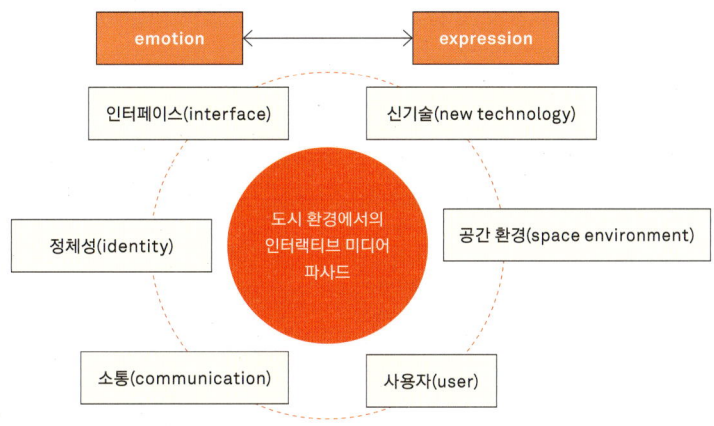

그림 23. 도시 환경에서의 인터랙티브 미디어 파사드 디자인 키워드

22 —
캐나다의 미디어 이론가이자
문화 비평가

1964년 마셜 매클루언[22]은 『미디어의 이해(Understanding Media)』에서
미디어(media)는 메시지(message)라고 정의했다. 미디어를 활용한
건축물의 표피 표현은 첨단 기술과 신소재를 활용하며 벽체의
투명도 조절로 공간의 다변화를 의도한다. 스티븐 페렐라(Stephen
Perrella)는 최근에 나타나는 건축 입면의 초표피 경향을 미디어 건축을
중심으로 분석했는데 표피의 전자화, 피부화를 통한 정보 문화의 구축
환경이라고 역설했다. 이는 정보의 자유로운 유영(遊泳)을 위한 공간
표피의 창조적 작업이라고 설명할 수 있다. 건물의 입면을 유리, 아크릴
등 투명 소재의 물리적 경량성과 LED, 스크린 등의 시각적 경량성으로
구성해 건물의 외관이 수시로 변모하며 건물 윤곽의 불규칙성을 보여
준다. 투명도 조작으로 모호하게 된 공간 내외부의 경계성은
매체의 혼용으로 공간의 다변성과 상호작용성을 나타낸다.
　　이러한 인터랙티브 미디어 파사드는 미디어 콘텐츠와 공간의
상호작용성을 시각적으로 표출하며 공간 환경을 형성한다. 건축물의
표피는 상업성과 대중성이 결합된 다양한 이미지와 정보를 전달하는
영상 이미지로 환원되며 건물은 더 이상 고정된 물리적 구조체가

아닌 도시의 소통을 위한 매개체로 존재하게 되는 것이다. 이러한 인터랙티브 미디어 파사드는 이용자와의 인터랙션을 위한 디바이스를 활용하는 것이 가장 큰 특징이다. 인터랙티브 미디어 파사드를 구성하는 디자인 요소는 픽셀 단위의 초표피 건축, 미디어 기술을 적용한 인터랙티브 미디어 스크린, 테크놀로지를 활용한 표현 방식의 브랜드 인포메이션과 LED 조명으로 분류할 수 있다.

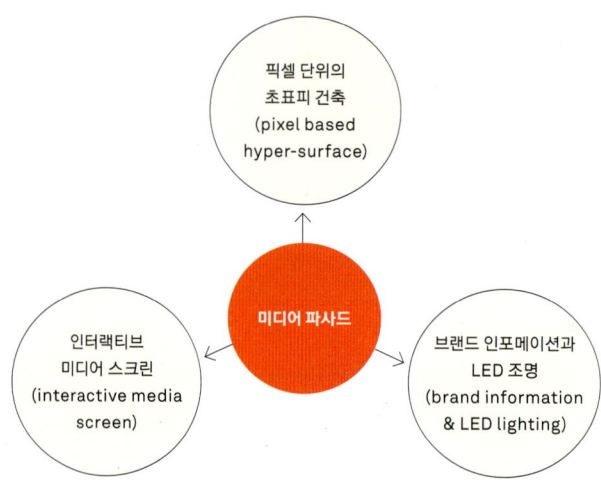

그림 24. 미디어 파사드의 디자인 요소

픽셀 단위의 초표피 건축

1990년대 이후 건축의 파사드 구성 요소들을 이용한 표현 기법은 유형화되고 다원화되어 가고 있다. 스티븐 페렐라(1998)는 이러한 양상을 미디어화(mediatized)된 문화가 건축의 표피에 적용되어 나타난 초표피라는 용어로 정의했다. 이는 미디어 문화의 일상성과 위상 기하학적(topological) 건축의 중간 영역으로서 미디어와 건축이 결합되어 엮인(intertwined) 중간적이고 동적인 영역으로서의 건축적 표피를 의미한다. 초표피 건축 개념은 디지털 문화와 네트워크 환경으로 인해 구조재의 물질적 부분을 시각적·심리적·지각적 측면에서 초월하려는 특성을 보인다. 경계의 모호함으로 인해 공간의 내외부가 상호 침투하며 결과적으로 형태의 구축적 가치와 장소성으로부터 이탈하고자 하는 현상을 보인다. 역사적으로 공간을 형성하는 표피는 내외부 공간의 관계성을 조절하고 통제하는 형태의 구축 수단이었다. 그러나 초표피 건축은 공간의 구성 요소로서 전통적 입면을 거부하고 전자화된 표피가 물리적 구조와 형태를 현상학적으로 표현하게 된다. 정방형 그리드를 통한 안정적이고 단순한 질서를 보여 주는 파사드의 구성은 표피의 자유로운 표현 체계와 충돌한다. 또한 이질적인 면의 분할, 중첩 등을 강조하는 대립적 구성이 특징이다. 유형화된 피막, 분절, 적층의 구성 기법도 사용된다. 정방형과 직판형의 혼합형 그리드 패턴 구성은 건축 표피를 스크린화하며 구조의 벽체, 창, 스크린 등을 픽셀(pixel: picture element)[23] 단위로 변환시킨다.

인터랙티브 미디어 스크린

미디어 파사드에 결합된 스크린은 영상 매체와 디지털 기술을 활용한 동적 이미지를 전달한다. 디지털 기술이 접목된 건축 표피는 실시간의 능동적인 정보 구현으로 개별 선택적인 상황과 공간의 상호작용을 가능하게 한다. 센서, 프로젝터, 탠저블 유저 인터페이스 스크린(tangible user interface screen)을 이용한다. 이러한 기술을 통해 사람의 감각과 건축물의 적극적인 상호 관계를 가능하게 한다.[24] 건축 표피는 프로젝터로 투영된 이미지의 중첩된 레이어로 다양한 도시 정보, 브랜드 홍보, 이벤트, 엔터테인먼트 등의 문화적 콘텐츠를 전달한다. 문화적 상징 기능을 수행하는 접면(interface)으로서 도시라는 상품을 홍보하고 도시의 아이덴티티를 형성하는 것이다. 디지털 기술을 접목한 인터페이스 환경은 물리적 공간 영역의 범위에서 확장시켜 디지털 환경에서의 가상성이 접목된 상호적 공간 체험을 가능하게 한다.

시각적 요소와 문화적 콘텐츠를 담아내는 스크린은 광고의 기능뿐 아니라 도시 환경과 도시 아이덴티티를 연계하는 랜드마크가 된다. 건축물과 미디어, 디지털 기술의 결합이 도시의 상징성을 표현하는 것이다. 즉 건축물의 입면을 통해 발산되는 상업성과 대중성이 결합된 비주얼 콘텐츠는 도시의 정보를 전달하는 상호적 커뮤니케이션을 구현한다.

23 —
픽셀은 디지털 화상을 구성하는, 색상을 갖는 단위 점이다. 디지털 화상은 정사각형 혹은 사각형 픽셀을 정연하게 가로세로로 나열해 한 장의 화상을 표현한다. 소프트웨어에 따라서는 색뿐만 아니라 깊이나 투명도 등의 여러 정보를 제공할 때도 있다.

24 —
건축물의 표면을 구성하는 마감재의 투명도 조절, 이용자 인터페이스(user interface, 이용자가 컴퓨터와 대화하기 위한 기호나 명령 체계) 개념의 터치스크린, 센서, 프로젝터, 멀티비전, 네트워크 기반의 웹캠, 코딩 프로그래밍 등 디바이스를 통해 물리적 공간과 전자적 프로그램이 융합되어 기획된다.

미디어 파사드의 기능		도시 브랜드 이미지 형성 효과
도시 브랜드 이미지와 광고효과 (brand image & publicity effect)	→	도시 브랜드의 이미지 상승 잠재적 방문객 유치 효과적 형태의 광고 홍보 행위
도시 아이덴티티 (city identity)	→	도시 브랜드와 아이덴티티 제시 도시 및 지역의 개성 부각
야간 조명 경관 (night illumination)	→	도시 경관의 감성적 연출 역동적 조명 효과와 대중성
상업 활동 증진 (commercial promotion)	→	야간 활동의 중심점 도시민의 문화 생활 다양화

표 15. 도시 랜드마크의 미디어 파사드

브랜드 인포메이션과 LED 조명

건축물의 외관과 파사드에 적용된 LED 조명은 야간에 역동적인
도시 경관을 연출하는 주요한 디자인 요소이다. 특히 건축물의
미디어 파사드에 의한 조명 효과는 장식의 영역에서 확대되어 도시
조명의 감성적 측면을 강조한다. 미디어 파사드 디자인은 실험적이고
조형적인 표현으로 다면화된 문화 욕구를 충족하는 동시에 주요한
상업적 기능을 수행한다. 특히 특정 브랜드와 기업 로고의 반복되는
이미지는 잠재적 고객이 되는 불특정 다수의 도시민에게 각인되는
광고 효과를 보여 준다. 브랜드 아이덴티티를 건물의 외관과 접목시켜
계획하는 플래그십 스토어(flagship store)가 대표적인 예라고 할 수 있다.
구체적인 디자인 표현 요소로는 유리, 아크릴 등의 반투명 경량재를
이용한 건축 표피가 영상 매체 스크린, 조명, 색채, 패턴과 결합되어
다양한 이미지를 제공한다. 이러한 미디어 파사드의 구조적 디테일과
픽셀 단위의 패턴 유닛은 소형 LED 단자와 결합되어 단순화된 브랜드
그래픽 로고, 사인, 애니메이션 등의 다양한 콘텐츠와 이미지를
도시에 투영한다.

파사드 이미지와 디자인 요소

파사드 이미지와 디자인 요소

	도시 요소	표피 유형 개념	디자인 요소
	통로 구역 랜드마크	정보 전달 매체	초표피의 픽셀 단위 브랜드 인포메이션과 LED
La Porte. Shinsaibashi shopping area. Osaka. Japan. Plantec Architects Inc.(design). 2008	고급 백화점과 브랜드 부티크가 집적한 일본 오사카 신바시 쇼핑 구역에 위치한 건축물. 반나선 형태로 나선형 혹은 뒤틀린 면으로 구성.	수직 장방형 LED 스크린. 보행객에게 도심 지역의 화려한 이미지와 메시지 전달. 아름다운 여성의 모습을 연상시키는 건물 연출을 위한 에메랄드빛 발광면에 형광등 설치.	서측 곡면 외벽은 1만 2,000개의 LED로 구성된 디스플레이(높이 54미터, 폭 4.8미터). 유연하고 견고하며 가벼운 Komaden Corporation의 Kapas Led-Cluster를 사용.

	도시 요소	표피 유형 개념	디자인 요소
	경계 랜드마크	정보 전달 매체 건축적 경계	초표피의 픽셀 단위
Espacio de Creación Artística, Cordoba. Spain. Nieto Sobejano Arquitectos. realities united. 2008	Espacio de Creación Artística Contemporánea는 스페인 건축가 니에토 소베하노(Nieto Sobejano)의 작품. 과달키비르 강을 바라보는 건축물의 전면을 빛과 미디어 파사드로 연출	볼 형태는 간접 조명으로 다른 강도와 요소의 크기로 패턴을 형성. 다양한 이미지의 해상도로 인간의 망막과 같은 스크린 효과를 연출. 무채색의 형광등 빛이 1초당 20프레임으로 구성된 영상을 구현.	Pre-cast fiber Concrete Panels(GRC)로 만들어진 파사드는 3차원의 들쑥날쑥한 볼(bowl) 모양의 구조체로 건물의 내부 구조를 시각적으로 유도.

	도시 요소	표피 유형 개념	디자인 요소
	랜드마크	정보 전달 매체 상호작용	초표피의 픽셀 단위
Kunsthaus Graz. Graz. Austria . BIX(Big Pixel). 2001~2003	communicative display skin인 건축물 외부 조명 시스템인 BIX는 2001년부터 2003년에 걸쳐 완성. 미디어로서의 건축물 개념으로 살아 있는 생명체와 같은 건축물의 모습.	BIX Director로 영상 편집 및 변환 후 BIX Simulator로 3D 렌더링 효과 확인. 텍스트 메시지, 아이콘, 애니메이션, 짧은 동영상 등 맥 OS X 플랫폼 기반의 콘텐츠. 저해상도 이미지 를 건축물의 외피로 구현. BIX의 초기 프로젝트로서 Angela Bulloch, Carsten Nicolai, Thomas Baumann, John de Kron & realities: united 등 아티스트의 작품 전시.	비대칭형 건축물 외벽 900제곱미터의 표피 면적(45□20미터)에 원형 형광등 930개 설치. 지름 40센티미터, 40와트 형광등 램프가 매트릭스 구조의 픽셀 단위로 표피 구성. 대형 아크릴 유리의 스크린화. 930픽셀의 저해상도, 모노톤 색상으로 연출. 위치한 강변을 대면하는 구조물로서 기존의 대형 스크린 디스플레이 기술을 적용해 공사비를 1/3 감축.

	도시 요소	표피 유형 개념	디자인 요소
	랜드마크	정보 전달 매체 상호작용	인터랙티브 미디어 스크린
Dexia Tower. Brussles. Belgium. Philippe Samyn & Partners. Barbara Hediger / Space Cannon. Lab[au]. 2006	디지털 아트<Touch>와 Lab[au]의 프로젝트. <Rosier> 입력 부스를 통해 사람과 건축의 직접적 인터랙티브 아트 작업. 평면형 표피를 연속적인 비디오 영상으로 표현. 도시 맥락적으로 건축을 활용한 도시 환경 예술 작품으로 기능.	Rogier 광장에 건축물과 상호작용하는 터치스크린 설치. 터치스크린은 복합적인 인풋 인식이 가능하며 손끝과 손의 다양한 움직임을 인식해 인터랙션을 확장. 건축물의 방향, 볼륨, 스케일 등의 요소인 공간성과 빛의 일시성으로 구현. 사람들과 소통하는 건축물로 표현.	실시간 반응하는 건축 표피의 도심형 인터랙티브 설치 작업. 높이 145미터의 덱시아타워(Dexia Tower) 4,200개의 창을 각각 RGB- led bars로 조명. 사람의 손, 제스처를 인식하고 인식된 움직임은 점, 선, 면의 그래픽 데이터로 흑백 화면에 단색 팔레트로 실시간 물리적 시각화 진행.

	도시 요소	표피 유형 개념	디자인 요소
	랜드마크	정보 전달 매체 상호작용	초표피의 픽셀 단위 인터랙티브 미디어 스크린
Marnix. Brussels. Belgium. Gordon Bunshaft(Skidmore, Owings and Merrill). Magic Monkey design team. 1999~2001	The BBL과 ING 은행이 브뤼셀에 위치한 본부 건물을 이용한 뉴 밀레니엄 프로젝트. ING 기업의 아이덴티티를 부각하는 목적의 프로젝트.	간단한 조작의 애니메이션 인터페이스 다운로드로 대중의 참여 유도. 웹사이트를 통해 제작된 에니메이션을 수신해 건물 표피에 투영. 웹캠을 이용해 상영 시간과 실시간 관람이 가능.	디자인 콘셉트와 설치 등을 담당한 디자인팀 The Magic Monkey는 턴키 방식으로 빌딩 전면 2,000제곱미터에 초대형 투명 비디오 디스플레이를 설치해 도보 및 운전 통행자들에게 파사드의 가시성 높임.

표 16. 인터랙티브 미디어 파사드 사례 1

파사드 이미지와 디자인 요소

	도시 요소	표피 유형 개념	디자인 요소
	통로 구역 랜드마크	정보 전달 매체 건축적 경계	초표피의 픽셀 단위 브랜드 인포메이션과 LED
Chanel Tower. Ginza district. Tokyo. Japan. Peter Marino & Lighting Science. 2004	56미터 10층 규모의 샤넬 부티크 고층 빌딩. 도쿄 긴자 구역의 주오도리에 위치.	유리 커튼월이 샤넬 핸드백의 트위드 패턴 등 브랜드와 연관된 패턴을 조명으로 구현. 주간에는 LED 커튼월의 투명성으로 조망권 확보. 야간에는 외부 커튼월 전면을 흑백톤의 비디오월로 연출.	건축과 LED 테크놀로지의 융합형 커튼월. LED 비디오 스크린으로 70만 개의 백색 LED 삽입(LED 하드웨어: L.E.D. - Effects).

	도시 요소	표피 유형 개념	디자인 요소
	결절점 랜드마크	정보 전달 매체	초표피의 픽셀 단위. 브랜드 인포메이션과 LED
Rundle Lantern. Rundle Street U-Park. Adelaide. Austrailia. Fusion(design), The Adelaide City Council's Urban Design team. 2008. 10.	런들가와 펄트니가의 교차점인 U-Park에 위치. 지역 활성화를 위한 랜드마크 역할. 일정 시간 패턴을 연출하며 스페셜 이벤트에는 시간을 연장해 운영.	1,066제곱미터 면적에 숫자, 글자, 기하학적 형태, 조명, 색상, 모핑(morphing) 디자인과 패턴을 프로그래밍해 디스플레이. 748개의 사각 패널을 컴퓨터로 제어되는 LED 조명으로 연출. 독특한 예술적 개념을 적용한 디지털 캔버스.	17,952개의 LED 단자로 구성. 12개의 레드, 그린, 블루의 클러스터를 보유한 1,496유닛의 레드, 그린, 블루 led가 각각 5,984색 조합을 연출. 16만 색상은 1.1x1미터 규격의 748개 패널에 조색.

	도시 요소	표피 유형 개념	디자인 요소
	통로 랜드마크	정보 전달 매체 건축적 경계	초표피의 픽셀 단위. 브랜드 인포메이션과 LED
GreenPix-Zero Energy Media Wall. Beijing. China. Schueco & SunWays(독일 제조업자), Simone Giostra(건축가), Arup(조명 및 파사드 엔지니어링)2008.	베이징에 위치한 Xicui 엔터테인먼트 콤플렉스 시선. 디지털 미디어 테크놀로지가 결합된 커튼월 프로젝트. 지속 가능한 테크놀로지가 건물 전면에 적용된 랜드마크. 2008년 빌딩 개관 시 비디오 설치와 라이브 공연으로 중국, 유럽, 미국 아티스트들의 작품 상영.	다결정(polycrystalline) 광전지 셀이 바둑으로 삽입된 유리 커튼월형 미디어월. 지속 가능형의 유기적 시스템 적용. 흡수 축적된 태양열을 야간 조명으로 발열, 선테크(SunTech)의 태양열 패널 사용. 유리 커튼월의 밀도 변화로 표피에 다양한 패턴 구현. 실내 유입용 채광을 위해 밀도와 열의 유입을 차단 및 잉여 복사열 에너지로 저장. 저해상도로 상업적 용도보다 매체의 추상적 영상미를 강조한 예술적 커뮤니케이션 콘텐츠 구현.	2,292색의 RGB LED 조명 단자가 2,200제곱미디의 모니터 스크린을 다이내믹한 콘텐츠로 연출. 중국 최초의 광발전 시스템과 유리 커튼월이 결합한 칼라 LED 디스플레이 벽면. 주간에 저장된 태양열을 자급해 스크린 발광. 기후 변화를 반사하는 거울 역할.

	도시 요소	표피 유형 개념	디자인 요소
	결절점	상호작용	인터랙티브 미디어 스크린
Enteractive at 11th & Flower. Los Angeles. CA. USA. Electroland. 2006	미국 LA 지역 미디어 건축 그룹 일렉트로랜드(Electroland)의 인터랙티브 미디어월.	건축물의 외부 표피에 설치된 대형 조명 스크린은 로비의 타일에서 감지된 조명의 패턴이 실시간으로 전달됨. 실내의 비디오에서는 외부의 표피에 구현된 조명의 모습을 보여 줌.	발광체인 LED 타일을 건축물 로비의 바닥에 삽입해 공간을 방문하는 사람들과의 인터랙션 구현.

표 17. 인터랙티브 미디어 파사드 사례 2

기초조형 Communicating 과제

- **이용자와 환경의 소통을 통해 도시의 아이덴티티를 형성하는 디자인 요소는 무엇일까?**

  도시 환경의 구성 요소들은 도시 이미지를 창출하고 도시 아이덴티티를 각인시킨다. 현대 도시에서 건축물의 입면을 이용한 미디어 파사드는 도시와 건축, 대중이 공유하는 문화적 접점으로서의 기능을 수행한다. 미디어 파사드는 건축의 입면을 픽셀화하며 디지털 전자 매체와 융합되어 도시 경관과 도시민과의 상호교류를 촉진한다. 건축과 디지털 디바이스의 결합은 파사드의 영역을 시각적 정보 전달에서 직접적 체험의 장으로 변화시켰다. 즉 도시의 맥락적 환경(context)과 상호 교류적 접근 방법(mutual interactive method)을 통해 도시 환경의 연속적 체험을 시사한다.

- **도시와 건축의 상호작용을 가능하게 하는 디자인 요소는 무엇일까?**

  도시의 기호와 상징을 이용한 랜드마크 시설의 표피는 도시의 이미지를 전달하며 시각적 정체성과 상호작용을 가능하게 한다. 초표피 개념의 미디어 파사드는 픽셀 개념이 적용된 건축적 디테일과 LED 조명을 이용하는 경우가 가장 많다. 인터랙티브의 구현 방법으로는 프로그래밍된 조명과 색상 변환, 텍스트와 이미지 동영상, 이용자 참여의 콘텐츠 구성 등으로 나타난다. 디지털 디바이스와의 결합으로 적극적인 상호작용을 실험적으로 표현하며 상호작용성을 극대화한다. 이때 건축물의 입면은 공간적 거점과 방향성을 제시하는 도시의 랜드마크 역할을 수행한다.

도시, 환경, 디자인에 관하여

디자인은 물리적 요소들의 조형적 결합을 이용해 다양한
커뮤니케이션을 가능하게 한다. 특히 도시 환경에서의 공간
커뮤니케이션은 우리의 삶과 밀접한 공간 환경을 구성하는 공공
환경 시설물에서 건축물의 형태에 이르기까지 광범위한 영역에서
이루어진다. 공간적·시각적 구성 원리를 이용해 이용자와 교류하고자
하는 메시지를 구축하고 이미지와 제품 그리고 공간 환경을 창조해
이용자와 소통한다. 시각적 질서 체계와 일관성이 부여된 도시
환경의 조형적 형태들은 공간을 구성하는 동시에 도시의 이미지를
위해 체계적으로 결합된다. 대중의 적극적인 참여와 상호 교류를
유도하는 공간 커뮤니케이션은 다양한 공공디자인 영역으로 확산되며
도시 환경의 시공간적 체험의 범위를 확대시킨다. 또한 소극적
도시 경관(cityscape)에서 도시 브랜드를 구축하는 적극적인 마케팅
전략으로서 도시 브랜드 스케이프 환경을 구축하게 된다.

제품 디자인과
커뮤니케이션

시작하는 말

제품 디자인(product design)은 가전제품과 가구, 생활용품, 자전거,
레저용품에 이르기까지 대단히 넓은 범위의 소비 상품(consumer
goods)을 다룬다. '형태는 기능을 따른다.', 즉 '제품의 형상을 결정하는
요인은 제품의 기능이다.'라는 명제는 오랫동안 제품 디자인의 방법과
범위를 제한했다. 소득 수준이 낮은 시대에는 저렴한 가격으로 많은
사람에게 제품을 공급하기 위해 생산성을 높이는 합리적인 방식이
요구되었다. 따라서 제품의 형태 역시 간결하고 대량 양산에 유리한
형상으로 디자인하는 것이 미덕인 시절이 있었다. 이 시기의 기하학적
형태는 제품과 소비자의 커뮤니케이션을 제한할 수밖에 없었다.[1]
그런데 20세기 후반부터는 경제 성장과 소득의 증가 그리고
다양성의 공존이라는 사회문화적 경향이 자리 잡았다. 소비자들은
이전의 획일성에서 벗어나 다양한 형태와 의미를 갖는 제품을
요구하게 되었다.

  6장에서는 우선 제품 디자인과 커뮤니케이션으로서의 기호를
알아보기로 한다. 제품의 디자인 방법을 크게 분류해 보면 디자이너가
사용자에게 전달하고자 의도하는 기호로서 물리적 기능을 암시하는
형태와 감성을 자극해 즐거움을 유발하고자 접근하는 형태가
있다. 6장에서는 전자를 '논리적 커뮤니케이션', 후자를 '감성적
커뮤니케이션'으로 부른다. 이러한 사례들을 출시된 제품들,
가능하면 사용자에게 좋은 평가를 받은 제품을 중심으로 살펴본다.
이를 통해 디자이너가 의도한 바를 해석해 그 커뮤니케이션의 본질이
무엇인가를 탐구해 본다. 그러나 제품은 속성상 다른 조형 분야와
비교해 디자이너와 사용자 간의 커뮤니케이션이 매우 제한적이다.
과거 산업 디자인의 근대화 이념을 제시한 바우하우스에서는
소재, 재료와 공정의 합리성을 우선시해 조형적 가치와 소통의 의미를
제한했다. 산업 체계의 대량 생산에 유리한 현실성을 고려한 것이므로
당연한 현상이라 할 수 있다. 그러나 이 책의 주제가 '기초조형의
커뮤니케이션'이므로 다루는 범위를 제품의 조형성과 커뮤니케이션의

1 —
매우 절제된 간결한 형태는
미니멀리즘(minimalism)이라
하며 오늘날에도 제품 디자인의
중요한 축을 이룬다.

관계로 축소했다. 한편 현대 제품 디자인에서는 제품과 사용자 간의 상호 교감을 의미하는 인터랙션과 인터페이스, 사용자 경험(user experience)이 중요한 요소로 작용한다. 그러나 이 역시 조형성과 연관된 부분이 제한적이어서 그 개념의 부분만을 다루었다. 특히 인터페이스는 사용자의 기계 조작을 원활하게 하는 연구 분야이므로 더 넓은 '교감'이라는 의미에서 인터랙션에 비중을 두었다.

6장의 후반부에는 제품의 조형성과 커뮤니케이션 관계를 실습하는 과정을 담았다. 학생들과 함께 수행한 기초적 디자인을 제시해 디자인 과정에 관해 함께 생각하고 실천할 수 있는 방향을 수록했다.

커뮤니케이션 수단으로서의 기호

기호(sign)는 의사소통을 이루는 단위이다. 소통, 커뮤니케이션으로서의 기호를 연구하는 학문인 기호학은 언어학에 기반을 두며 다루는 범위가 대단히 넓다. 문학, 예술, 철학, 사회학 등 인간의 생활 전반에 걸쳐 있으며 그 내용도 깊고 심오하다. 디자인과 예술 조형 분야에서도 기호가 갖는 본질과 의미는 매우 중요하다. 특히 시각정보 디자인과 같은 분야는 기호와 커뮤니케이션이 전부라고 해도 크게 잘못된 해석은 아니다. 여기에서 다루고자 하는 분야는 제품 디자인이며 그 범위를 좁혀서 생활용품에서의 기호와 그 기호가 갖는 의미를 가능한 한 쉽게 해석해 이해해 보고자 한다.

이화여자대학교 교수 조영식(2006)은 제품도 언어처럼 다양한 기호 작용을 일으키는 기호의 매체 중 하나[2]라고 말했다. 제품의 기호화 과정에서는 제품의 기획자를 기호 부여자 개념으로, 소비자 혹은 사용자를 기호 해석자의 개념으로 볼 수 있다. 이때 의미와 형태가 결합되어 하나의 제품 기호가 생성되는 것이다. 제품 기획자, 디자이너는 제품의 형상에 메시지를 담고자 한다. 조소, 환경 조각 등의 예술 조형물같이 그 메시지가 제품의 전부일 수는 없다. 제품은 소비자의 취향, 생산 공정, 판매 가격과 같은 경제적 척도 등 다른 조형물과 다르게 기호에서 상당한 제약을 받는다. 그러나 제한된 범위의 메시지일지라도 디자이너가 의도한 기호의 의미는 존재한다. 그 기호를 사용자는 일종의 '느낌' 또는 '감정'으로 받아들이고 해석한다. 조영식(2006)은 문화적으로, 사회적으로 다수의 구성원이 합의나 약속을 통해 주로 관념적 대상을 표상하는 기호를 만들게 되는데 이를 상징적 기호라고 언급했다. 예를 들어 비둘기는 평화를, 영어 알파벳 V는 승리를, 빨간색은 정열을 상징하는 것을 들 수 있다. 상징적 기호는 그 기호가 속한 문화적 맥락과 조건에 절대적으로 종속되는 특징이 있으며 문화적 관습에 따라 자연스럽게 학습되고 또한 세대를 통해 전달된다.[3]

2 —
조영식, 『제품기호학』 서울:
커뮤니케이션북스, 2006, p.3

3 —
앞의 책, p.18

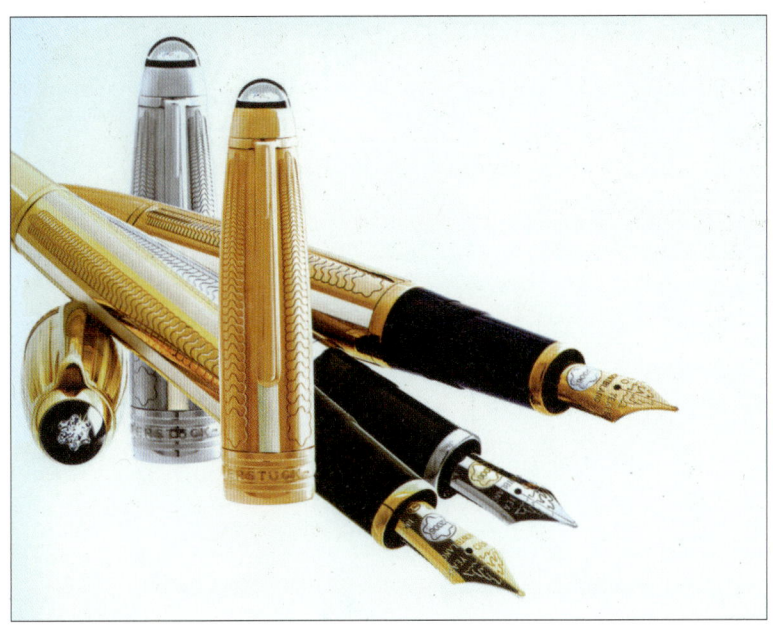

그림 1. 몽블랑 100주년 기념 만년필

그림 1의 몽블랑 만년필은 100개 한정품으로 생산되었다. 금, 백금과 다이아몬드로 제조되었으며 1만 5,000유로에 시판되었다. 일반적으로 만년필은 고풍스러운 느낌과 함께 부를 상징하는 필기구로 인식된다. 디지털 기기의 보급으로 직접적인 필기가 확연히 줄어든 현재에도 만년필이 생산되는 것은 상징적 기호의 가치 때문이다.

　흔히 오토바이라고 불리는 모터사이클은 많은 남성이 동경하는 기구이다. 탑승해 이동한다는 이상의 의미를 지니는데 남성다움, 힘, 질주 본능, 자유, 모험심 등 여러 의미로 해석된다. 저개발 국가에서는 모터사이클이 중요한 운송 수단임에 틀림없으나 고소득 사회에서는 고급 승용차와 함께 생활에 활력을 주는 중요한 의미로 상징되는 경우가 있다. 이러한 문화적 상징성 외에 디자이너가 사용자에게 커뮤니케이션을 하고자 더 적극적으로 의도된 기호를 디자인하는 경우가 많다. 이 개념들을 논리적 커뮤니케이션과 감성적 커뮤니케이션으로 나누어 살펴보겠다.

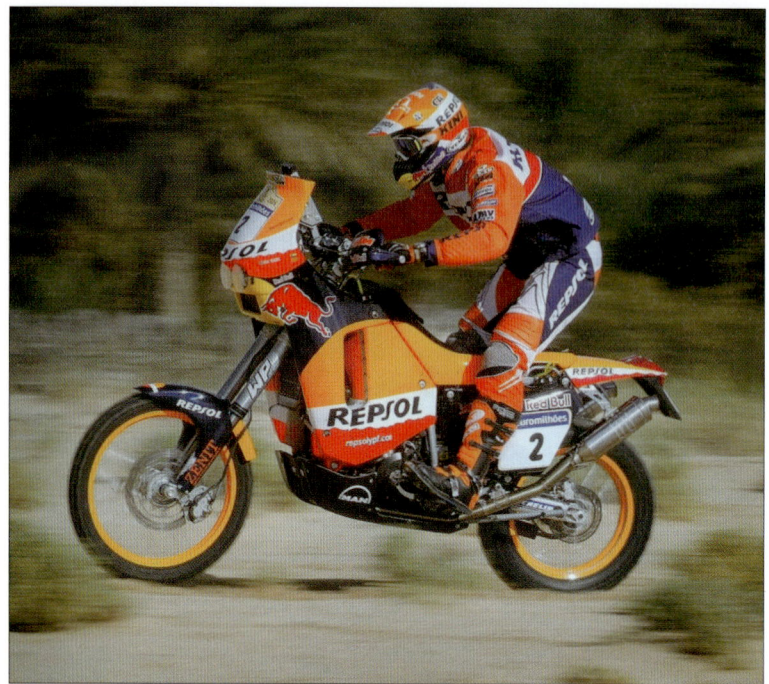

그림 2. KTM 660 LC4 Rally Factory Replica, 사막이나 산악 지형의 레이스는 모험을 비롯한 많은
상징적 의미를 담는다.

기초조형 Communicating 과제

커뮤니케이션 수단으로서의 기호의 개념을 좀 더 넓은
영역으로 확대해 알아보고 토론한다. 특히 사례들의
이미지를 수집, 정리해 이해의 수단으로 삼는다.

제품과 사용자의 소통, 인터랙션[4]

4 —
여기에서는 디자인을 하는 데
기본이 되는 개념적
사안들을 기술했다.
인간공학(ergonomics,
human factor),
HCI(human computer
interaction) 등의 전문적인
내용은 다루지 않았다.

인터랙션은 인간과 시스템, 제품, 공간, 환경 그리고 디지털 정보와의 의사소통 방식, 즉 사용 방식 자체를 설계하는 것으로, 사용자가 하고자 하는 일의 대상과 목적에 맞는 커뮤니케이션을 효율적으로 만족스럽게 달성하기 위한 목표가 있다. 듣는 사람이 흥미롭고 이해하기 쉬운 이야기로 콘텐츠를 만들면 정보 전달의 효율이 높아지듯이 인터랙션이 좋은 시스템은 사용자에게 편의성, 심미성, 만족감 그리고 차별적 감성을 제공한다. 이러한 모든 결과는 '사용자 경험(user experience, UX)'이라 할 수 있기 때문에 최근 인터랙션 디자인의 목표는 '사용자의 구체적인 상황에 맞는 최적의 경험 창출'로 수렴된다. 여기에서 언급된 사용자 경험은 사람에게 '익숙한 방식'을 말하며 새로운 인터페이스로 인한 학습을 배제하자는 개념이다.

예를 들어 초등 교육에서는 연필을 사용한 '쓰기' 연습이 아동의 사고와 표현 능력 형성에 결정적이라는 이야기를 한다. 자판에 의한 타이핑은 속도는 빠르나 인간의 사고에 부정적 영향을 끼친다는 것이다. 즉 쌍방향 인터랙션이 발생하지 못하고 단방향 성향이 강하다는 뜻이다. 이는 오랜 세월을 스틱(stick) 형태의 필기구로 문자를 표기하던 문화와 습성이 인간의 유전자에 남아 있음을 의미한다. 익숙한 도구와 인터페이스 방식은 '글쓰기'라는 1차 목적 그 이상의 교감, 즉 자연스러운 인터랙션을 생성한다[5] 그러므로 디자인을 기획할 때 새로운 조작 방식보다는 사용자에게 익숙한 동작을 고려한 방식이 바람직하다. 이것은 사용자의 경험을 존중한다는 의미이다.

5 —
훈친, 배효징, 인친
동작에 기반을 둔 제품
인터페이스와 디자인 연구(1)".
디지털디자인학연구,
Vol.10 No.1, 통권 25호.
한국디지털디자인학회, 2010,
pp.471~472

사용자 경험은 어떠한 제품의 전체 기능을 사용해 보고 느끼는 감정이다. 사용자 인터페이스(user interface, UI)는 좁은 개념으로는 어떠한 기능을 작동하기 위한 사용 방법의 설계를 의미하지만, 넓은 뜻으로는 기계 또는 제품을 사용할 때 인지하는 과정과 느끼는 감정 등이 포함된다. 한마디로 제품과 사용자 간의 소통과 교감을 의미하는 인터랙션이라고 할 수 있다.

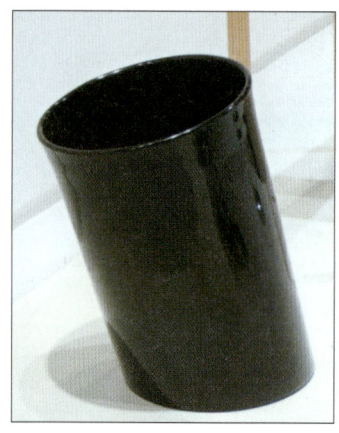

그림 3. 인 아테사(in attesa) 쓰레기통, 이탈리아, 1971

인터랙션이 반드시 컴퓨터나 소프트웨어, 디지털 단말기기와 같은 첨단 디자인에만 적용되는 것은 아니다. 모든 제품 디자인에는 제품과 사용자 간의 인터랙션이 존재한다. 그림 3의 쓰레기통은 이러한 사실을 보여 주는 좋은 사례이다. 기울어지게 디자인된 이유를 사용자는 금세 이해할 수 있다. 휴지를 구겨서 던져 넣을 때, '골인'의 가능성을 좀 더 높여 주자는 디자이너의 메시지이다. 이는 누구나 쉽게 이해할 수 있으므로 사용자의 경험을 존중하는 UX도 이미 존재한다고 하겠다. 조금 과장되게 칭찬을 한다면, 편의성이 충족되었고 수직 쓰레기통과의 차별적 감성이 유발되어 만족감을 높인다. 또 기울기가 유지되면서 동적인 운동성이 있어 조형적 심미성도 갖추었다. 제조 과정이 단순하고 소비자 가격이 저렴하지만 제품 디자인 인터랙션의 조건을 훌륭하게 갖추었다.

기초조형 Communicating 과제

디자인에서 '경험'이라는 요소는 추상적이지만
그 중요성이 더해 간다. 이 개념을 좀 더 논의해 보자.
그리고 디자인에 적용할 수 있는 가능성을 제시한다.

논리적 커뮤니케이션

심리학자 도널드 A. 노먼(Donald A. Norman)은 사물 또는 재료에 대한 심리적 기능을 언급했다. 즉 형태가 지니는 행동유도성(affordance)에 관한 연구이다. 행동유도성이란 사물의 지각된 특성 또는 사물이 갖는 실제적 특성을 말하는 것으로, 특히 그것을 어떻게 사용할 수 있느냐를 결정하는 근본적 속성을 말한다. 행동유도성은 사물을 어떻게 다루면 될 것인가에 관한 강력한 단서를 제공한다. 문에 붙은 편편한 금속판은 밀기 위한 것, 손잡이는 돌리기 위한 것, 홈은 물건을 끼워 넣기 위한 것, 공은 던지고 튀어오를 수 있는 것이다. 사물이 갖는 행동유도성을 잘 이용하면 사용자는 단지 보기만 해도 무엇을 해야 할지 알 수 있다. 그림도 표시도 설명도 필요 없다. 복잡한 물건은 설명이 필요할 수도 있지만 간단한 물건에는 설명이 붙지 않는 것이 좋다. 간단한 물건에까지 그림, 표시, 설명이 요구된다면 잘 수행된 디자인이라 보기 어렵다.

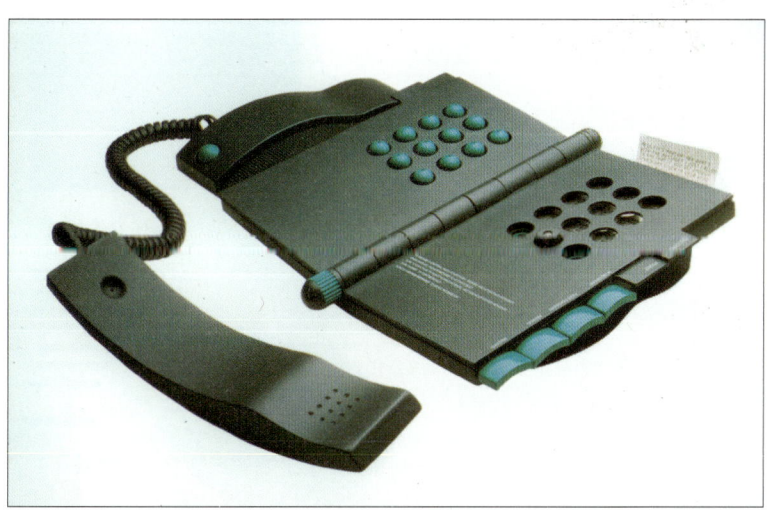

그림 4. 자동 응답 음성 전화기 폰북, 리사 크론, 미국, 1988, 포르마 핀란디아 국제 공모전 우승작

1988년 당시 대학생이었던 리사 크론(Lisa Krohn)은 폰북(그림 4)이라는
행동유도성을 포함한 좋은 의미를 많이 담은 디자인을 했다. 전화기가
책의 형상이다. 익숙한 책처럼 페이지를 넘기면서 사용하라는 암시를
담았다. 그러므로 페이지를 넘기면 접지될 때 전화기의 수행 기능이
자동으로 변환된다는 아이디어이다. 책에 익숙한 아날로그적 사용자
경험을 존중하므로 인터페이스가 낯설지 않다. 그리고 이 디자인을
폰북(Phone book)이라 지칭한 것은 미국에서 전화번호부 책자를
옐로북(Yellow Book)이라고 부르는 것과도 연관성이 있을 것이다.
이 디자인은 세계의 많은 디자이너에게 큰 영감을 주었다.

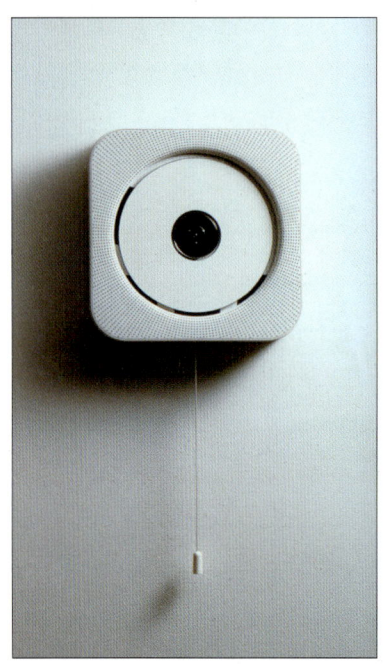

그림 5. CD 플레이어, 후카사와 나오토, 1999, 도쿄 IDEO

일본의 후카사와 나오토(深澤直人)는 메시지가 간결하고 명확한
디자인을 추구한다. 역시 긍정적인 영향을 많이 주는 디자이너이다.
그가 미국 IDEO와 협력해 디자인한 CD 플레이어(그림 5)는
환풍기의 인터페이스를 연상시킨다. 사용자는 아래에 보이는 줄을
잡아당기라는 행동 유도를 제품을 보는 순간 인지할 수 있다. 이러한

커뮤니케이션은 제품의 성립 요건에서 가장 중요한 사용성(usability)을 높인다. 디자이너가 아주 간단한 메시지를 전달해 사용자의 제품 조작을 유도하는 것이 쉬워 보이지만 실제로는 어려운 문제이다. 제품 디자인은 인터랙션 이외에도 고려해야 할 많은 요소가 담겨 있으므로 많은 요소를 만족하는 값을 구하려고 제품 디자이너들은 고심한다. 그러나 모든 값을 고루 충족시키려 하다 보면, 결국 모든 것을 만족시키지 못하는 모순된 결과가 자주 발생한다. 그러므로 무엇을 위한 물건인지, 제품의 속성을 본질적으로 생각해 어느 요소에 집중할 것인지 결정해야 한다.

앞에서 언급한 디자인과 같이 좋은 행동유도성 용품들이 있으나 아직도 생활에 불편함[6]을 주는 디자인이 많다. 가장 흔하게 만나는 대상이 출입문이다. 밀어야 할 때 당기고, 당겨야 할 때 미는 실수를 사람들은 자주 반복한다. 그래서 '미시오', '당기시오'를 인쇄해 부착하는 것이다.

6 —
비록 사소한 불편이라도
일상에서 반복되는 것들.

이 출입문의 경우는 디자인의 중요한 원칙의 하나인 가시성(visibility) 문제를 생각하게 한다. 조작할 때 중요한 부분은 눈에 잘 띄어야 하고 적절한 지시 내용을 전달해야 한다. 당겨야 하는 문이라면 디자이너는 어디를 당겨야 할지를 자연스럽게 알려 주는 기호를 제시해야 한다. 여기에서 자연스럽다는 뜻은 문자화된 글씨를 가리키는 것이 아니라, 디자인된 형상 자체가 행동을 유도하는 자연스러움을 의미한다. 그리고 이 기호가 반드시 아름다운 조형성을 깨뜨리는 것은 아니라는 전제하에 디자인을 수행해야 한다. 그렇다면 생활에서 자주 실수가 발생하는 디자인은 어째서 개선되지 않는 것인가? 도널드 노먼은 그 이유에 대해 "디자이너는 일반적인 사용자가 아니다."라고 설명했다. 디자이너 각자가 최선을 다하겠지만, 디자이너에게 요구되는 전문성과 사용자에게 요구되는 전문성 간에 커다란 차이가 있다. 디자이너는 디자인하는 동안에 자기가 설계하는 장치 혹은 제품에 대해 익숙한 전문가가 된다. 이에 반해 사용자는 그렇지 못하다. '사용자 입장에서 디자인을 하라.'라는 당연한 명제를 고민하고 또 반복해 고민해야 하는 이유가 바로 여기에 있는 것이다.

다음은 필자가 학생들과 함께 실험한 디자인들이다. 제품 디자인을 전공하는 3학년 대학생을 대상으로 행동유도성 형태를 논리적으로 풀어 보라는 명제를 주었다. 수업은 2주간 수행되었다. 디자인 대상은 출입문 손잡이로 했으며, '당기시오'와 '미시오'를 형태에서 유도하라는 주문을 했다. 출입문 앞뒤의 손잡이 디자인이 동일하지 않으면 생산 단가가 높아지거나 내구성 등의 문제가 발생할 수 있으나, 본 과제에서는 크게 고려하지 않았다.

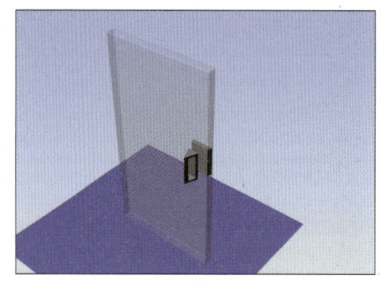

그림 6. 출입문 손잡이 디자인, 학생 작품, 2010

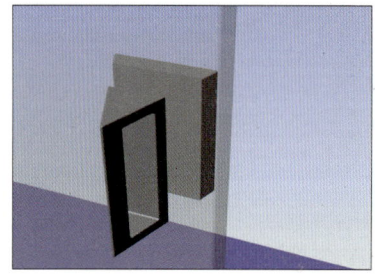 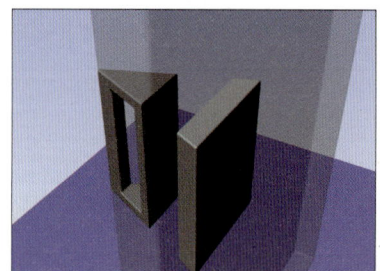

그림 7. 당기라는 메시지(왼쪽)와 밀라는 메시지, 학생 작품, 2010

그림 6은 출입문의 앞뒤에 손잡이가 부착된 상태이며 삼각기둥을 문에 관통시킨 형상이다. 출입문의 재질은 투명할 수도, 불투명할 수도 있다. 그림 7의 왼쪽 그림은 당기라는 암시를 시도한 것이다. 사용자가 손잡이를 밀기에는 압력이 가는 손바닥의 접지 면적이 작아서 손이 아플 것이라는 직감적 메시지가 전달되기를 기대한 것이다. 그러므로 당겨야 한다는 행동이 유도될 수 있다. 오른쪽은 밀고 들어가는 위치이다. 손바닥의 접지 면적이 넓고 평평하다. 그리고 당길 수 있는 형태적 요소가 없다.

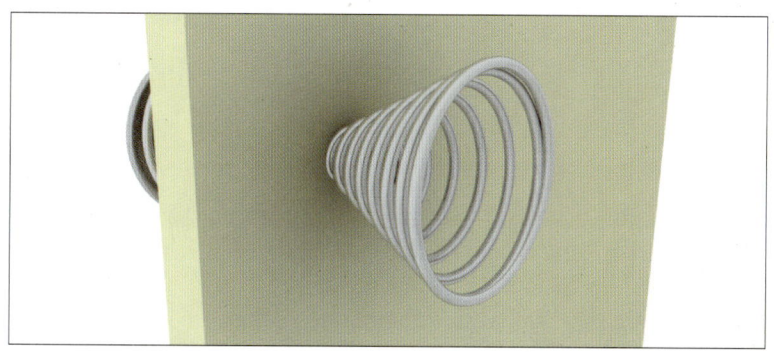

그림 8. 당기는 방향의 손잡이, 학생 작품, 2010

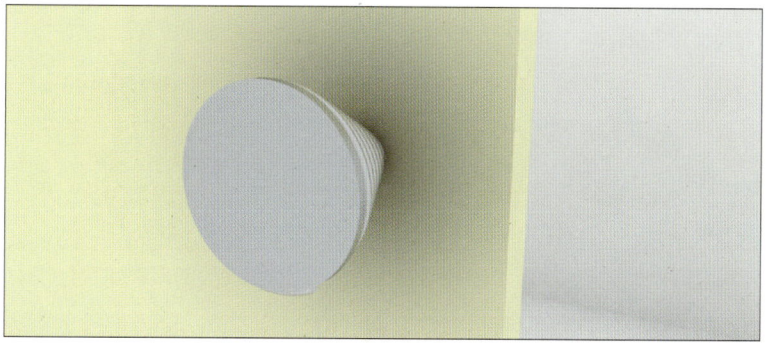

그림 9. 미는 방향의 손잡이, 학생 작품, 2010

그림 8과 9의 과제에서는 유사한 형태를 갖는 두 개의 손잡이 디자인을 요구했다. 앞에서와 동일하게 한쪽은 당기는 방향, 그리고 반대쪽은 미는 방향이므로 이 두 가지 메시지를 담은 손잡이를 조건으로 삼았다. 단 두 개의 디자인이 하나의 형태에서 출발해 기능에 의해 변형된 것임을 메시지로 전달하고자 했다.

기초조형 Communicating 과제

논리적 커뮤니케이션 제품을 디자인한다.
이때 커뮤니케이션이라는 요소 한 가지에 집중해
아이디어를 제시해 본다. 합리적인 생산성보다는
조형적 커뮤니케이션을 부여하는 데 중점을 둔다.

감성적 커뮤니케이션

앞에서 사용자가 제품을 보고 그 기능 또는 사용법을 암시받는
인터랙션을 논리적 커뮤니케이션이라고 했다. 이러한 제품들은
사용자의 오류를 줄여 제품의 사용성을 높여 준다. 그런데 이러한
물리적 암시와는 거리가 있는 인터랙션이 존재하는데 여기에서는
그것을 감성적 커뮤니케이션이라고 부르겠다. 디자인된 형태나
암시하는 의미가 제품의 사용 방법을 모호하게 하고 심지어
무엇에 쓰는 물건인지 짐작이 어려운 경우도 있다.

　지금은 많이 보급되어 널리 알려진 코르크 병따개 애나지(Anna
G)를 보면 여성의 형상이다. 이 디자인은 코르크를 돌려서 당기는
행위와는 직접적 관련이 없다. 제품에 조각 작품과 같은 상징적 은유가
부여된 것이다. 이탈리아의 알레시사는 주방용품 전문업체인데
유명 디자이너, 예술가, 건축가에게 디자인을 의뢰해 생산품에
예술적 가치를 부여해 성공한 대표 사례이다.

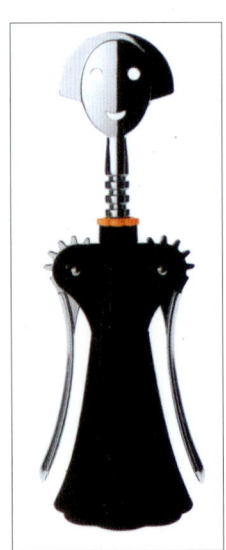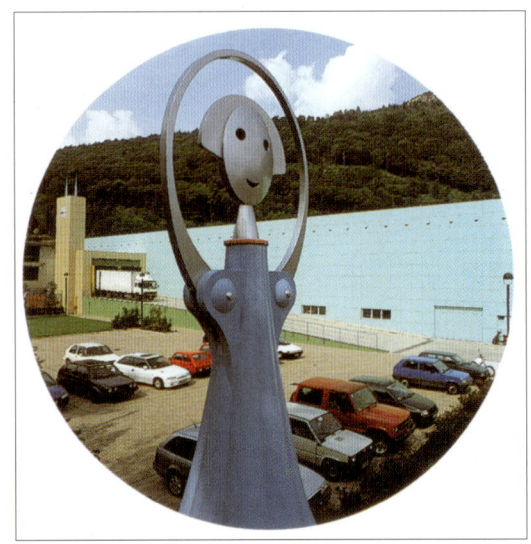

그림 10. 애나지(왼쪽), 코르크 병따개, 알레산드로 멘디니(Alessandro Mendini), 1994,
이탈리아 알레시(Alessi)사 전경

제품이 존재 가치를 인정받으려면 그 성능, 즉 사용성이 우수해야
함은 당연하다. 여기에서 이 사용성을 제품의 1차적 기능이라고
하자. 그러나 그 제품을 사용하지 않는 시간대에는 어떻게 해야 할까?
많은 제품이 사용되지 않는 평상시에는 서랍이나 창고에 보관되는
경우가 많다. 성능이 우수한 진공청소기도 청소라는 행위가 끝나면
시각적으로 보기에 부담스러운 물건이 되므로 창고로 들어간다.
그런데 사용하지 않는 평상시에도 그 조형성이 뛰어나 장식으로서의
효과가 있다면? 알레시사는 이 욕구를 충족하는 제품을 많이 출시해
브랜드 가치를 인정받았다. 장식으로서의 높은 조형성을 제품의 2차적
기능이라고 부르겠다. 이 2차적 기능은 제품의 사용법을 유도하는
논리로부터 자유로울 수 있기 때문에 다양한 표현을 가능하게 한다.
　　그림 11의 의자 미스 블랑시(Miss Blanche)는 영화 〈욕망이라는
이름의 전차〉에서 가져온 이름이다. 의자라는 제품에 이러한 감상적
명칭을 부여하는 자체가 제품과 사용자 간의 커뮤니케이션 범위를
크게 넓힌다. 특별한 수사적 명칭은 사용자에게 '연상'이라는 감정을
유발하기 때문이다. 특별한 점은 이 의자를 볼 때, 앉아도 안락하지는

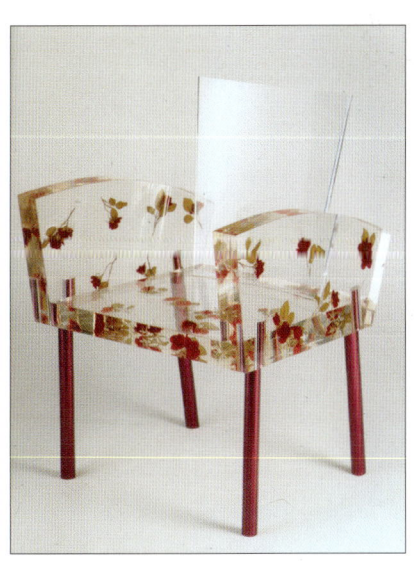

그림 11. 미스 블랑시, 구라마타 시로(倉俣史朗), 도쿄, 1988

않으리라는 암시를 받게 된다. 에폭시 코팅이 된 알루미늄과 아크릴릭
레진으로 구성된 의자이므로 앉으면 엉덩이와 허리가 불편할 것 같은
느낌을 준다. 이 의자는 사용성이라는 명제를 처음부터 포기하고
사용자에게 눈으로 보고 감상하라는 제품의 2차적 기능을 강조한
결과물이다.

　　이렇듯 제품에도 시각적 감흥을 유발하는 감성적 커뮤니케이션을
구사하는 사례는 매우 다양하다. 감성적 커뮤니케이션은 제품의
속성과 어느 정도 연결되면 더욱 좋은 감성을 발생시킬 수 있다.

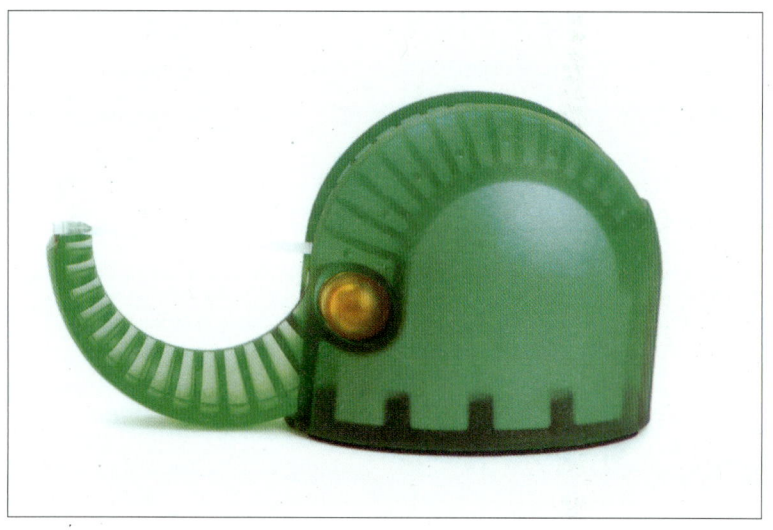

그림 12. 한니발, 테이프 디스펜서, 렉사이트 스파(Rexite Spa), 1998

그림 12는 테이프 디스펜서이다. 테이프 롤이 감긴 부위와 그것을
당겨서 끊어야 하는 부분의 관계를 코끼리 형상으로 디자인했다.
특히 명명된 이름이 '한니발(Hannibal)'임을 주목하자. 고대 카르타고의
장군 한니발은 코끼리를 타고 알프스를 넘어 로마로 진군한 것으로
유명한, 서구 사회에서는 한국의 김유신 장군만큼이나 널리 알려진
인물이다. 따라서 제품의 속성, 형태, 명칭이 서로 연관된 디자인은
더욱 큰 커뮤니케이션을 형성할 수 있다. 디자이너는 이 테이프
디스펜서가 바우하우스의 기능주의와 월트디즈니 캐릭터의 중간쯤
위치한다고 자평한다.

다음의 그림들은 논리적 커뮤니케이션을 시도했던 동일한
학생들이 디자인한 것이다. 이번에는 감성적 커뮤니케이션을 전제로
문손잡이를 디자인하도록 했다.

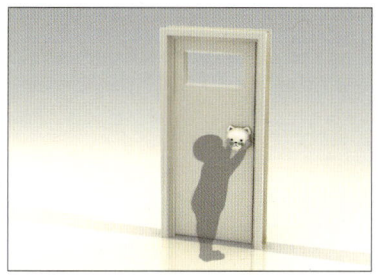 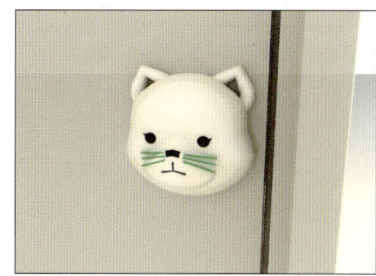

그림 13. 밀어야 하는 방향의 고양이 얼굴 손잡이, 학생 작품, 2010

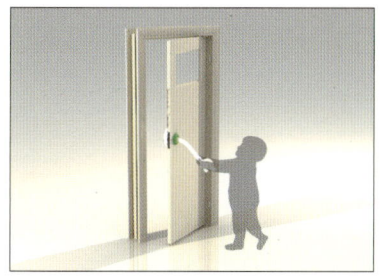 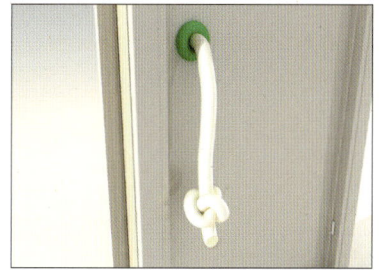

그림 14. 당겨야 하는 방향의 고양이 꼬리 손잡이, 학생 작품, 2010

그림 13과 14의 디자인은 유아원(어린이집) 설치를 대상으로 한
문손잡이 디자인이다. 사용자가 유아임을 고려해 단순한 메시지를
전달하고자 했다. 밀고 당기는 기능을 쉽게 전달하는 조건과 친근한
감성적 커뮤니케이션을 동시에 갖추는 조건을 충족하도록 제시했다.

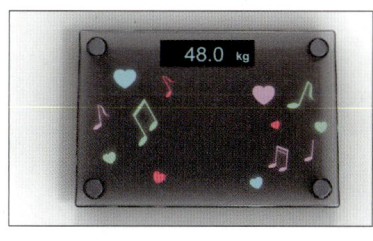 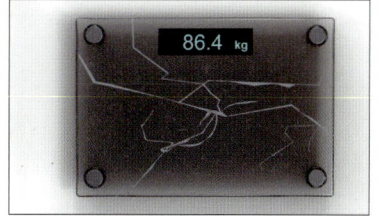

그림 15. 체중계, 학생 작품, 2010

그림 15는 더욱 단순한 메시지를 가진다. 체중 감량을 할수록 기쁨을 상징하는 아이콘이 체중계 바닥에 나타난다. 반대로 최초에 설정한 체중보다 늘어나면 체중계가 깨져 가는 상징적 아이콘이 체중에 비례해 나타난다.

기초조형 Communicating 과제

감성적 커뮤니케이션 제품을 디자인한다. '감성'이라는 명제를 각자 스스로 해석해 그 정의와 범위를 동료들과 논의해 본다. 스케치 또는 축소 모형으로 가시화해 커뮤니케이션의 발생 여부를 평가해 본다.

산업 디자인 프레젠테이션의 경쟁력

디자이너에게 프레젠테이션은 자신 또는 함께 일하는 사람들의 디자인을 평가받는 중요한 커뮤니케이션 행위이다. 여기에서 제목을 산업 디자인이라고 명명한 것은 제품 디자인을 포함한 넓은 범위의 공공 디자인, 환경 디자인과 같은 입체물을 다루는 영역의 디자인 평가에 필자가 참여한 경험을 나누고 싶어서이다. 배움의 과정에 있는 학생들은 과제물 발표가 곧 프레젠테이션이며 강의자에게 자신의 디자인을 설명, 설득하는 과정 또한 소통의 일환이다. 그러므로 실무 프레젠테이션에서 심사자의 시각을 고려하는 것이 디자인 발표와 소통에 도움이 될 것으로 생각한다. 아래에 디자인 용역을 받기 위한 경쟁 프레젠테이션에서 가장 중요한 평가 요소를 기술했다.

　필자는 여러 차례 공공 기관의 디자인 입찰 프레젠테이션에 평가자로서 참여했는데 평가 절차와 결과의 공정성에는 이의가 없다. 대다수 디자인 심사자가 보고 생각하는 관점에 큰 차이가 없기 때문이다.

　디자인 용역을 받기 위한 공개 프레젠테이션에서 가장 중요하게 검토하는 사항은 제작 또는 설치의 '현실성'이다. 조형성이 훌륭해도 구현될 현실성이 낮을 것으로 예상되면 좋은 점수를 받을 수 없다. 즉 상황이 허락하는 비용 대비 결과물 설치 또는 양산성 간의 균형을 잘 맞추어야 하는데 그 점에서는 용역 경험이 많은 디자인업체가 유리하다. 따라서 신규업체가 경쟁에서 이기려면 참신한 디자인도 중요하지만 제조 공정과 소요되는 가격에 대한 많은 조사를 통해 '신뢰성'을 갖게 해 주어야 한다.

　두 번째, 디자인 방향을 고려하게 되는데 정부와 공기업의 프로젝트는 사기업과 달리 세금으로 조성된 예산으로 운영되므로 일반 국민의 반응을 중요하게 생각한다. 그러므로 '감각적이고 튀는 자극성'보다는 '세련되고 지속성을 갖는 안정적 디자인'을 선호한다. 공시되는 용역의 취지를 면밀하게 분석해 제시하는 디자인으로 원하는 바가 극대화될 수 있음을 설득하는 것이 중요하다.

세 번째, 디자인의 '기능' 평가 점수는 당연히 사용자의 입장을
충분하게 고려했는가 하는 점을 증명해야 입찰에 유리하다. 사용자의
만족도가 어느 정도 연구되었는지, 평가자들은 스스로를 사용자라
가정하고 제시되는 디자인 시안을 보기 때문이다.

마지막으로 주어진 프레젠테이션의 시간을 반드시 지켜야 한다.
실무 디자이너도 많은 경우 서론을 길게 끌어 본론을 충분히 설명하지
못하는 등 발표 시간 안배에 실패한다. 프레젠테이션도 하나의
콘텐츠이므로 짜임새 있게 구성해야 한다. 따라서 시간을 측정하며
사전 예행 연습을 해서 프레젠테이션을 수정, 보완하는 것이 좋다.

참고문헌
도판목록
찾아보기

참고문헌

1장

신명희 편저, 『지각의 심리』, 학지사, 1995
오근재, 『인간심리와 그래픽디자인』, 미진사, 2005
오병근, 강성중, 『정보디자인 교과서』, 안그라픽스, 2008
최동신 외, 『입체+공간+커뮤니케이션』, 안그라픽스, 2006
포포 프로덕션, 『디자인을 과학한다』, 우듬지, 2010
노먼, 도널드, 『생각 있는 디자인』, 학지사, 2002
바워즈, 존, 『커뮤니케이션디자인의 이해』, 디자인하우스, 2002
아른하임, 루돌프, 『미술과 시지각』, 미진사, 2006
크로우, 데이비드, 『기호학으로 읽는 시각디자인』, 안그라픽스, 2006
클라인트, B., 『인간의 시각 조형의 발견』, 미진사, 1994
프루티거, 아드리안, 『인간과 기호』, 창지사, 2007
후지, 사토루, 『미와 조형의 심리학』, 조형사, 1993
Barnarl, Malcolm, *Graphic Design as Communication*, Routledge, 2005
Frascara, Jorge, *Communication Design*, Allworth Press, 2004
Resnick, Elizabeth, *Design for Communication*, Wiley, 2003

2장

윤태진, 문경원, 허현주, 『영상문화의 이해』, 서울: 커뮤니케이션북스, 2006
뒤봐, 필립 저, 이경률 역, 『사진적 행위』, 마실가, 2004
프루서, 빌렘 지음, 김현진 옮김, 『그림의 혁명』, 서울: 커뮤니케이션북스, 2004
윤태진, 박현구, 박경우, "문자문화, 구술문화, 영상문화의 진화화 상호작용" IT의 사회, 문화적 영향 연구:
    21세기 한국 메가트렌드 시리즈, 04(50), 경기: 정보통신정책연구원, 2004
정혜욱, "제 4의 언어양식 연구 : 디지털미디어의 무빙타이포그래피를 중심으로", 연세대학교
    커뮤니케이션대학원 영상커뮤니케이션전공 박사학위 논문, 2008
Arnheim, Rudolf, *Visual Thinking*, London: University of California press Ltd., 1997
Bohn, Willard, *Modern Visual Poetry*, Newark, Del.: University of Delaware Press; London:
    Associated University Presss, 2001
Drucker, Johanna, *The Visible Word: experimental typography and modern art*, Chicago:
    University of Chicago Press, 1994
Goody, Jack, *The Power of the Written Tradition*, Washington: Smithsonian Institute Press,
    2000
Jubert, Roxane, *Typography and Graphic Design: from antiquity to the present*, Trans. by
    Deke Dusinberre, David Radzinowicz, Paris: Flammarion, 2006
Lum, Casey Man Kong, *Perspectives on Culture, Technology, and Communication: the media
    ecology tradition*, 2008
Ong, Walter J., *Orality and Literacy: the technologizing of the word*, London; New York:
    Routledge, 2002
Perloff, Marjorie, *The Futurist Moment: avant-garde, avant guerre, and the language of
    rupture*, Chicago: University of Chicago Press, 1986
Perloff, Marjorie, *Radical Artifice : writing poetry in the age of media*, Chicago: University of
    Chicago Press, 1991
Carothers, J. C., "Culture, Psychiatry and the Written Word", Psychiatry, Guilford
    Publications Inc., 1959

3장

박영욱, 『매체, 매체예술 그리고 철학』, 향연, 2008

매클루언, 마셜 지음, 박정규 옮김, 『미디어의 이해』, 커뮤니케이션북스, 2001

컨, 스티븐 지음, 박성관 옮김, 『시간과 공간의 문화사 1880-1918』, 휴머니스트, 2004

패커, 랜덜, 켄 조던 엮음, 『멀티미디어』, 나비 Press, 2004

권영걸, "미래의 공간지각체계와 조형언어", 인테리어, 2000/12

김규정, "미디어 아트의 조형적 요소", 기초조형학회, Vol. 6, No. 3, 2005

윤난지, "움직이는 조각과 공연예술", 서양미술사학회 논문집, 1990

이지희, "공공미술의 신경향(新傾向): 디지털 매체(媒體)의 활용과 관객의 참여", 디지털디자인학회, 통권23호,
      Vol. 9, No. 3, 2009

이지희, 김규정, "LED 기반 미디어 예술의 활용 및 표현기법", 기초조형학회, Vol. 11, No. 3, 2010

Greene, Rachel, *Internet Art*, Thames and Hudson, 2004

Paul, Christian, *Digital art*, Thames & Hudson, 2003

Popper, Frank, *Art of the Electronic Age*, Thames and Hudson, 1993

Wands, Bruce, *Art of the Digital Age*, Thames & Hudson, 2006

Arns, Inke, "Interaction, Participation, Networking Art and Telecommunication",
      http://www.mediaartnet.org/themes/overview_of_media_art/communication/1/

Indaf(Incheon International Digital Art Festival) 2010

http://www.blinkenlights.net/stereoscope

http://www.cellphonedisco.org

http://www.irrational.org/_readme.html

http://www.osram.com

http://www.paramedia.net

http://www.tatsuomiyajima.com

4장

라스무센, S.E., 『Experiencing Architecture, 건축예술의 체득』, 야정문화사, 2007

아른하임, 루돌프, 『미술과 건축의 시지각』, 미진사, 1995

클라인트, B. 지음, 오근재 옮김, 『인간의 시각, 조형의 발견』, 미진사, 1994

김종호, "랜드마크의 영향력 범위와 인지요인과의 관계성에 관한 연구", 서울대학교 석사학위 논문, 2001

박혜경, "현대건축의 지역 전시문화시설에 나타난 장소적 아이덴티티에 관한 硏究", 경북대학교 박사학위 논문,
      2003

변재상, "도시 경관 이미지 향상을 위한 랜드마크 형성모델", 서울대학교 박사학위 논문, 2005

안은희, "대규모 상업시설물의 환경 특성과 길찾기 성향에 관한 연구", 고려대학교 박사학위 논문

유신영, "건축 평면 구조가 건물 이용자의 행태에 미치는 영향에 관한 연구", 대한건축학회, 12권 6호, 1996

Passini, Romedi, *Wayfinding in Architecture*, Van Nostrand Reinhold, 1985

Zardini, Mirko, *The Architecture of Mario Botta*, Rizzoli, 1985

Peponis, J., C. Zimring and Y. K. Choi, "Finding the Building in Wayfinding", Environment
      and Behavior, Vol. 22, 1990

Weisman, G. D., "Evaluating Architectural Legibility: wayfinding in the built environment",
      Environment and Behavior, 13(2),1981

서울지하철메트로 http://www.seoulmetro.co.kr/

5장

김선영, 『창의성 개발을 위한 디자인교육 콘텐츠: 융합집중형 디자인교육과 디자이너의 창의성』, 서울: 집문당,
2009
홍성용, 『스페이스 마케팅』, 서울: 삼성경제연구소, 2007
Lynch, Kevin 지음, 한영호·정진우 옮김, 『도시환경디자인』, 서울: 광문각, 2008
바인하커, 에릭 지음, 안현실, 정성철 옮김, 『부의 기원』, 서울: 랜덤하우스, 2007
왈쉬레거, 찰스, 신디아 부식-스나이더 지음, 원유홍 옮김, 『디자인의 개념과 원리』, 서울: 안그라픽스, 2005
김선영, "복합 용도 시설의 개방공간 디자인 요소와 이용자 선호에 관한 연구", 연세대학교 박사학위 논문, 2011
Benn, S. I., G. F. Gaus, *Public and Private in Social Life*, New York: St. Martin's Press, 1983
Lynch, Kevin, *The Image of the City*, Cambridge: The MIT Press, 1960
Madanipour, Ali, *Whose Public Space?: international casestudies in urban design and
development*, New York: Routledge, 2010
Moughtin, Cliff, *Urban Design: street & square*, 3rd edition, Oxford: Architectural Press,
2003
Perrella, Stephen, *Hypersurface Theory*, AD: Hypersurface Architecture, 1998
Schimitt, Bernd, Alex Simonson, *Marketing Aesthetics: the strategic management of
brands, identity and image*. New York: Free Press, 1997
Vitruvius, *Vitruvius: ten books on architecture*, New York: Cambridge University Press, 2001
http://www.mediaarchitecture.org
http://architecture.mit.edu
http://www.roppongihills.com
http://www.ybca.org

6장

백승화, 『모바일 UX 인사이트 관계 디자인』, 디자인 리서치 앤 플래닝(주), 2010
정병용, 이동경, 『현대인간공학』, 민영사, 2005
조영식, 『제품기호학』, 커뮤니케이션북스, 2006
나오토, 후카사와, 재스퍼 모리슨 지음, 박영춘 옮김, 『슈퍼노멀』, 안그라픽스, 2009
노먼, 도널드 지음, 이창우 외 옮김, 『디자인과 인간심리』, 학지사, 1996
새퍼, 댄 지음, 이수인 옮김, 『더 나은 사용자 경험(UX)을 위한 인터랙션 디자인』, 에이콘출판주식회사, 2008
문찬, 배효정, "인간 동작에 기반을 둔 제품 인터페이스와 디자인 연구(1)", 디지털디자인학연구, Vol. 10,
No. 1, 통권 25호, 한국디지털디자인학회, 2010
Farameh, Patrice, *Toys for Boys*, Tectum Publishers, 2006
Isozaki, Arata, *The International Design Yearbook 4*, Abbeville Press Publisher, 1988
McDermott, Catherine, *The Product Book*, Roto Vision SA, 1999
Mitchell, C. Thomas, *New Thinking in Design*, Van Nostrand Reinhold, 1996
Myerson, Jeremy, *IDEO Masters of Innovation*, teNeues Publishing Company, 2001
Vitra Design Museum and Authors, *100 Masterpieces from the Vitra Design Museum
Collection*, Vitra Design Museum,1996
Zuffi, Stefano, *The Dream Factory Alessi Since 1921*, Associati by Alessi, 1998

도판목록

그림 37 쿱 힘멜블라우, 2007, 윤석준 제공
그림 38-39 저자 촬영
그림 40 학생 작품, 2010, 서민정 제공
그림 41 학생 작품, 2010, 조정희 제공
그림 42 학생 작품, 2008, 송새봄 제공
그림 43 학생 작품, 2008, 이종하 제공
그림 44 학생 작품, 2010, 정소연, 최희정 제공
그림 45 다니엘 리베스킨트, 2001, 윤석준 제공
그림 46 박혜경, 2000, 저자 촬영
그림 47~51 저자 촬영
그림 52 쿱 힘멜블라우, 2007, 윤석준 제공
그림 53 쿱 힘멜블라우, 2007, 윤석준 제공
그림 54 저자 촬영
그림 55 학생 작품(모형), 2010, 함다혜 제공
그림 56 학생 작품(모형), 2011, 김유정 제공
그림 57 학생 작품(모형), 2010, 김서희, 서민정 제공
그림 58~60 오지영, 저자 촬영
그림 61 위 왼쪽 학생 작품, 2010, 박지현 제공
그림 61 위 가운데 학생 작품, 2010, 김현수 제공
그림 61 위 오른쪽 학생 작품, 2010, 정다영 제공
그림 61 아래 학생 작품, 2010, 정다영 제공
그림 62 왼쪽 학생 작품, 2010, 이영은 제공
그림 62 가운데 학생 작품, 2010, 김보희 제공
그림 62 오른쪽 학생 작품, 2010, 배아라 제공
그림 63 학생 작품, 2008, 장병진 제공
그림 64 안도 다다오, 1989, 조은길 제공
그림 65 안도 다다오, 1991, 조은길 제공
그림 66 안도 다다오, 2002, 조은길 제공
그림 67 다니엘 리베스킨트, 2001, 윤석준 제공
그림 68 학생 작품(모형), 2010, 김서희 제공
그림 69 저자 촬영
그림 70 배대용, 배대용 제공
그림 71 마리오 보타, 1997, 저자 촬영
그림 72~74 저자 촬영
그림 75 김백선, 남궁선 제공
그림 76 남성진, 남성진 제공
그림 77~92 저자 촬영

5장

[인천가톨릭대학교 조형예술대학 환경디자인학과 2008년 2학기
 문화트렌드와 공간디자인, 2009년 2학기 기초환경디자인,
 2010년 2학기 기초환경디자인, 2011년 2학기 공공환경디자인
 수업에 참여한 학생들의 작품을 수록했다.]

그림 2~3 저자 작성
그림 4~6 저자 촬영
그림 7 김현수, 2010 / 김현수, 2009 / 강지선, 2009

그림 8 이인재·김기용, 2009, 인천도시디자인대전 수상작품 /
　강아영, 2009, 인천도시디자인대전 수상작품 / 김현수, 2008/
　김기용, 2008
그림 9 홍수정·최하영·황예든, 2010, 인천국제도시디자인대전 수상
　작품 / 전영재·전승경·조은선, 2010, 인천국제도시디자인대전
　수상 작품 / 강아영, 2010 / 전승경·김은영·박세희, 2011,
　압구정로데오 거리디자인 공모전 대상 수상 작품
그림 10 문지민, 2008 / 박민섭, 2008
그림 13~15 저자 촬영
그림 16 최하영·홍수정·황예든, 2010 / 강웅희·김혜린·박슬기, 2010
그림 17 박소연·조이슬, 2011, 제16회 G-Design Fair
　제품환경(실내) 일반부-특선 수상 작품
그림 18~19 저자 촬영
그림 20~24 저자 작성

6장

[한성대학교 2010년 2학기 크리에이티브스튜디오 수업에 참여한
 학생들의 작품을 수록했다.]

그림 6~7 성스런, 2010
그림 8~9 양상환, 2010
그림 13~14 이은수, 2010
그림 15 정혜진, 2010

찾아보기